Fritz August Hoenig

Die Wahrheit über Schlacht von VionvilleMars la Tour auf dem linken Flügel

Fritz August Hoenig

Die Wahrheit über Schlacht von VionvilleMars la Tour auf dem linken Flügel

ISBN/EAN: 9783742869654

Hergestellt in Europa, USA, Kanada, Australien, Japan

Cover: Foto ©ninafisch / pixelio.de

Manufactured and distributed by brebook publishing software (www.brebook.com)

Fritz August Hoenig

Die Wahrheit über Schlacht von VionvilleMars la Tour auf dem linken Flügel

Die Wahrheit

über die Schlacht von

Vionville - 🙦 🙦 🙦
🙦 🙦 Mars la Tour

auf dem linken Flügel

von

Fritz Hoenig.

Mit 1 Uebersichtskarte, 5 Plänen und 4 Skizzen.

Berlin 1899.
Militär-Verlag R. Felix.

Vorwort.

Im November letzten Jahres erschien bei E. S. Mittler u. Sohn Heft 25 der Kriegsgeschichtlichen Einzelschriften, herausgegeben vom Großen Generalstabe, Abtheilung für Kriegsgeschichte. Der Sondertitel des Heftes lautet: Der Kampf der 38. Infanterie-Brigade und des linken Deutschen Flügels in der Schlacht bei Vionville—Mars la Tour am 16. August 1870. — Einen Tag nach Empfang des Rezensions-Exemplars wurde obige Arbeit bereits in den Nummern 99—101 des „Militär-Wochen-Blatts" vom General der Infanterie v. Scherff ausführlich besprochen!

Ich hatte anfänglich nicht die Absicht auf Heft 25 zu antworten, sondern gedachte die Darstellung des Generalstabes bei meiner geplanten Herausgabe der Schlacht von Vionville—Mars la Tour zu benutzen und zu beurtheilen. Ich mußte indessen mein Vorhaben aufgeben, nachdem ich obige Besprechung Scherffs gelesen; denn ihr herausfordernder Ton gestattete keinen Aufschub.

Obwohl nämlich der Generalstab im Vorwort von „verschiedenen Werken und Abhandlungen" spricht, (gegen die sich seine Forschung und Darstellung wendet) befaßt Scherff sich im „Militär-Wochen-Blatt" nur mit den „Zwei Brigaden", die übrigens 1881 und nicht, wie er schreibt, 1882 erschienen sind; hebt die Geschichtsschreibung des Heftes 25 in den Himmel, lobt ihre peinliche Gewissenhaftigkeit, ihre unantastbare Klarheit und Schärfe des Urtheils, ihre eingehenden Forschungen u. s. w. und meint behaupten zu können, „von dem ursprünglichen Bild der „Zwei Brigaden" ist fast nichts mehr übrig geblieben." Das ursprüngliche Bild der „Zwei Brigaden" ist aber, wie Jedermann aus einem Vergleich mit der vierten Auflage der „Untersuchungen" weiß, von mir selbst wesentlich verändert worden.

An einer anderen Stelle (S. 2613) fordert Scherff, daß ich meine „Quellen" doch der Darstellung des Heftes 25 gegenüber näher werde bezeichnen müssen, als das bis jetzt in den „Zwei Brigaden" und den „Untersuchungen" geschehen sei.

Dies sind die Hauptgründe, weshalb ich jetzt Antwort ertheile. Der Leser besorge keine Polemik über nebensächliche Dinge. Auf zahlreiche Einzelheiten des Heftes 25 und des Aufsatzes Scherffs in den Nummern 99—101 gehe ich schon aus Raumgründen nicht ein. Ein Satz kann so viele Unrichtigkeiten enthalten, daß man zu seiner Widerlegung ein Buch schreiben müßte. Das aber würde Niemand lesen. Damit meine Arbeit gelesen werde, habe ich mich nur mit den großen operativen und taktischen Angelegenheiten dieses lehrreichen Tages befaßt, viele unbekannte Dokumente veröffentlicht und auf die Gebuld des Lesers Bedacht genommen.

Im Text habe ich auf die Gräberskizze des Heftes 25 hingewiesen und ihrer Beurtheilung überdies ein besonderes Kapitel gewidmet. Wer das Heft nicht zur Hand hat, wird freilich meine Ausführungen nicht hinreichend prüfen können. Das werden aber wohl nur Wenige sein. Im schlimmsten Falle kann der Leser diese Darlegungen überschlagen. Damit das ohne wesentliche Beeinträchtigung seiner Urtheilsbildung geschehen könne, habe ich die Ausführungen über die Gräberskizze des Heftes 25 zusammengefaßt, so daß die Darstellung auch mit Ueberschlagung des Kapitels keine Unterbrechung erleidet; und damit der Leser einen Ueberblick über die bisherigen Veröffentlichungen habe, lasse ich die hauptsächlichsten Werke und Abhandlungen nach der Reihe ihres Erscheinens folgen:

Der deutsch-französische Krieg 1870—71. Redigirt von der kriegsgeschichtlichen Abtheilung des Großen Generalstabes. Erster Band 1874. E. S. Mittler u. Sohn. Das Werk erschien in Heften, das hierher gehörende im Jahre 1872.

Meine Winterarbeit über den Angriff auf die Bruviller Höhen; 19. Dezember 1872, beurtheilt von 4 Instanzen, und nach Mittheilungen von Theilnehmern berichtigt. Sie bildet den Grundstock der späteren „Zwei Brigaden".

Geschichte des 3. Westfälischen Infanterie = Regiments Nr. 16. Bearbeitet von Offizieren des Regiments. 1880, Mittler.

„Zwei Brigaden", „Deutsche Heereszeitung", September bis Dezember 1881; darauf als Sonderabdruck 1882 erschienen.

Geschichte des 8. Westfälischen Infanterie = Regiments Nr. 57, bearbeitet von A. v. Schimmelmann I. Premierlieutenant im Regiment. Mittler. 1883.

Untersuchungen über die Taktik der Zukunft, entwickelt aus der neueren Kriegsgeschichte. 1890. Umarbeitung der „Zwei Brigaden", R. Felix, Berlin.

Die Brigade Wedell bei Mars la Tour von Oberstlieutenant Meißner, „Militär-Wochen-Blatt" 1891.

Die Brigade Wedell bei Mars la Tour von Fritz Hoenig, August—September 1891, „Militär-Wochen-Blatt".

Untersuchungen über die Taktik der Zukunft. Dritte und vierte Auflage 1894. R. Felix, Berlin.

Kriegslehren in kriegsgeschichtlichen Beispielen der Neuzeit von W. v. Scherff, General der Infanterie z. D. Zweites Heft, Berlin 1894. Mittler.

Meine Erlebnisse in der Schlacht bei Vionville—Mars la Tour am 16. August 1870 von L. Schaumann, Oberst a. D. Viertes Beiheft zum „Militär-Wochen-Blatt", 1895.

Kritische Tage von Georg Kardinal v. Widdern. Kgl. Preuß. Oberst a. D. Band II, die Krisis von Vionville am 15. und 16. August. 1870. Berlin 1897. R. Eisenschmidt.

Kriegsgeschichtliche Einzelschriften. Herausgegeben vom Großen Generalstabe. Abtheilung für Kriegsgeschichte. Heft 25. Der Kampf der 38. Infanterie-Brigade und des linken Flügels in der Schlacht bei Vionville – Mars la Tour am 16. August 1870. Mittler 1898.

Durch unvorhergesehene Hindernisse hat sich die Herausgabe um zwei Monate verzögert; und zu meinem tiefen Schmerz ist inzwischen General Graf Caprivi gestorben, der nach seinen eigenen Worten den 16. August 1870 zu seinem Haupthreutage zählte. Mit welchem Recht, das denke ich allgemein verständlich dargelegt zu haben.

Charlottenburg, den 12. Februar 1899.   Fritz Hoenig.

Abkürzungen.

Es bedeutet: 1./57. erste Kompagnie 57. Regiments.

1./16. erstes Bataillon 16. Regiments.

Batterie II.|10. 2. schwere Batterie 10. Feldartillerie-Regiments.

Batterie 2.|10. 2. leichte Batterie 10. Feldartillerie-Regiments u. s. w.

„M.-W.-Bl." bedeutet „Militär-Wochen-Blatt". Die ausführlichen Buchtitel ergeben sich aus den Abkürzungen von selbst.

Berichtigung.

Seite 122, achte Zeile von unten, lies statt: „Eine ganze Menge Offiziere des 16. Regiments werden genannt" .... Eine ganze Menge Offiziere der zwei Regimenter werden genannt.

Inhaltsverzeichniß.

	Seite
Vorwort und Abkürzungen	III—V
I. Die Auffassung des Großen Hauptquartiers, des Oberkommandos der II. Armee und der Generalkommandos 10. und 3. Armeekorps am 15. August 1870	1—15
Einleitende Bemerkungen	1—2
Auffassung des Oberkommandos der II. Armee	2—5
Auffassung im Generalkommando 10. Armeekorps	6—11
Auffassung beim Generalkommando 3. Armeekorps	11—13
Ueberblick über die Auffassungen	13—14
Auffassung des Generals v. Schwartzkoppen	14—15
II. Die Persönlichkeiten	15—22
General v. Schwartzkoppen	15—20
Hauptmann v. Scherff	20—22
General v. Wedell	22
III. Der Marsch nach St. Hilaire	22—32
Aufbruchszeit von Thiaucourt, Lebensmittelempfang	22—24
Urtheil des Heftes 25	24
Strategie der vorausgefaßten Meinung	24—26
Scherffs Irrthümer	26—28
Zusatzbefehl vom 16. August, 8 Uhr früh	28—29
Meldung des Grafen Brandenburg	29
Die Detachements Lehmann und Lyncker	30
Ergebnisse	31—32
IV. Biwak bei St. Hilaire und Marsch zum Schlachtfeld	32—45
Abkochen bei St. Hilaire	32—36
Befehl zum Abmarsch	36—38
Abmarsch von St. Hilaire	38—39
Schwartzkoppen klebt an der Marschkolonne	39—40
Schwartzkoppen beabsichtigt den Angriff über Ville sur Yron	40—41
Schwartzkoppen giebt nach Heft 25 die Absicht auf, über Ville sur Yron vorzugehen	41—42

	Seite
Befehl zum Marsch nach Tronville	42—43
Schwartzkoppen läßt Mars la Tour während des Aufmarsches unbesetzt	43—44
Ergebniß	44—45
V. Der Aufmarschpunkt und die Aufmarschzeit der 38. Brigade	45—49
VI. Die Aufmarschform der Truppen	49—50
VII. Der Angriff der 38. Brigade	51—80
Die Aufklärung der deutschen Kavallerie bis 3 Uhr nachmittags	51—53
Schwartzkoppen stellt die Ausdehnung des rechten feindlichen Flügels nicht fest	53—54
Angriffsbefehl des Generalkommandos	54—56
Erste Befehle Schwartzkoppens	57—58
Angriffsbefehl Schwartzkoppens	58
Die Angriffsrichtung	58—64
Ergebniß	64
Flankensicherung	65
Sprungweises Vorgehen. Patronenverbrauch	65
1. Bataillon 16er	66
9., 11./57., Angabe Hilken und Nerée	66
3., 4./57., Angabe Mülbe und Schimmelmann	66—67
Winterarbeit Hoenig	67—68
Angabe Peipers und Bernewitz	68
10., 12./57., Angabe Streit	68—69
1./57., Angabe Warendorff	69
Angabe Möbus	69—70
Angabe Opderbeck	70
Verzettelung des Angriffs. Meine Angabe	70—71
Ausführungen des Heftes 25	71—73
Hilkens Bemerkungen	73—74
Angabe Schaumanns	74—75
Angabe Sannow	75—76
Unvereinbarkeit der Angaben Sannows und Hilkens	76—77
Vermischung der Truppentheile	77—78
Schreiben Hohenhausens	78—79
Kreuzungen	79—80
VIII. Der Schluchtkampf und Rückzug	80—97
9 Kompagnien gelangen bis auf die Nordseite der Schlucht	80—81

	Seite
Die Angaben Schultzes	81
Prüfung der Angaben Schutzes	81—83
Die französische Angabe	83—84
Bericht Opderbeck. Anhang 11.	84
Das Sammeln	84—85
Randbemerkung Hiltens und des Regimentskommandeurs	85
Die Angabe de Rège	85
Rückzugsfeuer	85—87
Wo begann der Rückzug zuerst?	87—88
Zeitpunkt des Endes des Kampfes	88—90
Befehl und Gegenbefehl an Brandenburg	90—91
Neue Irrthümer Scherffs	91—93
Unklarheit des 3 Uhr 23 Minuten-Befehls	93
Schwartzkoppen verzichtet auf eine Reserve	93—94
General v. Voigts schafft sich eine Reserve	94
Kritik des Heftes 25	94—95
Angriff der 1. Garde-Dragoner	95—96
Rückzug auf Thiaucourt	96—97

IX. **Die Gräberskizze des Heftes 25 und der Tod des Oberstlieutenants v. Roell** . . . . . . 97—103

Auffassung Scherffs	97
Eigener Befund	98
Frontausdehnung	98—99
Irrthümlichkeit der Auffassung Scherffs	99—100
Unvollständigkeit der Gräberskizze	100—101
Roells Tod	101—103

X. **Rückzug auf Thiaucourt** . . . . 103—117

Anfängliche Stellungnahme zum Rückzugsbefehl	103—105
Scherffs Angabe in den „Kriegslehren"	105—107
Heft 25 und der Rückzugsbefehl	107
Lessings Angaben in den „Kritischen Tagen"	107—109
Schaumanns Angaben in den „Erlebnissen"	109—111
Ergebniß der Quellen Lessing und Schaumann	111—112
Angabe Bernuths. Kalbachers Ritt	112—113
Wie hat Wedell die Rückzugsrichtung erfahren?	113
Ueberbringen des Befehls an die Truppen	113
Schaumanns Maßnahmen zum Sammeln	113—114
Blick hinter die Armee	114—116
Ergebniß	116—117

— X —

	Seite
XI. Quellenforschung, Quellenbeurtheilung und Quellenbenutzung im Heft 25	118—131
Beginn der neuen Forschungen des Heftes 25	118—119
Forschungsmethode des Heftes 25	119—120
Quellenbeurtheilung	120—121
Quellenwerth auf deutscher Seite	122—125
Quellenwerth auf französischer Seite	125
Quellenbenutzung	125—128
Ergebniß	128
Charakteristisches	128—131
XII. Schlußworte	132—141
Zweckmäßigkeit des Angriffs der 38. Brigade	132—133
Verleumdungen der „Kreuzzeitung"	133—135
Wehrens Urtheil	135—136
Schreiben Cranachs	136
Meine Feldzugskonduite	136—137
Urtheil Regenspurskhs	137-138
Der Führer Schwartzkoppen durch Heft 25 vernichtet	138—139
Der Erfolg des Angriffs der 38. Brigade	139—140
Der Erfolg der „Zwei Brigaden" und Untersuchungen	140—142
Anhang	143—159
I. Der Fall Draeger	143—144
II. Bericht Opderbecks vom 20. Juni 1895	144—148
III. Der Fahnenverlust des 16. Regiments	148—151
IV. Der Fall Weinhagen	152
V. Angaben Hilfens, Frühjahr 1881	153—154
VI. Unterredungen mit Lieutenant v. Hövel vor dem 12. 10. 70 Bonn	154—158
VII. Wo ist Oberst v. Brixen gefallen?	158—159
VIII. Erinnerungen des Dr. Wolf	159

I. Die Auffassung des Großen Hauptquartiers, des Oberkommandos der II. Armee und der Generalkommandos des 10. und 3. Armeekorps am 15. August 1870.

Einleitende Bemerkungen.

Die Schlacht von Vionville — Mars la Tour am 16. August 1870 bezeichnet die entscheidende Wendung des Krieges gegen das Kaiserreich. (Ganz abgesehen von dem heldenmüthigen Ringen sämmtlicher Truppen, der umsichtigen, überlegten und kühnen Bethätigung fast aller Unterführer der II. Armee, wird dieser Schlachttag deshalb auch immer aus jener blutigen Zeit hervorleuchten. Das ist längst in das Bewußtsein der Fachmänner und Laien übergegangen. Der Erfolg der deutschen (Unter-) Führung und Waffen konnte nur durch die rechtzeitige Vereinigung möglichst starker Streitkräfte auf dem Schlachtfelde erzielt werden, namentlich durch die opferwillige und entscheidende Hülfe, die das 10. Armeekorps in den sich häufenden Bedrängnissen dem 3. Korps brachte. Daß die Rhein-Armee noch „vor uns stehe", daß das 3. Korps am 16. auf sie stoßen werde und daß es daher der Hülfe des 10. Korps bedürfen werde, das hatte von sämmtlichen Führerbehörden am Abend des 15. August nur der Oberstlieutenant v. Caprivi mit voller Deutlichkeit erkannt. Ihm gebührt deshalb ein Hauptverdienst an den Ehren und Erfolgen dieses Tages.

In den ersten Jahren nach dem Kriege galt die Schlacht von Vionville fast ausschließlich als eine That des 3. Korps. Nach und nach trat jedoch die entscheidende Rolle des 10. Korps mehr zu Tage, und im Besonderen sind die Vorgänge auf dem linken Flügel des 10. Korps seit dem Erscheinen der „Zwei Brigaden" vielfach erörtert worden. Wenn es ein Verdienst ist, darauf zuerst die öffentliche Aufmerksamkeit gelenkt zu haben, so käme es dieser Schrift zu. Daß Entgegnungen nicht ausbleiben konnten, beruhte schon in den verschiedenen Auffassungen, die über die strategische Rolle, welche der General v. Schwartzkoppen an jenem Tage gespielt hat, gehegt werden können. Dieser Einzelfall in der Summe der anderen, weniger spannenden Gesammtfälle, bietet Stoff zu manchen Anregungen und Auslegungen dar;

doch sollen sämmtliche Fälle berücksichtigt werden. Aus diesem Grunde beginne ich mit den Auffassungen, welche an den verschiedenen, hohen Kommandostellen obwalteten.

Der General v. Scherff ist der Meinung, in II. seiner „Kriegslehren" die völlige Grundlosigkeit der Hoenig'schen Vorwürfe gegen die strategische Heranführung der 19. Halbdivision auf das Gefechtsfeld für Jeden überzeugend nachgewiesen zu haben (S. 2588, „M.-W.-Bl." 1898) und erblickt eine Genugthuung darin, daß Heft 25 dies vollinhaltlich bestätigt. Das Letztere ist der Fall, dadurch ist diese Angelegenheit aber nicht erledigt.

Die Kriegslage war am 15. August unklar: die Rolle, in der sich die kommandirenden Generäle des 3. und 10. Korps befanden, war ungewöhnlich; die Auffassungen der hohen Kommandostellen auf deutscher Seite entbehrten der Einhelligkeit.

Allgemein glaubte man, die Rhein-Armee sei im Abzuge von Metz nach der Maas; aber ob sie in diesem Raume näher an Metz oder an der Maas stehe, ob sie etwa die Hälfte des Raumes zurückgelegt habe oder sogar schon im Überschreiten der Maas begriffen sei, darüber schwankten die Auffassungen, ebenso darüber, welcher Straßen die Franzosen sich bedienten. Daß die ganze Rhein-Armee nicht eine Straße benutzen werde, durfte als gewiß angenommen werden, wenn sie schnell marschiren wollte. In der That war die Rhein-Armee von der Mosel nach der Maas unterwegs; sie hatte aber noch am 14. August auf dem rechten Moselufer bei Metz bis in die Dunkelheit mit starken Theilen geschlagen. Der Einzige, welcher überzeugt war, daß die Franzosen noch bei Metz ständen, war der Befehlshaber der 5. Kavalleriedivision, General v. Rheinbaben, doch unterließ er es, darüber die höheren Kommandobehörden klar, bestimmt und rechtzeitig zu unterrichten.

Auffassung des Oberkommandos der II. Armee. Nach dem Generalstabswerk (I, 536) hegte das Oberkommando am 15. August die Auffassung, „ein eiliger Rückzug der französischen Armee nach der Maas sei bereits in vollem Gange und es sei daher nothwendig, dem Gegner sofort zu folgen." Daher wurde für den 16. August der Schwerpunkt für die Operationen in die Richtung gegen die Maas verlegt, in der Hoffnung den Gegner noch an diesem Flusse zu erreichen. (Ebenda.)

Hiermit sind jedoch die Angaben des Heftes 25 nicht zu vereinen. Am 15. August schrieb der General v. Stiehle unter Anderem an Moltke: „Wir beabsichtigen, am 17. August mit den Têten dreier Korps — 12., G., 4. — an der Maas anzukommen; der diesseitige linke Flügel würde für den weiteren Vormarsch Bar le Duc dringend bedürfen. Der Feind scheint die Straße Metz—Etain—Verdun als Südgrenze seines Rückzugsrayons zu halten."

Vom 16. August vormittags besteht ein entworfener, aber nicht zur Ausführung gelangter Befehl des Oberkommandos für den 17. August. Darin heißt es: „Findet, wie zu erwarten, ein größeres Engagement des 3., 10. und 9. Korps — mit dem Feinde nicht statt, so haben sich am 18. August das 3. Korps in der Richtung auf Diene sur Meuse, das 9. Korps in der Richtung auf Fresnes—Génicourt sur Meuse zu bewegen und die Maasübergänge dort möglichst früh zu sichern." Danach kann höchstens angenommen worden sein, daß diese 3 Korps nur noch eine schwache Nachhut antreffen könnten.

Um 2 Uhr nachmittags am 16. August — nachdem bereits die Meldung des 3. Korps von 9½ Uhr morgens — beim Oberkommando bald nach 11 Uhr vormittags eingelaufen war, schrieb General von Stiehle an Moltke: „Ich glaube, es ist richtig, die vier anderen Korps der zweiten Armee ruhig im Vormarsche gegen die Maas von Vanoncourt bis Commercy zu belassen, um morgen in Besitz des Überganges zu gelangen. Dann werden wir aber für mehrere Tage Halt machen müssen, um nicht mit einzelnen Têten aus den Argonnen in die Ebene der Champagne herauszutreten." Hieraus ist nicht zu entnehmen, daß man den Gegner noch an diesem „Flusse (Maas)" zu erreichen — also zu schlagen hoffte. Vielmehr zieht sich durch sämmtliche Schriftstücke der II. Armee die Auffassung, daß sie nur an Marschoperationen dachte. Das bestätigt Heft 25 S. 21/22 durch folgende Darlegung: „Das Oberkommando hielt bis zum 16. August nachmittags daran fest, daß der Rückzug der Rhein-Armee von der französischen Ried bis hinter die Maas am 12. August begonnen habe, und daß am 14. August nur mit einer Arrièregarde des Feindes gekämpft worden sei. Waren von der französischen Heeresleitung zweckmäßige Anordnungen für den Rückzug getroffen, so konnte die Rhein-Armee bei mittleren Marschlängen bereits am 15. August den Maasübergang begonnen haben." Beide Darstellungen haben den Generalstab zum Verfasser, welcher Generalstab hat nun Recht? Die letztere Auffassung des Generalstabes läßt sofort die Quelle erkennen. Sie ist in Scherff's „Kriegslehren" zu finden. Wenn der Maasübergang aber am 15. August begonnen haben konnte, dann konnte die ganze Rhein-Armee am 16. hinter der Maas stehen!

Thatsächlich ließ sich das Oberkommando von einer vorausgefaßten Meinung leiten, für welche es sichere Unterlagen nicht besaß und auf der es seine Strategie für die nächsten Tage begründete, doch brachte bereits der 16. August durch die blutige Schlacht von Vionville das Korrektiv.

Die Überlegungen, von denen das Oberkommando ausging, konnten immerhin der Berechtigung nicht entbehren. Mac Mahon war geschlagen und nach dem Inneren Frankreichs zurückgegangen. Für die Franzosen bestand die Gefahr, daß die Deutschen die obwaltende Trennung der

1*

beiden französischen Heeresgruppen ausnützen würden. Die Rhein-Armee konnte dem durch eine gewandte und energische Operation hinter die Maas vorzubeugen beabsichtigen. Daraus ergab sich für die oberhalb Metz im Überschreiten der Mosel begriffene II. Armee die Aufgabe, möglichst frühzeitig die Maas zu erreichen und sich genügender Übergänge zu versichern. Insofern es auf das Erkennen der feindlichen Absichten ankommt, verdient die Idee des Oberkommandos unbedingte Anerkennung. Doch ein Fehlgriff ist in der Idee, durch den die richtige Grundanschauung gefährdet wurde: man bemaß die operative Leistungsfähigkeit und die Kunst der Heerführung nach den eigenen Verhältnissen und der Maßstab paßte nicht. Man veranlagte überdies die strategische Operation auf Grund bloßer Kalkulationen bereits bis zur Maas, bevor man Gewißheit über den Verbleib der Rhein-Armee hatte; man ergriff mit Freude den Fall, den man wünschte: er ist im Kriege nur gar zu oft derjenige, der nicht eintrifft, und ließ die sogenannten „Friktionen des Krieges" außer Acht. Die Psychologie der glücklichen Offensive riß das Oberkommando in zu weite Bahnen. Seine vorausgefaßte Meinung sickerte bis auf das Generalkommando 10. Korps und die 19. Division durch, die am 15. August mit dem Oberkommando in Pont à Mousson zusammen waren, ob auch bis zur 20. Division, ist unsicher, gewann die zweite Behörde wenigstens bis zu einem gewissen Grade für sich und faszinirte die 19. Division vollständig. Letztere hatte schließlich nur noch Auge und Sinn dafür, so wie sie die erste an der Mosel gewesen war, auch die erste an der Maas zu werden. Siehe: „Kriegslehren" II, 178. Darin liegt gewiß ein schöner Eifer, aber er wurde zum Übereifer in einer Richtung, die sich durch die „Friktionen des Krieges" als verkehrt herausstellte.

In den strategischen Erwägungen des Oberkommandos war thatsächlich die, „möglichst schnell nach der Maas" die allein herrschende geworden. Allein mußte denn ein französischer Feldherr in dieser Kriegslage durchaus nach der Maas? Wußte man denn, daß Bazaine nicht auch eines anderen Planes fähig sei? Daß er eine tüchtige Armee besaß, das wußten wir jedenfalls. Konnte Bazaine nicht die Deutschen über die Mosel kommen lassen und gestützt auf Metz sich mit versammelter Kraft auf einen Flügel werfen, diesen vernichten, die deutschen rückwärtigen Verbindungen durchschneiden, sich ihrer Lebenszufuhren und Munitionskolonnen bemächtigen oder sie vernichten? War das kein Plan, eines Feldherrn würdig? In einem Landstrich mit sehr günstigen Vorbedingungen, ein Metz mit gesicherten Moselübergängen im Rücken! Was hätte Bazaine Übeles passiren können, selbst, wenn er schließlich geschlagen worden wäre! Schlimmer als sein Schicksal ist, konnte es ihm jedenfalls nicht gehen. Um ihn aber zu schlagen, hätte es zeitraubender und großer Anstrengungen der Deutschen bedurft, einer mehr oder weniger großen strategischen Umkehr. Jedenfalls hätten die

Franzosen dadurch auch für Mac Mahon Zeit gewonnen. Als ich diesen Gedanken zum ersten Mal in den „24 Stunden Moltke'scher Strategie*) andeutete, da erregte er das besondere Interesse Scherff's. Ich meine, wenn Scherff in den „Kriegslehren" Erwägungen über strategische Fälle aufstellte, hätte dieser Fall in den Vordergrund gehört. Und wenn, wie wir heute die Verhältnisse kennen, Bazaine seit dem 14. August sich innerhalb der Befestigungen von Metz gehalten hätte, würden die Deutschen dann die Lage klar erkannt haben? Die Vorgänge vom 15. und 16. August sprechen nicht dafür. Wir mußten erst mit dem Opfer von fast 17000 Mann am 16. August erfahren, wo die Rhein-Armee war. Das ist nicht auszukratzen. Grund genug, etwas mehr nach Metz zu schauen, als nur nach der Maas (beim Oberkommando der II. Armee.) war also wohl vorhanden.

Nun enthält Heft 25 sich jedes Wortes darüber, weshalb das Oberkommando am 15. August (7 Uhr abends) die Marschziele des 3. und 10. Armeekorps für den 16. August — Bionville und Mars la Tour bezw. St. Hilaire, Maizeray — 15 Kilometer weit auseinandergelegt hat. Da diese Maßnahme im Generalstabswerk I, 536 mit der Absicht eines „größeren Vorstoßes gegen „die Straße" (sic!) nach Verdun" begründet wird, so kann die Maßnahme doch keine bloße Marschoperation bezweckt haben. Alsdann aber waren die beiden Korps so weit von einander getrennt, daß sie sich erst nach großen Märschen am Nachmittage des 16. August unterstützen konnten. Da Moltke's Direktiven vom 15. August, 6½ Uhr abends, erst um 10½ Uhr abends beim Oberkommando eingingen, welche besagten: „Die Früchte des Sieges (vom 14.) sind nur durch eine kräftige Offensive der II. Armee gegen die Straße von Metz über Fresnes und über Etain nach Verdun zu erwarten. Dem Oberkommando der II. Armee bleibt es überlassen, eine solche mit allen verfügbaren Mitteln nach eigenem Ermessen zu führen," so glaubte das Oberkommando ihnen schon in seinem Befehle von 7 Uhr abends entsprochen zu haben und änderte daran nichts mehr. Sonach verblieb auch der für den 16. August mit dem 10. und 3. Korps sowie der 5. und 6. Kavalleriedivision beabsichtigte „Vorstoß" unklar.

Es ist aber beim Oberkommando der II. Armee eine wiederkehrende Erscheinung, daß es in's Weite geht und sich hierbei von vorausgefaßten Meinungen leiten läßt, während das Wichtigere und Näherliegende nicht, oder unzulänglich, beachtet wird. Wie es hier den Blick nur nach der Maas gerichtet hielt, so war es im Winterfeldzuge immer von Montargis faszinirt und immer mußten seine Auffassungen infolge vorausgefaßter Meinungen mit Tausenden von Opfern bezahlt werden. Diese Kriegskunst ist uns wahrlich theuer zu stehen gekommen.

---

*) Militär-Verlag R. Felix, Berlin, 3. Auflage.

Auffassung im Generalkommando 10. Armeekorps. Begeben wir uns zum Generalkommando 10. Armeekorps. Heft 25, knüpft auf S. 1. an die Thatsache, das Oberkommando der II. Armee sei (am 15. und 16. August) von einem eiligen Rückzuge der Rhein-Armee von Metz nach der Maas überzeugt gewesen, die Behauptung, das Generalkommando 10. Korps habe die Auffassung getheilt, und präzisirt S. 13/14 seine Behauptung dahin, der General v. Voigts-Rhetz (10. Korps) habe die Ueberzeugung gehabt, die Masse des Feindes könnte frühestens an der Maas erreicht werden; einen wesentlichen Zusammenstoß in der Nähe von Metz habe er aber für wenig wahrscheinlich betrachtet. Einen Beleg für diese Darlegung bringt Heft 25 nicht bei. Thatsache ist, daß das Generalkommando wegen der Meldungen der 5. Kavalleriedivision vom 15. nachmittags mehr und mehr seine Aufmerksamkeit der Gegend von Metz zugewandt hatte. Hierbei deckte sich freilich die Auffassung des kommandirenden Generals nicht mit derjenigen seines Stabschefs, des Oberstlieutenants v. Caprivi, jedenfalls war Letzterer überzeugt, daß der Feind noch „vor uns stehe". Zwar beginnt der Korpsbefehl für den 16. August aus Thiaucourt vom 15. August 1870, 11½ Uhr abends mit den Worten: „Der Abzug der feindlichen Armee nach der Maas ist im Gange. Die zweite Armee folgt dahin. Das 10. Armeekorps setzt seinen Vormarsch gegen Verdun fort.", allein diese Fassung war nicht zu umgehen, weil der Korpsbefehl die durch Oberkommandobefehl erhaltene Voraussetzung nicht umstoßen konnte.

Die Betrachtung des materiellen Inhalts des Korpsbefehls wird deutlich erkennen lassen, daß, wenn es Caprivi vielleicht nicht gelungen war, den kommandirenden General von der Richtigkeit seiner Auffassung zu überzeugen, derselbe doch die Abfassung des Korpsbefehls in einem Sinne gestattete, daß er à deux mains gebraucht werden konnte. Das Hervorstechende darin ist, daß der General v. Voigts-Rhetz sich am 16. August früh selbst zum General v. Rheinbaben begeben wollte und erst später sein Hauptquartier in St. Hilaire zu nehmen gedachte. Hätte General v. Voigts-Rhetz diese Absicht hegen können, wenn er die Auffassung des Oberkommandos völlig getheilt und Caprivi's Vorstellungen kurzer Hand abgelehnt hätte? Gewiß nicht. Demgemäß muß doch auch Voigts-Rhetz am 15. abends über den Verbleib des Gegners schwankend geworden sein; und hierzu hatte die Meldung Rheinbabens aus Xonville vom 15. August, 5 Uhr nachmittags, eingegangen beim 10. Korps um 5½, beigetragen. Sie enthielt zwar nicht wesentlich mehr, als das, was das Generalkommando wußte, und dies ist der Grund gewesen, wie ich mittlerweile festgestellt habe, daß die Meldung dem Oberkommando nicht mehr eingeschickt wurde — vergleiche Heft 25, S. 1 und Anhang 1 —, aber sie bestätigte doch, daß bei Rezonville „alle Waffen" angetroffen waren. Dem 10. Korps waren für den 16. August vom Oberkommando St. Hilaire und Maizeray als Marschziele vorgeschrieben. Voigts-

Rhetz wollte sich jedoch zunächst vergewissern, wie es in der Gegend von Rezonville stehe. War dort der Eindruck gewonnen, daß das Oberkommando Recht habe, so konnte er nach St. Hilaire gehen; stellte sich dort heraus, daß das Oberkommando eine irrthümliche Auffassung hege, so mußten die Maßnahmen des 10. Korps für den 16. August auch diesem Umstande Rechnung tragen. Der Unterschied in der Auffassung des Oberkommandos und des Generalkommandos bestand also am Abend des 15. August darin, daß ersteres mit der Sicherheit des eiligen Rückzuges der Franzosen von Metz nach der Maas rechnete, während Caprivi überzeugt war, der Feind „stehe noch vor uns", und Voigts-Rhetz um 11½ Uhr Abends über die vielleicht anfänglich gehegte Auffassung doch starke Zweifel hegte.

Voigts-Rhetz änderte seine ursprüngliche Absicht und entsandte seinen Stabschef, den Oberstlieutenant v. Caprivi mit 2 reitenden Batterien und der 2. Eskadron 2. Garde-Dragoner in die Gegend von Rezonville zum General v. Rheinbaben, weil „ihm gegenüber ein feindliches Lager verschiedener Waffen bei Rezonville liegt". Der Unterschied zwischen den Auffassungen des Oberkommandos und des Generalkommandos erhält durch diesen Satz schon einen materiellen Ausdruck. Wenn Heft 25, S. 13/14 aus dieser Entschlußänderung eine völlige Uebereinstimmung der Auffassung des Oberkommandos und des Generalkommandos folgert, so habe ich diesen Irrthum bereits nachgewiesen. Um diese Zeit war fast das Umgekehrte im Generalkommando der Fall und die Gründe, weshalb Voigts-Rhetz schließlich seinen Stabschef entsandte, sind ganz anderer Natur, gehören aber nicht hierher.

Zur Unterstützung Rheinbabens hatte Oberst Lehmann mit 1 Bataillonen, 1 Batterie und 2 Eskadrons nach Chambley zu marschiren und „daselbst bis zur Erfüllung seiner Aufgabe zu verbleiben". Ebendahin mußte Oberst v. Lyncker mit seinem Detachement von Rouéant rücken, sodaß bei Chambley die eine Hälfte der 19. Division versammelt und verwendungsbereit sei. Die frühe Aufbruchszeit beider Detachements (4½ Uhr) lehrt, daß das Generalkommando darauf bedacht war, auch anderen Anforderungen als einer Marschoperation entsprechen zu können; der Unterschied in den Auffassungen beider Behörden verschärft sich hierdurch noch mehr. Hätte Voigts-Rhetz nur an eine zurückgebliebene starke Arrièregarde der Rhein-Armee geglaubt, so waren bereits diese Maßnahmen nicht erforderlich. Denn da ihm die Marschziele des 3. Korps und der 6. Kavallerie-Division (Vionville und Mars la Tour) bekannt waren, so durfte er diese 30000 Mann wohl für stark genug halten, die Arrièregarde zu schlagen. Chambley liegt fast in der Mitte südlich von Vionville und Mars la Tour, etwas mehr als 5 Kilometer von der beiden Orte verbindenden Straße. Von hier konnte also das 3. Korps am natürlichsten Hülfe erhalten.

General v. Kraatz (20. Division) sollte um 4½ Uhr früh mit der

Korpsartillerie in ein Biwak zwischen Beney und Thiaucourt marschiren, also nördlich des Mad-Flusses ebenfalls in Bereitschaft sein, sonst war das Wort Biwak unnöthig. Von Thiaucourt bis zur Straße Vionville — Mars la Tour sind 17 Kilometer. Drei Viertel des 10. Korps gelangten mithin fast hinter die Mitte der Marschziele des 3. Korps. Darin erkenne ich eine klare Ueberlegung mit der Absicht, das 3. Korps, wenn nöthig, am 16. möglichst mit dem ganzen 10. Korps unterstützen zu können; der Unterschied der Auffassungen zwischen dem Oberkommando und dem Generalkommando 10. Korps ist damit unwiderlegbar aufgedeckt.

Nur der General v. Schwartzkoppen hatte mit der anderen Hälfte der 19. Division und der Garde-Dragonerbrigade nach St. Hilaire zu rücken und dort „eine Vorpostenstellung zu nehmen", also war blos ein Viertel des Korps gegen das vom Oberkommando angewiesene Marschziel angesetzt. Allein es konnte gehofft werden, selbst dieses Detachement noch nach Osten abzulenken, wenn die inzwischen durch Caprivi festgestellte Sachlage es nöthig machte. Die Disposition trägt also für ³/₄ des Korps und die Korpsartillerie deutlich den Charakter der Bereitschaft. Für diese waren die Marschziele (Chambley und Thiaucourt) nur vorläufige, deshalb ist für Oberst Lehmann gar nichts in Bezug auf Vorposten vorgeschrieben, während General v. Kraatz nur „leichte Vorposten" — also Kavallerie — gegen Xammes und Vignulles vorschieben sollte. Anders für den General v. Schwartzkoppen: Ihm wurde das Beziehen einer Vorpostenstellung bei St. Hilaire, „Kavallerie gegen Fresnes und die Chaussee vorgeschoben", auferlegt. Er mußte deshalb St. Hilaire als sein endgiltiges Marschziel für den 16. August auffassen. Zur Aufklärung der Befehlshaber der Divisionen und der Korpsartillerie über die Aufgaben unter sich erhalten diese Kommandostellen den Korpsbefehl ganz; nicht blos die auf sie bezüglichen Verfügungen. Nun meine ich, dem General v. Schwartzkoppen hätte darin der Unterschied zwischen den Bereitschaftsmaßnahmen für ³/₄ des Korps und der Korpsartillerie mit seiner definitiven Aufgabe deutlich werden müssen; doch sollte er „rechts Verbindung mit Generallieutenant v. Rheinbaben und Oberst Lehmann halten". Daraus entnehme ich für den General v. Schwartzkoppen einen Fingerzeig, je nach Lage der Dinge selbständig zu handeln. Ueberblickt man die vorgeschriebenen Marschbewegungen der einzelnen Theile des 10. Korps näher, so erscheint das Marschziel St. Hilaire, „Kavallerie gegen Fresnes und die Chaussee vorgeschoben" als eine Aufstellung gegen die Maas (Verdun) zum Schutze der vorläufigen Aufstellungen bei Chambley und Thiaucourt. Demgemäß mußte Schwartzkoppen sich als Avantgarde der übrigen Korpstheile betrachten. Unter diesem Schirme konnten General v. Kraatz und Oberst Lehmann, wenn die Umstände es erheischten, dem 3. Korps bei Vionville — Mars la Tour Hülfe bringen;

oder die beiden Befehlshaber hatten. wenn dies nicht erforderlich wurde, in der Richtung Verdun die Avantgarde Schwartzkoppen vor sich. Machten die Umstände eine Versammlung des 10. Korps bei St. Hilaire nöthig, so konnte sie am 16. August ebenfalls noch bewirkt werden. Der Befehl des Oberkommandos der II. Armee schrieb dem 10. Korps vor, den Marsch etwa bis St. Hilaire — Maizeray fortzusetzen und die noch im Moselthale folgenden Theile des Korps möglichst heranzuziehen. Daß das 10. Korps für sich in St. Hilaire Quartier machen ließ, kann nicht als Beweis der Uebereinstimmung der Auffassungen des Oberkommandos und des Korps gelten. Denn in der Form mußte die Disposition des 10. Korps dem Befehle des Oberkommandos auch in dieser Hinsicht entsprechen.

Dasselbe war in Bezug auf das möglichste Heranziehen der Theile aus dem Moselthale derart zu beobachten, daß das Generalkommando der Form nach) gedeckt war. So hatte das Detachement v. Lyncker von Rovéant bis Chamblen nur 13 Kilometer, die 20. Division von Pont à Mousson bis Thiaucourt nur 15 Kilometer. „Möglichst" war das nicht; das würden etwa die doppelten Marschlängen gewesen sein. Bei den Anordnungen für die 20. Division fällt überdies noch auf, daß sie die Stadt Thiaucourt, bei der sie bivakiren sollte, nicht zu belegen hatte.

Am schlagendsten spricht gegen die vom Heft 25 behauptete Uebereinstimmung der Auffassungen des Oberkommandos und des Generalkommandos der Marsch des Obersten Lehmann von Thiaucourt, wo er seit dem 15. August abends mit 4 Bataillonen, 1 Batterie und 2 Schwadronen 9. Dragoner stand, nach Chamblen. Während nur die Hälfte der 19. Division unter Schwartzkoppen St. Hilaire erreichen sollte, mußte Lehmann — von demselben Punkt, Thiaucourt, aus wie Schwartzkoppen — in genau entgegengesetzter Richtung nach Chamblen marschiren, wohin auch Oberst v. Lyncker von Rovéant mit 2 Bataillonen, 1 Batterie und 2 Schwadronen 9. Dragoner kommen sollte. Wenn es Voigts-Rhetz (Caprivi) nur um einen Rückhalt für die 5. Kavalleriedivision zu thun gewesen wäre, so wäre der Marsch Lehmanns ganz überflüssig gewesen, weil für einen Rückhalt die Truppen unter Oberst v. Lyncker völlig ausgereicht hätten, ganz abgesehen davon, daß dem 10. Korps der Marsch des 3. Korps nach Mars la Tour bekannt war. Man wird doch aber auch gewiß nicht behaupten wollen, das 10. Korps habe ohne Ueberlegung, ohne Ziel und Zweck den Obersten Lehmann in die entgegengesetzte der dem Korps vorgeschriebenen Richtung geschickt und dazu noch in die Operationssphäre des 3. Korps. Alle diese Anordnungen wurden so und nicht anders getroffen, weil Caprivi überzeugt war, daß der Feind noch „vor uns stehe", also mit der deutlichen Absicht, drei Viertel des Korps mit Sicherheit rechtzeitig zur Hülfe für das 3. Korps bei der Hand zu haben. Und unter diesem Gesichtspunkt ist wieder die

Wahl der Bereitschaftsstellung bei Thiancourt für die 20. Division und die Korpsartillerie trefflich. Denn für eine rechtzeitige Unterstützung des 3. Korps war Thiancourt der äußerste Punkt, bis zu welchem diese Masse vorgezogen werden durfte. Jeder Schritt weiter in Richtung St. Hilaire hätte die rechtzeitige Hülfe erschwert. Allerdings glückte die Durchführung der Disposition des 10. Korps in einem Punkte nicht: Oberst v. Lyncker fand seine Marschstraße vom 3. Korps eingenommen und marschirte ihm in Folge dessen nach. Als dasselbe alsdann die Schlacht eröffnete, stellte Oberst v. Lyncker sich dem 3. Korps zur Verfügung und gab damit sein Marschziel Chambley auf.

Die Disposition gewährte daher die Handhabe, das 10. Korps am 16. August je nach Umständen bei Mars la Tour oder bei St. Hilaire zu vereinen. Sie ist ein Meisterwerk der diplomatischen Strategie: sie war à deux mains abgefaßt und hat sich völlig bewährt. Nur dieser à deux mains-Abfassung ist es zu verdanken, daß das 3. Korps am 16. nicht vernichtet wurde, und statt dessen dieser Tag der entscheidende Wendepunkt des Krieges gegen das Kaiserreich geworden ist. Die Disposition entsprach der Form nach der Auffassung des Oberkommandos, aber dem materiellen Inhalt nach ist sie das Ergebniß der eigenen, von der des Oberkommandos abweichenden Grundauffassung. Nur durch sie wurde eine beinahe verlorene — aufgegebene — Sachlage gerettet! Darüber kann es keinen Streit mehr geben.

Nun verkenne ich freilich nicht, daß folgender Satz Caprivis im Kriegstagebuch des Generalkommandos sich mit dieser Darlegung im wörtlichen Sinne nicht deckt: „Die Disposition für den Tag war, analog der des Oberkommandos, von der Voraussetzung ausgegangen, daß ein Marsch gegen den Argonner Wald zu machen sei. Nur insoweit nahm das Generalkommando auf die Berichte der Kavallerie Rücksicht, daß eine Unterstützung derselben durch die Infanterie möglich blieb." Dagegen findet meine Darlegung durch dasselbe Kriegstagebuch wieder eine völlige Bestätigung: „Die Kavalleriedivision", so heißt es da weiter, „wurde durch die Disposition vom 15. und durch persönliche Rücksprache des Chefs des Generalstabes veranlaßt, vorzugehen, bis sie positive Nachrichten von der Aufstellung des Feindes hätte," (danach kann doch kaum an einen Marsch des Feindes geglaubt worden sein!) „das war unumgänglich. S. E., der kommandirende General hatte schon mehrfach in diesem Sinne auf die Division eingewirkt. Es mußte nun mal etwas geschehen; man mußte wissen ob der Feind im Abmarsch auf Verdun sei — wie das Oberkommando annahm — oder ob er — wie General v. Rheinbaben überzeugt war — noch ganz und gar bei Metz stand."

Hierzu muß ich bemerken, daß der Bericht Caprivis vom 21. August 1870 sich nicht wörtlich mit diesen, dem Heft 25 entnommenen, Angaben deckt. Endlich schreibt Caprivi unter dem 9. August 1895 aus Skyren:

„.... daß die Schlacht voraussichtlich ungünstiger verlaufen sein würde, wenn ich nicht eine richtigere Auffassung der Sachlage gehabt und die Zustimmung meines kommandirenden Generals dafür gewonnen hätte, als die Auffassung des Oberkommandos und des benachbarten 3. Armeekorps es waren. Diese nahmen den Feind im Abmarsch auf die Argonnen an, während ich überzeugt war, daß er noch vor uns stehe.... Der Befehl des Oberkommandos, der uns auf die Argonnen dirigirte, mußte ausgeführt werden, ich entwarf aber die Disposition so, daß sie à deux mains zu gebrauchen war und, wenn sich meine Auffassung bewahrheitete, der größte Theil des Armeekorps bald nach Mittag auf dem Plateau Vionville—Trouville eingreifen konnte."

Ich habe dasselbe schon im „M.-W.-Bl." 1891 sinngemäß dargelegt. Daß Caprivi sich dadurch habe beeinflussen lassen, ist nicht anzunehmen. Dieser General würde niemals eine Unwahrheit über die Lippen bringen; das ist gewiß! Hierdurch glaube ich, die sämmtlichen entgegengesetzten Behauptungen des Heftes 25 widerlegt zu haben.

Es geschah nur ungern, ich war es jetzt aber der Geschichte und mir selbst schuldig, und Caprivis Brief hat neben der inneren auch die materielle Wahrheit für sich. Das Beispiel braucht als ein Beweis der verantwortungsvollen Thätigkeit eines Generalkommandos, wie sie in der damaligen Lage war, wahrlich das Licht nicht zu scheuen.

Wir werden sehen, daß auf dem anderen Flügel sich das Gegenstück abspielte, nur herrschte bei diesem Generalkommando von vornherein Einhelligkeit der Auffassung zwischen dem kommandirenden General und dem Stabschef, während Caprivi erst die Zustimmung seines kommandirenden Generals gewinnen mußte.

Noch ohne Kenntniß von der Schlacht vom 14. August hatte Prinz Friedrich Karl am 14. abends 6 Uhr angeordnet, daß das 3. Armeekorps am 15. August bis Cheminot*) vorrücke. Als General v. Alvensleben den Befehl erhielt, hatte er mittlerweile nähere Nachrichten über den Ausgang der Schlacht bei Colombey—Nouilly erlangt, die er sofort an Moltke und Friedrich Karl**) weiter meldete; also am 14. August. Da außerdem Meldungen der 6. Kavalleriedivision besagten, die Franzosen zögen auf das linke Moselufer ab, glaubte Alvensleben selbstständig handeln zu sollen und beschloß noch am 15. August die Mosel zu überschreiten. An diesem Tage, 6½ Uhr früh, theilte er seinen Entschluß und die Gründe dem Prinzen Friedrich Karl und Moltke schriftlich mit***).

Auffassung beim Generalkommando 3. Armeekorps.

---

*) 7,5 Kilometer östlich der Mosel.
**) Der Inhalt dieser Meldungen ist leider unbekannt. Erst ihre Mittheilung ließe beurtheilen, aus welchen Gründen das Oberkommando der II. Armee noch bis zum 16. August daran festhielt, daß am 14. nur mit einer Arrièregarde gekämpft worden sei u. s. w. Heft 25, S. 21/22.
***) Einzelschriften, Heft 18, S. 529.

General v. Alvensleben und sein Stabschef, Oberst v. Voigts-Rhetz, kannten Metz genau. Wegen der winkeligen Bauart hatte Letzterer die feste Ueberzeugung gewonnen, daß, wenn der Gegner am 14. abends bis gegen 10 Uhr östlich Metz gefochten hatte, er am 15. durch Metz über die Mosel und den Kanal, sowie durch das schluchtenreiche Gelände des linken Ufers mit großen Massen nicht auf erhebliche Entfernung in Richtung von Verdun vorwärts gelangt sein könne†).

Ohne die Antwort auf das 6½ Uhr-Schreiben abzuwarten, ließ Alvensleben die 5. Division von Pigny über Sillegny auf Corny und Novéant, die 6. Division über Vouzières sous Froidmont auf Champey abrücken, wo eine Brücke über die Mosel im Bau war. Die Korpsartillerie sollte dahin, die 6. Kavalleriedivision der 5. Division folgen.

Dieser Auffassung gegenüber glaubte Moltke noch mit der Annahme rechnen zu sollen, daß es am 15. August auf dem rechten Moselufer zu erneutem Kampfe kommen könnte. Aus seinen bezüglichen Maßnahmen ist hier von Belang, daß das 3. Korps einstweilen der Verfügung des großen Hauptquartiers — also für den 15. — vorbehalten bleiben sollte. Diese „Nachricht" lief am 15. August früh 6½ beim Oberkommando der II. Armee in Pont à Mousson ein und ihr zufolge ordnete Friedrich Karl um 7 Uhr früh an, daß das 3. Korps den Marsch gegen Cheminot nicht weiter fortsetzen, sondern ruhen und abkochen sollte. Nachdem dieser Befehl erlassen, empfing Friedrich Karl das Schreiben Alvenslebens von 6½ früh und um jedem Zweifel zu begegnen, ließ Friedrich Karl um 9½ Uhr ein zweites Schreiben an Alvensleben abgehen, nach welchem der Prinz nicht autorisirt sei, das 3. Korps bei Pagny die Mosel überschreiten zu lassen und dies deshalb heute — 15. August — zu unterbleiben habe.

Das Armeekorps erhielt diesen Befehl, als die Spitze der 5. Division die Seille bei Sillegny erreicht hatte und die der 6. bereits über Cheminot hinaus bis Vouzières sous Froidmont gelangt war. General v. Alvensleben unterbrach nun den Marsch, bat aber zugleich unter nochmaligem Hinweise auf die Dringlichkeit des Moselüberganges um Erlaubniß, denselben fortsetzen zu dürfen. Gleichzeitig mit dem dienstlichen Ansuchen richtete Oberst v. Voigts-Rhetz dieserhalb noch ein persönliches Bittschreiben an den Prinzen Friedrich Karl im Sinne seines Generals. Leider ist der Inhalt beider Schreiben Geheimniß geblieben, doch darf angenommen werden, daß sie die Auffassung Alvenslebens und Voigts-Rhetz's über die Langsamkeit des Abzuges des Gegners durch Metz — siehe vorher — zum Ausdruck brachten und den Willen, die Franzosen, wo sie angetroffen würden, anzugreifen. Schien es doch dem General v. Alvensleben unmöglich, dem Feinde einen Tag zu schenken, der nicht wieder einzubringen war*).

†) Ebenda.
*) Ebenda, S. 530.

Erst wenn beide Schreiben vorlägen, ließe sich darüber urtheilen, wie Friedrich Karl an seiner Ansicht von dem im vollen Gange befindlichen eiligen Abzuge des Gegners noch bis zum 16. August nachmittags festhalten durfte. Hier klafft also eine bedeutende Lücke!

Inzwischen hatte Moltke die Ansicht gewonnen, daß „die Franzosen wahrscheinlich schon jetzt (!) in vollem Rückzuge auf Verdun seien" und stellte um 11 Uhr vormittags durch Telegramm das 3. Korps wieder zur Verfügung des Prinzen. Diese Nachricht hat Friedrich Karl offenbar in seiner bereits mehrfach angeführten „vorausgefaßten Meinung" bestärkt. Er gab nun und in Folge der bringenden Ansuchen des 3. Korps um 2 Uhr nachmittags Befehl zum Weitermarsch dieses Korps. Es sollte jedoch am 15. August nur an die Mosel heranrücken und sie erst am 16. August überschreiten. Den Befehl an das 10. Korps kennen wir*). Alvensleben empfing den Befehl des Prinzen um 3 Uhr nachmittags, ordnete jedoch sogleich von Sillegny aus den Marsch über die Mosel noch am 15. August an. Das 3. Korps brach gegen 6 Uhr abends wieder auf und war um 2 Uhr nachts auf dem linken Flußufer. Bei diesem Moselübergang erschien Friedrich Karl bei der 6. Division und wies den General v. Buddenbrock an, „am anderen Tage rechtzeitig über Gorze aufzubrechen, um die Bagage des abgezogenen Feindes noch zu erreichen"**).

Ohne Frage hat das Generalkommando 3. Korps, indem es der vorausgefaßten Meinung des Oberkommandos gegenüber energisch seine Überzeugung geltend machte und über den ihm ertheilten Befehl hinausging, den Zusammenstoß am 16. August wesentlich gefördert. Allein, Alvensleben erfuhr doch erst, nachdem die Schlacht eröffnet war, daß er es mit der ganzen Rhein-Armee zu thun habe. Bis dahin glaubte er nur die Nachhut der Rhein-Armee vor sich zu haben.

Vergegenwärtigen wir uns von rechts nach links die Auffassungen: Alvensleben war überzeugt, daß der Feind am 15. (abends) „nicht auf erhebliche Entfernung in Richtung auf Verdun vorwärts gelangt sein konnte." Überblick über die Auffassungen.

Moltke besorgte zunächst „eine Erneuerung des Kampfes auf dem rechten Moselufer am 15. August." Alsdann hätte das große Hauptquartier aber doch auch wohl zu der Auffassung Alvensleben's gelangen müssen. Um 11 Uhr vormittags am 15. August hatte Moltke die Ansicht gewonnen, daß die „Franzosen wahrscheinlich „schon jetzt" in vollem Rückzuge auf Verdun seien." Schwerlich konnten sie alsdann wieder bis zum 15. abends „erheblich in Richtung auf Verdun vorwärts gelangt sein."

Das Oberkommando der II. Armee glaubte am Abend des 15. August, am 16. August nur noch „die Bagage des abgezogenen

---
*) S. 5, 6.
**) Einzelschriften, 18, S. 535.

Feindes zu erreichen," trotz der, wie angeführt, — freilich noch geheimen Vorstellungen des Generalkommandos 3. Armeecorps und rechnete im Übrigen mit dem zeitigen Rückzuge der Rhein-Armee nach der Maas."

Im Generalkommando 10. Korps hegte der kommandirende General anfänglich die Auffassung des Oberkommandos, die Franzosen seien im eiligen Abzuge nach der Maas, während sein Stabschef überzeugt war, daß „der Feind noch vor uns stehe" — soll heißen: bei Metz! Bis 11½ Uhr abends hatte sich Voigts-Rhetz jedoch mehr und mehr von der vorausgesetzten Meinung des Oberkommandos abgekehrt und sich derjenigen seines Stabschef zugewandt. General v. Rheinbaben war dieser Meinung immer gewesen, hat ihr aber keinen rechtzeitigen Ausdruck gegeben.

Auffassung des Generals v. Schwartzkoppen. Beim General v. Schwartzkoppen hatte sich die vorausgefaßte Meinung des Oberkommandos von dem eiligen Rückzuge der Franzosen nach der Maas (Generalstabswerk I, 536) während des Marsches von Thiaucourt nach St. Hilaire zu dem Glauben verdichtet, die Franzosen seien „bereits im Übergange (über die Maas) unterhalb Verdun begriffen" (Generalstabswerk, I, 602), und dieser vorausgefaßte Glaube ist dann die Richtschnur der Handlungen des Generals gewesen, bis er Befehl zum Marsche auf das Schlachtfeld erhielt. Somit ist der Oberstlieutenant v. Caprivi der einzige, der unter allen hohen Behörden — Großes Hauptquartier, Oberkommando der II. Armee, Generalkommandos 3. und 10. Korps — die Lage beim Gegner völlig richtig beurtheilt hat. Bei der Bedeutung der Schlacht des 16. August für den Fortgang des Krieges ist die Feststellung dieser Thatsache doch außerordentlich wichtig. Dagegen war der General v. Schwartzkoppen von der vorausgefaßten Meinung des Oberkommandos sazzinirt. Der aber war in dieser Lage der eigentlich strategische Flügel, und konnte nur Auge, Ohr, Kopf und Schwert des Oberkommandos sein! Denn dies ist von selbst die Aufgabe strategischer Avantgarden.

Wenn aber, wie nachgewiesen, der Oberstlieutenant v. Caprivi bis 11½ Uhr abends am 15. August der Auffassung war, daß der „Feind noch vor uns stehe" — demgemäß die Disposition des Generalkommandos von 11¼ Uhr abgefaßt wurde, und der kommandirende General also mehr für Caprivi's Auffassung gewonnen war, ist es dann wahrscheinlich, daß Voigts-Rhetz bei der „flüchtigen" Begegnung mit Schwartzkoppen am Vormittag des 16. August diesem General keine „flüchtige" bezügliche Mittheilung gemacht haben sollte!?

Zur Rechtfertigung des Generals v. Schwartzkoppen, der trotz des vernommenen Geschützfeuers den Marsch fortsetzte und sogar abkochen ließ, schreibt Heft 25, S. 22:

„Die Ansicht, daß die französische Armee, im eiligen Abzuge über die Maas begriffen, diesseits des Flusses nicht mehr zu erreichen sei, war auch bei anderen Kommandostellen vertreten; so glaubte beispielsweise General v. Kraatz, bis Nachrichten vom Schlachtfelde eingingen, „den vernommenen Kanonendonner mit einer Beschießung der Festung durch die I. Armee in Verbindung bringen zu sollen." Wer die anderen Kommandostellen sind, erfahren wir nicht. Überdies muß ich hierbei auf das Generalstabswerk I, 525 verweisen. Da steht: „Der aus weiter Ferne herüberschallende Kanonendonner hatte schon während des Marsches Veranlassung gegeben, Offizier-Patrouillen in nördlicher Richtung abzusenden; eine vom Schlachtfelde eingehende Mittheilung des Oberstlieutenants v. Caprivi bestärkte den Generalmajor v. Kraatz in seinem bereits gefaßten Entschlusse, die ganze Division dorthin vorzuführen." So dementirt der Generalstab sich wiederum, und ich werde noch in zahlreichen Fällen zu fragen haben, welcher Generalstab hat Recht? Übrigens, wenn die I. Armee die Festung beschossen hätte, so bewies das doch nichts dafür, daß die französische Armee „diesseits des Flusses (der Maas) nicht mehr zu erreichen sei." Und zum Überfluß ist der Satz ein neues Dementi, denn nach dem Generalstabswerk I, 536 hoffte man den Gegner noch „an diesem Flusse zu erreichen." Und dabei beruft sich Heft 25 auch noch auf die bezüglichen Ausführungen im Generalstabswerk!

II. Die Perſönlichkeiten.

Von einigen der genannten Persönlichkeiten habe ich bereits im „Volkskriege an der Loire" Charakterbilder zu entwerfen versucht, so von Constantin v. Alvensleben und General v. Voigts-Rhetz im zweiten Bande; vom Prinzen Friedrich Karl, Kraatz, Stiehle, Caprivi im sechsten Bande. Für das Verständniß der kommenden Ereignisse ist es ebenfalls nothwendig, die handelnden Persönlichkeiten etwas näher zu betrachten.

Der General v. Scherff war damals Generalstabsoffizier der 19. Division. Seinem Generalstabsoffizier geistig bedeutend unterlegen, folgte General v. Schwartzkoppen seinen Ideen und mußte dabei geschickt den Schein eigener Urtheilskraft zu wahren. Wie mir versichert worden ist, war das Verhältniß zwischen Schwartzkoppen und Scherff herzlich. Der General besaß gute militärische Kenntnisse; er war mittheilsam und gesprächig, seine Bildung war aber einseitig und lückenhaft, obwohl er viel las. Wie es häufig bei solchen Männern beobachtet wird, konnte er sich der geistigen Ueberlegenheit seiner Gehülfen, wenn sie ihm völlig ergeben waren — nicht nur militärisch — sehr gut anschmiegen, sogar unterwerfen, weniger konnte er die geistige Ueberlegenheit seiner Vorgesetzten und Gleichgestellten vertragen.

General v. Schwartzkoppen.

Jedenfalls war der General v. Schwartzkoppen eitel; er legte auf Aeußerlichkeiten hohen Werth und seine Neigung zu rivalisiren wurde sehr bemerkt. Für Truppen, die er selbst befehligte und befehligt hatte, zeigte er eine besondere Vorliebe. Hatte er mit ihnen Kriegserfolge errungen, so steigerte sich seine Vorliebe zur Befangenheit. Er war auf die glänzende Waffenthat seiner Brigade (der 27.) bei der Erstürmung von Problus (3. Juli 1866) mit Recht stolz, und hegte für das 16. Regiment, obgleich es dabei im Vergleich zum 58. nur wenig geleistet, eine deutlich wahrnehmbare Sympathie, die übrigens von diesem Truppentheil auch erwiedert wurde. Die Bedeutung des Erfolges der 28. Brigade bei Problus wollte er nicht gelten lassen, die 27. Brigade habe schon alles besorgt gehabt. Das hat mir der im Herzen so edele, einfache, in seinem äußeren Auftreten so zurückhaltende und bescheidene General v. Hiller, wenn auch in milder Form, wiederholt geklagt.

Aber über einzelne Eigenschaften und Bethätigungen des Generals herrscht Uebereinstimmung. Obenan steht sein persönlicher Muth; in dieser Hinsicht war er ein Held, ein Zeugniß, das ich übrigens allen preußischen Generalen ausstellen würde, die ich in zwei Kriegen beobachten konnte. Sein hoher persönlicher Muth und seine Kriegserfolge führten die impulsive Natur von selbst in die Reihen der Vertreter des ungestümen Angriffs. Schwartzkoppen war der ausgesprochene „Angriffsgeneral", doch des damaligen sogenannten „encabrirten einheitlichen Verfahrens", wobei er das flügelweise vor dem treffenweisen Verfahren bevorzugte. Allein die Truppen mußten in beiden sicher sein. Den Lauffchritt im Angriff verwarf er ebenso wie das, was wir heute sprungweises Vorgehen nennen und es war mir sehr interessant über Letzteres Schwartzkoppens Meinung bei einer Uebung zu hören. Das sprungweise Vorgehen war nämlich schon von dem jetzigen General der Infanterie v. Legat, ein leider wenig bekannter taktischer Seher in die Zukunft, 1865 mein Kompagniechef, bei 2./57. geübt worden. Das festzustellen, ist mir eine besondere Freude; diesem feinen, hochentwickelten Geist verdanke ich meine Passion für die Kriegskunst. Nur war diese Schule leider von kurzer Dauer. Legat war übrigens ein Kind der Garde und seiner Zeit als Taktiker weit voraus. Das, was jetzt so sinnwidrig „sprungweises Vorgehen" heißt, nannte Legat „Schützenlauf". Und er begann damit auf 500 m, was den damaligen Schußwaffen entsprach.

Eines Tages übte die genannte Kompagnie unter Hauptmann v. Hohenhausen den Angriff im Schützenlauf. Schwartzkoppen ließ die Uebung zu Ende führen und äußerte darauf sinngemäß genau Folgendes: Ich bin ein abgesagter Feind von jedem Niederlegen der Leute im Angriff. Ich habe meine Ansichten aus Kriegserfahrung gewonnen, — Hohenhausen kannte damals den Krieg noch nicht! — Leute, die liegen, bringt man in Schützenformation nur schwer und „unzusammenhängend" wieder hoch;

namentlich das Unzusammenhängende des Schützenlaufs raubt dem Stoß die Kraft, man kommt tropfenweise heran und wird zurückgeschlagen. Jeder Angriff ist zunächst ein Gewaltakt, geschlossene Abtheilungen kann man unter Umständen im Angriff niederlegen lassen, das hat wenig Bedenken. Ich behaupte, es giebt nur einen Grund, der das Niederlegen im Angriff rechtfertigt: es ist die Athemnoth der Leute. Der lange Athem muß aber durch Uebung genau so für das Gefecht entwickelt werden, wie die Muskelkraft der Beine für den Marsch. An greifen heißt unaufhörliche Bewegung bis zum Einbruch — dies betonte Schwartzkoppen besonders — dafür giebt es nur ein brauchbares Mittel, das ist der Geschwindschritt. Wer glaubt, man könne im Feuer Schützen ein halbes Dutzend Mal sich niederlegen lassen, irrt; beim sechsten Mal hat der Führer nur noch ein Sechstel der Mannschaften, alle anderen gehen ihm inzwischen durch die Finger. So gelangt man zu Horden und, fügte er scherzend hinzu, die Letzten sind bekanntlich, wenn der Angriff gelungen ist, immer die Haupthähne gewesen. Aber er gelingt bei solchem Verfahren nur selten.

General v. Schwartzkoppen griff bei seiner Ausbildungsmethode, wie dieses Beispiel schon lehrt, sehr tief ein. Er ließ z. B. im Angriff „Halt" blasen, ging die Angriffslinie entlang, prüfte ihre Richtung, die Abstände, kurz die ganze taktische Ordnung bis in's Kleinste. Er stieg einmal (1868) während einer kleineren Uebung vom Pferde, ergriff ein Gewehr eines Mannes meines Zuges, und zeigte dem Offizieren und der Truppe, indem er die Bajonettsturmstellung annahm, wie die Körperhaltung und der Gesichtsausdruck eines von dem Willen „heran" beseelten Mannes sein müßten. Alsdann führte er — als Divisionskommandeur! — selbst einen Angriff durch, und ich war nicht wenig erstaunt, als der große und herkulische Mann unmittelbar darauf längere Zeit deutlich zu sprechen im Stande war. Als er seine Bemerkungen gemacht, besichtigte er die ganze in Schützenlinie, mit gefälltem Bajonett, aufgestellte Kompagnie, und prüfte, ob auch jeder Mann (2./57.) so „vorne über liege, daß der Wille, den Gegner zu durchbohren, zum Ausdruck komme." Für den Anmarsch zum Sturm mußte ein Geschwindschritt eingeübt werden, wie ich niemals etwas Aehnliches gesehen habe, nicht blos auf dem Exerzirplatze, 600—800 m über Stock und Stein ohne Unterbrechung. Einmal erinnerte er hierbei an die „Wunder von Mentana"! Das gestattet ein Urtheil über den Taktiker. Mit peinlicher Strenge überwachte er die Richtung beim Angriff auf den weiten Ebenen Hannovers; immer ertheilte er vorher einen Angriffspunkt und immer bezeichnete er eine Richtungstruppe.

Der General war ein Frühaufsteher und ritt fast täglich zu irgend einer Truppe seines Befehlsbereichs heraus. Seine Einwirkung auf die Ausbildung, namentlich auf den Angriffsgeist und die Fertigkeit im Angriff, sowie auf die moralischen Eigenschaften drang bis auf den ein-

zelnen Mann durch, und wenngleich das „Wesen der Truppe" in der
Regel in unseren unerreichten Kompagniechefs sitzt, so ist Schwartzkoppens
Wirksamkeit groß gewesen. Der Angriff der 38. Brigade anf die
Brüviller Höhen beweist es, was man gegen Einzelheiten sagen möge.
Seine imponirende äußere Erscheinung verfehlte nicht des Eindrucks auf
jeden Mann der Truppe; er sprach sie auch häufig kurz und kernig an
und ich hatte immer das Gefühl, daß die Truppe den General, obwohl
sie ihn wegen seiner Strenge im Wachtdienste fürchtete, doch schätzte und
ein großes Vertrauen in seine Tapferkeit setzte. Ich konnte in den
Unterrichtsstunden, wenn ich bei der Mannschaft über vaterländische
Helden sprach, das beobachten. Schwartzkoppen war 1849 in Schleswig
durch den Arm geschossen; man sagte, er kokettire seitdem mit diesem
Arme. Wie dem sei, das Kokettiren stand ihm nicht übel, und einzelne
Leute wußten von seinen Heldenthaten Erstaunliches. Ich ließ mir in
einer Unterrichtsstunde einmal das Leben Schwartzkoppens von einem
Manne des zweiten Jahrganges erzählen. Der Mann war ein intel-
ligenter Rheinländer und als ich ihn fragte, woher wissen Sie das,
antwortete er mit seinem rheinischen Dialekt: „von zu Haus!" Schwartzkoppen gehörte zu den Männern, die ein Bedürfniß nach Liebe haben;
man sagte, er sei popularitätsdurftig gewesen; es war nach meinen Beobachtungen nicht der Fall.

Gleichwerthig neben seinem Muth und seiner strengen Gewissenhaftigkeit stand sein erstaunlicher Ordnungssinn; kein Privatbrief durfte
länger als 8 Tage unbeantwortet bleiben. Er schrieb gern, viel und
fließend. Ich habe Briefe von ihm gelesen, voll Treue, Interesse und
Liebe; bereit zu Gefälligkeiten und Hülfeleistungen. Immer sind darin
schöne Herzenseigenschaften erkennbar, niemals kommt aber auch eine
geistreiche, oder nur über das Gewöhnliche hinausgehende Wendung
darin vor.

Ein Offizier, der nicht ganz vorschriftsmäßig gekleidet war, erregte
sein Mißfallen; handschuhlose Hände, Monokels und undienstliche Bart-
formen verfolgte er förmlich. Er selbst erschien immer tadellos gekleidet.
Eine eigenthümliche Ironie des Schicksals wollte, daß die Kommandeure
der Regimenter 16 und 57 (v. Brixen und v. Cranach), die wegen
ihrer Mißachtung der Aeußerlichkeiten in der Armee bekannt waren, unter
seinem Befehl standen. Man konnte sie wohl an heißen Tagen mit
offenem Rock auf der Straße sehen; beide unter sich eng befreundet,
waren auch Verehrer eines guten Weines. Schwartzkoppen war
wieder außerordentlich mäßig. Konflikte blieben nicht aus; Unerlaubtes
oder Unvorschriftsmäßiges begingen die heiteren Regimentskommandeure selbst.

General v. Schwartzkoppen befaßte sich sehr mit den Truppen auf
Wache und fand natürlich häufig etwas auszusetzen. Die Regimentskommandeure waren davon nicht erbaut, weil vielfach Strafen verhängt
werden mußten. Eines Tages erschien der General bei meiner Haupt-

wache. Er besichtigte alles auf's Eingehendste, tadelte den unrichtigen Standpunkt des Spielmanns, auch habe der Posten vor dem Gewehr ihn zu spät beachtet und ich stehe zu nahe an diesem Posten. Darauf befahl der General mir, mit der Wache linksum zu machen. Ich hielt das für eine Überschreitung seiner Befugnisse und glaubte in bescheidenem Tone erwiedern zu sollen: „Nach meiner Instruktion darf ich Befehle nur vom Kommandanten und den im Wachtdienst befindlichen Offizieren, denen ich unterstellt bin, ausführen." — „Was dürfen" — fuhr der General auf, „machen Sie linksum." Ich that's nun natürlich, blieb dann aber stehen. — „Nehmen Sie den richtigen Abstand." Darauf befahl ich wieder Front und maß meinen Abstand, der nicht ganz genau stimmte, ab. Der General erblickte darin Widersetzlichkeit und forderte meine Bestrafung. Deshalb kam es zwischen ihm und dem Obersten v. Cranach zu einer Auseinandersetzung, in der Letzterer schließlich sagte: Excellenz, wenn Sie so verfahren, dann muß ich jedem Offizier neben dem Degen einen Zollstock mitgeben. Ich wurde nicht bestraft. Die vorstehende Äußerung erfuhr ich vom Oberstlieutenant v. Roell, der sich ebenfalls für mich verwendet hatte.

Trotz des Vorfalles begegnete Schwartzkoppen mir stets freundlich, belobte mich bei zwei Felddienstübungen ostentativ und beurtheilte meine praktische Sommeraufgabe günstig.

Als ich nach meinem ersten Hülfslehrerkursus von der Zentral-Turnanstalt zurückkehrte und mir mein Zeugnis überhändigt wurde, sagte mir der Oberst v. Cranach: „Wissen Sie, wen Sie besonders erfreut haben?" Nein, entgegnete ich. „Den General v. Schwartzkoppen." Er wird es Ihnen bei der nächsten Paroleausgabe sagen, außerdem soll ich von Ihrem Zeugniß dem Offizierkorps Mittheilung machen. Ob es geschehen, weiß ich nicht, weil ich gleich auf Urlaub ging. Der General sprach mir in der That seine Anerkennung aus und gebrauchte hierbei die Worte, „ein glänzenderes Zeugniß habe ich nicht gelesen."

Aus alledem habe ich gefolgert, daß der General nicht nachtragend war, was mir aber von anderer Seite bestritten wurde.

Schwartzkoppen ist sehr verschieden beurtheilt worden. Die Einen beurtheilten ihn wegen seiner Strenge in der Straßendisziplin als „Polizeigeneral"; Andere erblickten in ihm einen Polterer und Blender, wieder Andere hielten ihn für einen Schauspieler. Sein Selbstbewußtsein hatte äußerlich freilich etwas anspruchsvolles; er neigte zu Eigenmächtigkeiten, scheute aber auch nicht vor Verantwortung zurück; er entschloß sich schnell, wechselte jedoch bei Einwürfen Anderer oder sonstigen Eindrücken leicht den Entschluß. Er überlegte wohl, doch seine Überlegungen bewegten sich in einem engen Gesichtskreise und entbehrten der Voraussicht. Er war kein Führer im höheren Sinne, ein tüchtiger Brigadeführer, der durch sein persönliches Beispiel hinriß, ein idealer

Schlachtengeneral. Er hatte keine eigenen Ideen, war aber immer thätig, fleißig, unermüdlich und hielt auf eine strenge Kriegszucht. Er besaß ein ausgezeichnetes Gedächtnis für Personen und Dinge und lebte fast ausschließlich seinen Dienstpflichten.

War er aufrichtig? Ich habe das bestreiten hören, doch kann dafür seine große Eigenliebe keine Unterlage bieten. Man sagt ihm auch nach, er sei stark in hinterherigen Argumenten gewesen, Beweise habe ich dafür nicht finden können. Wer wollte es ihm überdies verdenken, daß er seine Thätigkeiten zähe vertheidigte? Übermäßige Anforderungen an die Leistungsfähigkeit der Truppe stellte er nicht, die großen Marschleistungen bis zum 16. August waren ihm durch höhere Umstände auferlegt, im Übrigen sorgte er gut für seine Truppen.

Das Verhältniß zwischen den Generalen v. Voigts-Rhetz und v. Schwartzkoppen war kühl, die Persönlichkeiten paßten nicht zusammen, während Voigts-Rhetz für den General v. Bose wirkliche Verehrung hegte. Ich habe die drei Männer, die später mehr oder weniger bekannt geworden sind, immer mit großer Aufmerksamkeit beobachtet: Voigts die Natürlichkeit, Anspruchslosigkeit, Liebenswürdigkeit und Einfachheit selbst auf seinem berühmten Andalusier — eine artige Aufmerksamkeit Krupp's für den Vertreter der gezogenen Geschütze —, damals schon etwas stark und nicht mehr sehr beweglich, wie immer im Gleichmuth, niemals gereizt. Der schlanke Bose, elegant wie ein junger Kavallerist, etwas zurückhaltend, zugeknöpft und einsilbig, scharf und schneidig in allen Bewegungen, einer der kühnsten und ausdauerndsten Reiter, die ich gesehen, ein scharfer Beobachter, doch wie Voigts fast nie in den Straßen Hannovers zu finden, endlich als dritter der eben gezeichnete Schwartzkoppen, selten werden drei Männer dieser Art Jahre lang zusammen sein.

Hauptmann v. Scherff. Vom Hauptmann v. Scherff war damals wenig bekannt. Man wußte nur, daß er im Mainfeldzuge zweiter Generalstabsoffizier des Generals v. Beyer gewesen war, und erzählte sich, er sei eine philosophisch angelegte Natur, er habe sehr viel gelernt. Aus meinen geringen persönlichen dienstlichen Berührungen mit ihm, namentlich in Püttlingen, habe ich die Erinnerung an einen liebenswürdigen, frischen Offizier bewahrt; aus der Schlacht von Vionville—Mars la Tour hat sich mir seine bewegliche Thätigkeit an der Seite Schwartzkoppens eingeprägt. Doch hörte ich im Winterfeldzuge, er sei im Bereiche der Division wenig beliebt gewesen, und das Vertrauen in ihn habe wegen des Mißgeschicks von Mars la Tour einen argen Stoß erlitten. Auffallend erschien mir Cranachs Urtheil, der doch sehr zurückhaltend und nachsichtig war. Worin das begründet war, habe ich von Cranach nicht recht erfahren. Eine Äußerung Scherffs, die während der Schlacht bei Beaune la Rolande gefallen ist, hätte zwar Cranach unangenehm treffen müssen, wäre aber doch keine hinreichende Erklärung. Scherff sei, so sprach sich

Cranach aus, etwas unvorsichtig gewesen und habe zu viel und über zu vielerlei für einen Generalstabsoffizier gesprochen, dessen Hauptgesetz die Tugend des Schweigens sei. Das ist freilich richtig, allein Keiner kann sein Temperament tödten, und Scherff hat viel Temperament. Scherff war fleißig, tapfer und von dem Wesen und Werth der Offensive durchdrungen. Mich persönlich hat sein Eintreten für Schwartzkoppen erwärmt, mag es unbewußt nicht frei von der Vertheidigung eigener Interessen sein.

Seit dem Kriege von 1870/71 giebt es wohl keinen Offizier, der nicht etwas von dem Schriftsteller Scherff gelesen hat. Denn Scherff hat sich fast mit allen Zweigen der Kriegskunst befaßt und man konnte dabei immer beobachten: eisernes Festhalten an den einmal ausgesprochenen Ideen, unerschöpfliche Kunst im Argumentiren, geschicktes Zusammenfassen der Blößen Anderer zum Nutzen der eigenen Ideen. In wissenschaftlichen Erörterungen sagt man ihm Eigensinn nach, um eine einmal vertretene Idee zu retten; ich glaube, es ist eine Verwechselung mit einer ihm nicht übel anstehenden Überzeugungstreue. Allein Scherff ist nicht blos ein grübelnder Kopf, er ist ideenreich, und namentlich beweglich. Reichthum an Ideen, geistige Beweglichkeit und lebhafte Phantasie können jedoch Gefahren zeitigen, insofern als bei Geschehnissen und ihren derzeitigen Begründungen nicht immer das später Hinzugetretene von dem Ursprünglichen getrennt bleibt. Die Gründe aus der Zeit der Handlung verlieren bereits durch spätere Debatten, die sich an Gefechte knüpfen, von ihrer ursprünglichen Reinheit; nachherige Überlegungen und die erforschten Thatsachen der Geschichte vermischen sich mit den ursprünglichen Anschauungen und verschwimmen mit ihnen. Debatten greifen bei kriegerischen Vorfällen aber bereits unmittelbar nach der Handlung Platz. Daher ist die objektive Berichterstattung auch so oft gefährdet.

Die Gefahr des Ineinanderfließens nachheriger Überlegungen mit den ursprünglichen Absichten ist überdies in allen sogenannten Vertheidigungsfällen vorhanden. Und Scherff hat sich, wie mir aus den Nummern 99—101 des „Militär-Wochen-Blattes" 1898 deutlich geworden ist, in der Lage eines Vertheidigers befunden, der mit gutem Recht seine (Schwartzkoppens) Auffassung und Maßnahmen zur Zeit der Handlung versicht. Wenn ich noch erkläre, daß ich nicht glaube, Scherff könne in ernsten Dingen und selbst als Vertheidiger bewußt eine Unwahrheit vertreten, so glaube ich ihm gerecht geworden zu sein. Natürlich mußte ich, um mir über Scherff eine Ansicht zu bilden, wobei ich alles, was zwischen uns vorgegangen war, zurückdrängte, die Auskunft Anderer in Anspruch nehmen; ganz objektiv hätte ich schon vielleicht deshalb nicht über den Generalstäbler, Führer und Taktiker Scherff urtheilen können, weil ich mich zu den Verehrern des Schriftstellers Scherff rechne. Danach habe Scherff bis 1870 tief über die Theorie des Krieges nachgedacht und volles Verständnis für den Zusammenhang der großen

Operationen gehabt. Im Übrigen fußen seine taktischen Grundsätze hauptsächlich auf den Erfahrungen, die er im Kriege 1870/71, und namentlich beim Angriff der 38. Brigade am 16. August, sowie bei der Vertheidigung Beaune's am 28. November gesammelt hat. Als Führer soll ihm eine gewisse Breite anhaften, seine Regiments- und Brigade-Übungen hätten mit langen Darlegungen begonnen, wären aber niemals zum rechten Abschluß gekommen; als Generalstabschef soll die Überfülle seiner Ideen ihm nachtheilig gewesen sein.

Mit einem knappen Urtheil möchte ich schließen. Es lautet: „Stark im Rath, nach der That," ohne daß ich mir diese Worte aneigne.

Der erste Divisionsadjutant war der Rittmeister Eggeling, der zweite der Premier-Lieutenant v. Bernuth. Eggeling war geistig unbedeutend, körperlich schon etwas schwerfällig. Bernuth, der dem 16. Regiment angehörte, war ein Vetter Scherffs und eine ruhige, verschwiegene Persönlichkeit. Immer zu ausgleichender Vermittelung bereit, mild von Charakter, mit guten Geschäftskenntnissen ausgerüstet, thätig und pflichttreu, war er ein tüchtiger Adjutant, ein ausgezeichneter Kamerad und ein prächtiger Mensch.

General v. Wedell. General v. Wedell war liebenswürdig und bescheiden, für die Truppen ein humaner Vorgesetzter und für die Offiziere ein guter Kamerad. Er galt als ein befähigter Führer und als ein tapferer Soldat. Er hat die 38. Brigade bis zum Schlusse des Jahres 1870 befehligt, doch ohne daß seine Führerthätigkeit besonders zu Tage treten konnte. Aber trotz der Niederlage von Mars la Tour hatte er nirgends an Ansehen verloren, der General war sogar populär und wurde von den Truppen verehrt und geliebt. Sein Wesen war natürlich, gewinnend. Er sprach ohne alle Prätension, erzählte mit Humor — gelegentlich auch recht kritisch — und suchte im Felde, wo es anging, die Gesellschaft seiner Offiziere auf. Er war körperlich frisch, eine hübsche militärische Erscheinung und immer auf seinem Posten. Sein Adjutant, Premier-Lieutenant v. Kalbacher, besaß keine hervorragenden geistigen Eigenschaften, erschien jedoch sehr selbstbewußt und blasirt. Darunter litt der Verkehr mit den Adjutanten. Er wurde am 7. Oktober verwundet und hat seitdem am Kriege nicht mehr Theil genommen.

III. Der Marsch nach St. Hilaire.

Aufbruchszeit von Thiaucourt, Lebensmittelempfang. Nach dem Generalstabswerk (I, 594) ist die 19. Halbdivision um 7 Uhr früh von Thiaucourt aufgebrochen, die Zeit des Eintreffens bei St. Hilaire ist daselbst nicht angegeben.

Die Geschichte der 16er giebt S. 266: 6 Uhr und gegen 12 Uhr an; die Geschichte der 57er, S. 77: 6 Uhr bezüglich 12 Uhr mittags;

— 23 —

Oberst Schaumann S. 193/95: 7 Uhr und bald nach 11 Uhr; Hoenig S. 69/70: 5½*) und kurz nach 11 Uhr; Heft 25, S. 19: 6¼ und 11 Uhr. Es fügt eine Anmerkung hinzu: „Die Angaben in den Gefechtsberichten und Kriegstagebüchern schwanken zwischen 5½ und 6¼ Uhr. Die Truppen standen längere Zeit marschbereit (?), bevor aufgebrochen wurde. Theilweise fand auch noch Empfang aus der Proviantkolonne der Division statt, so daß der Abmarsch gegen 6¼ Uhr erfolgt sein wird". Wie konnte dann aber das Generalstabswerk 7 Uhr früh angeben? Haben dafür die Gefechtsberichte und Kriegstagebücher nicht als Unterlage gedient? Wiederum muß ich fragen, welcher Generalstab hat Recht?

Die 19. Halbdivision hatte südlich Thiaucourt, westlich der Straße nach St. Hilaire, auf dem rechten Ufer des tief eingeschnittenen Mad-Baches, der damals ziemlich wasserreich war, übernachtet. Die Proviantkolonne blieb nachts an der großen Straße, die Wagen rechtsseitig aufgeschlossen, weil bei ihrem Eintreffen die Dunkelheit das Auffahren auf dem Felde untersagte. Der Zeitersparniß wegen rückten die 57er an die Proviantkolonne heran. Der Lebensmittelempfang des I./57. begann um 4¾ Uhr, ich war mit der Ueberwachung beauftragt. Bei den 16ern wurden die Lebensmittel auf dem Lagerplatz der Nacht vertheilt. Bis das geschehen war, verging eine Weile. Ueberdies beengten Reiter und zahlreiche Wagen der Stäbe, deren Pferde aus dem Mad-Bach getränkt wurden, an der Brücke in Thiaucourt die Marschstraße, Ab- und Aufstieg waren beschwerlich. Nach meiner Uhr marschirte I./57. um 5½ Uhr früh ab**).

Die Rast bei Woël dauerte eine gute halbe Stunde. Ich habe mich davon neuerdings überzeugt. Der dritte Adjutant des 10. Armeekorps, jetziger General v. Lessing, hatte die Güte, mich einen ziemlich ausführlichen Brief lesen zu lassen, den er während der Rast an seinen Vater geschrieben und darauf eingeschlafen war. Während

---

*) Laut Korpsbefehl für den 16. August vom 15., 11½ Uhr abends, sollte General v. Schwartzkoppen um 5 Uhr früh von Thiaucourt aufbrechen.
**) Der Befehl der 19. Division ist in Thiaucourt am 16. August, 3 Uhr morgens, erlassen. General- und Divisionskommando waren in demselben Ort. Nach Scherffs „Kriegslehren" II, 156, soll sich seine Abfertigung „um eine gute Stunde" verzögert haben. Dann soll noch ein Mißverständniß in der Gestellung der den Befehl überbringenden Ordonnanzen hinzugekommen sein, so daß erst um 7 Uhr von Thiaucourt aufgebrochen worden sei. Die 19. Halbdivision wurde aber von den Verzögerungen kaum fühlbar berührt, weil sie dicht bei Thiaucourt war. Sie konnte daher bald nach der befohlenen Zeit abmarschiren. Jedenfalls ist meine Zeitangabe annähernd richtig. Dafür sprechen die Marschlänge, 22 Kilometer, die bis 11 Uhr zurückgelegt wurde und der Aufenthalt bei Woël. Der Divisionsbefehl änderte an den vom Generalkommando vorgeschriebenen Abmarschzeiten nichts. Die Ursache, weshalb bis zur Abfertigung des Divisionsbefehls 3½ Stunde verstrichen, ist trotz vorstehender Ausführungen Scherffs nicht zu erkennen

— 24 —

der Rast war ich beauftragt, aus Moël Wasser für die Mannschaften herbeizuschaffen. Uebrigens fand nicht „theilweise Empfang statt". Die Truppen hatten im Biwak bei Pont à Mousson ihre Vorräthe bis auf Kaffee aufgezehrt und erhielten sämmtlich am 16. früh eine Tagesportion.

Urtheil des Heftes 25. Die Kontroverse, ob General v. Schwartzkoppen, seit der Kanonendonner anhielt und heftig wurde, nicht besser auf eigene Verantwortung nach der Richtung des Feuers hätte abbiegen sollen, statt den Marsch nach St. Hilaire fortzusetzen, will ich nicht nochmals ausführlich aufnehmen. Ich könnte überdies auch jetzt nur meine bekannte Auffassung wiederholen. Oberst Schaumann schreibt S. 193 seiner „Erlebnisse": „Bei Moël ritt der General v. Voigts-Rhetz . . . rechts ab . . ., wir aber marschirten unbekümmert auf der Straße nach Verdun fort . . .". Ich lese daraus eine Zustimmung zu meiner Auffassung, an denen es auch sonst, trotz der Scherffschen „Kriegslehren" nicht fehlt. Heft 25 hält es aber für angezeigt folgendes Urtheil, S. 20, abzugeben: „Die Angriffe, die in den „Untersuchungen über die Taktik der Zukunft" deswegen gegen den General (v. Schwartzkoppen, V.) gerichtet werden, beruhen auf einer Verkennung der Absichten und Anschauungen des Armee-Oberkommandos, des Generalkommandos des 10. Armeekorps und des Kommandeurs der 19. Division. Sie sind vom General v. Scherff, dem derzeitigen Generalstabsoffizier dieser Division, in den „Kriegslehren" gebührend zurückgewiesen worden." Die amtlichen Herren erblicken in jeder anderen als der eigenen Meinung „Angriffe"; das ist bekannt. Nun ist aber die geschichtschreibende Behörde des Heftes 25 doch kein unanfechtbares und unfehlbares Tribunal; hat sie doch, wie ich bereits gezeigt habe und noch beweisen werde, in sehr zahlreichen Fällen auf Grund derselben amtlichen Akten heute widerrufen, was sie noch gestern veröffentlicht hatte. Wenn das Heft 25 ausführt, „der Einzelne sei nicht im Stande, ein wahrheitsgetreues Bild eines Kampfes zu geben", so drückt es nur eine, jedem mit der Kriegsgeschichte Vertrauten, bekannte Erfahrung aus. Ein Jeder ist von dem derzeitigen Stande der Quellen abhängig; und wer zuletzt schreibt und das gesammte vorliegende Material benutzen kann, ist natürlich in glänzender Lage im Vergleich zu den Einzelnen, die das Material, mehr oder weniger zuverlässig und vollständig herbeigeschafft haben. Mein Buch heißt „Untersuchungen". Das Wort drückt damit meine Absichten deutlich aus.

Strategie der vorausgefaßten Meinung. Was General v. Scherff 24 Jahre nach den Ereignissen in seinen „Kriegslehren" zur Begründung und Rechtfertigung des Verhaltens seines Generals — und natürlich seiner selbst — ausführt, ist wahrlich keine Kunst. Er kannte die vorhergegangenen Kontroversen. Wie viel von den 24 Jahre späteren rechtfertigenden Erwägungen und Ueberlegungen in der Zeit der Ereignisse thatsächlich gepflogen worden sind, und ob die derzeitigen Erwägungen sich mit dem geistigen Inhalt der „Kriegslehren" genau decken, das kann der General v. Scherff heute selbst unmöglich angeben. Daß Schwartzkoppen überlegt hat, erscheint mir trotzdem völlig sicher. Daß diese Erwägungen und Ueberlegungen sich aber nur im Rahmen der bekannten „vorausgefaßten strategischen Meinung" des Oberkommandos der II. Armee bewegt haben, ist ebenso gewiß. Eine schlechtere Strategie, als die der vorausgefaßten Meinung giebt es nicht. Sie ist freilich nicht aus dem General v. Schwartzkoppen selbst gekommen, sondern hatte ihre Quelle im Oberkommando der II Armee. Eine vorausgefaßte strategische Meinung ist etwas anderes als ein strategisches Kalkül während der Ereignisse; Erstere legt sich mechanisch fest, Letzteres ist die Lebendigkeit der Kunst und folgt den Wechseln der Dinge, benutzt das Unerwartete und Unverhoffte. Seit wann aber werden in der großen Kriegführung keine Fehler gemacht; wie oft untersagen Störungen, Reibungen und Zufälligkeiten aller Art die wünschenswerthe Ausführung einer Absicht, einer Operation! Die praktische Kriegskunst ist zum großen Theil nur ein Ausnützen der Störungen u. s. w. eines sonst richtigen Vorhabens des Gegners. General v. Schwartzkoppen ließ sich davon leiten, was der Feind in Konsequenz der vorausgefaßten strategischen Meinung des Oberkommandos hätte gethan haben können. Er berücksichtigte zu wenig oder gar nicht, daß statt des Vorausgesetzten etwas anderes durch den Zwang der Umstände oder unzweckmäßige Ausführungsmaßnahmen Platz gegriffen haben konnte. Und das ist bei großen Operationen, wie die Kriegsgeschichte beweist, keine Seltenheit; es bildet beinahe die Regel. Auch Constantin v. Alvensleben, Oberst v. Voigts-Rhetz und Oberstlieutenant v. Caprivi kannten die vorausgefaßte strategische Meinung des Oberkommandos. Sie machten sich aber von den Fesseln des Oberkommandos frei und rissen dadurch nicht nur das Oberkommando der II. Armee, sondern auch das große Hauptquartier wieder in die bereits verlassene richtige Bahn zurück. Ihre Handlungsweise ist lebendige Kriegskunst, frei von den Fesseln einer vorausgefaßten Meinung; sie kämpften gegen die vorausgefaßte Meinung des Oberkommandos und gewannen den Kampf.

Wenn Heft 25 das Verhalten des Generals v. Schwartzkoppen, welches nur ein Ausfluß des bestimmenden Einflusses der vorausgefaßten Meinung des Oberkommandos der II. Armee war, als richtig anerkennt und meine Kontroverse verwirft, so müßte dasselbe Tribunal den General v. Alvensleben, den Obersten v. Voigts-Rhetz und den Oberstlieutenant v. Caprivi tadeln, die sich gegen den Einfluß des Oberkommandos wehrten und seine Meinung zum Heile des Vaterlandes niederrangen. Es müßte den General Graf Brandenburg, den General v. Kraatz, die Obersten Lehmann und v. Lyncker tadeln, die sämmtlich ohne Befehl auf den Kanonendonner abmarschirten, bezw. dazu entschlossen waren, bevor der Befehl eintraf. Oder giebt es eine andere Logik?!

Scherffs Irrthümer. Scherff legt in den „Kriegslehren" II, 177 dar, daß Schwartzkoppen das vernommene Artilleriefeuer nicht nur mit der „Aufklärungsabtheilung des Oberstlieutenants v. Caprivi, sondern auch mit dem Umstande „in Beziehung" gebracht hat, daß — Metz eine vom Feinde wohl noch besetzte Festung, und die 5. Kavalleriedivision, das 3. Armeekorps, sowie die 37. Brigade durch höhere Befehle in eine Richtung gewiesen seien, welche eine artilleristische Berührung auch mit den gestern noch bei Rezonville „beobachteten Lagern" (20 000 Mann), nicht gerade als ausgeschlossen ansehen lassen dürfe!"

Dann hat Schwartzkoppen allerdings etwas gewußt, was damals noch Niemand wußte und heute Niemand weiß, weil es nicht bestand. Die Meldung, welche Scherff nur im Sinn haben kann, lautet: „Nach einer eben eingegangenen Meldung rückt Infanterie in der Richtung von Tronville und Purieux vor. Es würde sehr erwünscht sein, wenn von Thiaucourt Infanterie nach Dommartin abgesendet wird. Eine Rekognoszirung hat ergeben, daß die feindlichen Vedetten bei Vionville stehen, und ungefähr bei Rezonville sich ein großes Zeltlager aller Waffen befindet. Xonville, nachm., den 15. 8. 70. 5 Uhr. gez. v. Rheinbaben." Eingegangen 15. 8., abends 5½."

Durchaus zweifelhaft erscheint es überdies, daß Caprivi dem Hauptmann v. Scherff oder dem General v. Schwartzkoppen von dieser Meldung sinngemäß Mittheilung gemacht hat. Die oben genannten deutschen Truppen (30 000 Mann) wären allerdings stark genug gewesen, diesen Feind ohne Hülfe Schwartzkoppens zu bemeistern, aber wie gesagt, die Ausführung Scherffs hat keinen Boden.

Einen zweiten Irrthum begeht Scherff II, 181, indem er behauptet, die Meldung des Generals v. Alvensleben an den Prinzen Friedrich Karl, der Feind sei im Abzuge nach Norden, sei von 10½ Uhr vormittags; sie ist von 9½ Uhr! Endlich läßt Scherff II, 182, 183 und 186 die Analogie für Schwartzkoppen nicht gelten, daß weil die Generale v. Kraatz und Graf Brandenburg, sowie die Obersten Lehmann und v. Lyncker aus eigenem Entschluß dem Kanonenfeuer zueilten, der General v. Schwartzkoppen ebenso hätte handeln sollen, sondern daß es im „wohlverstandenen Geiste seines „Auftrags" gelegen habe, wenn General v. Schwartzkoppen, den Feind, den er bei St. Hilaire nicht gefunden habe, in der Richtung von Etain auf die Maas aufzusuchen sich bereit hielt, statt auf eigene Verantwortung hin von dieser entscheidenden strategischen Richtung abzubiegen, nur weil hinten in seinem Rücken (?) und aus seiner rechten Flanke eine Kanonade hörbar geworden war, deren „Ausbleiben" eigentlich größeres Erstaunen hätte erregen müssen, als sein „Herüberschallen." Er gelangt dann zu dem Schluß, daß, wenn auch „General v. Schwartzkoppen anders verfahren ist als General v. Kraatz, nachdem sie Beide die ihnen befohlene Tagesetappe erreicht hatten, der Kommandeur der 19. Division durchaus nur ebenso richtig, sachgemäß und überlegt gehandelt hat, wie der Führer der 20. Division, einfach weil Beide sich dem bei Tronville entbrannten Gefecht gegenüber — in einer ganz verschiedenen Lage befanden." Daß General v. Schwartzkoppen überlegt gehandelt hat, will ich nicht bestreiten, allein sachgemäß und richtig hat er nicht gehandelt. Befand sich doch im Sinne Scherffs Graf Brandenburg in derselben Lage wie Schwartzkoppen, allein sie handelten völlig verschieden. Wenn aber Schwartzkoppen sich bei St. Hilaire bereit hielt, den Feind in der Richtung „von Etain auf die Maas" aufzusuchen, so hätte er gerade zu dem Zweck den Grafen Brandenburg bei sich halten müssen. Doch Schwartzkoppen hatte gar keinen Befehl oder Direktive „von Etain auf die Maas" den Feind anzusuchen, sondern er sollte gemäß Zusatzbefehl von 8 Uhr früh am 16. August, auf den ich sogleich zurückkomme, von St. Hilaire-Maizeray aus „Kavallerie gegen die Straße von Metz über Etain nach Verdun hin vortreiben." Somit hätte, wenn Scherffs Darlegung richtig wäre, General v. Schwartzkoppen diesen Befehl nach meinem Ermessen ebenso unrichtig aufgefaßt, wie den Korpsbefehl vom 15. August 11½ Uhr abends und, wie wir sehen werden, die Direktive des Generals v. Voigts-Rhetz hinsichtlich des „Rückzuges auf Thiaucourt."

Neuerdings hat Scherff in der Nummer 99 des Militär-Wochen-Blattes nochmals dargelegt, daß das Marschiren auf den Kanonendonner von den Umständen abhänge, unter denen er vernommen würde. Ach, wir armen Quartaner müssen doch noch vieles lernen! Er schreibt: „Ergänzend mag hier nur eingeschaltet werden, daß im Stabe der 19. Division thatsächlich die Frage des Weitermarsches erörtert, aber aus dem Grunde verneint worden ist, weil sich der Marsch auf den Kanonendonner wohl unter Umständen nach vorwärts! — nach rückwärts! aber doch nur unter Verhältnissen rechtfertige, welche das Feuer nicht so erklärlich erscheinen ließen, wie das hier der Fall!"

Eine vollständigere Bestätigung, daß General v. Schwartzkoppen von der Idee eines im Vollzuge befindlichen Überganges der Rhein-Armee über die Maas faszinirt war, konnte Scherff nicht beibringen. Ich gehe jedoch auf die Fälle, die Scherff in seinen „Kriegslehren" entwickelt hat, nicht ein; ich könnte sie außerdem vermehren. Es ist eine schon von Clausewitz angeführte Thatsache, daß im Kriege zumeist der Fall eintritt, auf den nicht gerechnet wurde. Ich verweise aber doch auf den einen Fall unter I, den ein Feldherr an der Spitze der Rhein-Armee hätte wagen können. Und da behauptet Scherff, die „Verhältnisse hätten das Feuer so erklärlich finden" lassen, daß General v. Schwartzkoppen nicht nöthig gehabt hätte, ihm mehr Werth beizulegen, als es thatsächlich hatte, muß man hinzusetzen.

Im Uebrigen kam der Kanonendonner gar nicht von rückwärts, sondern genau aus der rechten Flanke, und überdies aus der Straßenrichtung der Rhein-Armee. Endlich läßt sich mit vollem Recht eine andere Ansicht über das Marschiren auf den Kanonendonner vertreten, nämlich die, die uns die Schlacht vom 16. August gelehrt hat, wenn man die Avantgarde der Armee ist, wie es hier der Fall war. Welchen besseren Anhalt kann eine Avantgarde im Kriege dafür finden, wo der Feind ist, als ein heftiges, andauerndes und zunehmendes Geschützfeuer, auch wenn es aus einer unvermutheten Richtung kommt! Da, wo solches Feuer entsteht, sind Massen.

Gewißheit hat man im Kriege selten. Daß uns hier Alles an der Gewißheit fehlte, hat die Schlacht gelehrt; und daß die Rhein-Armee seit dem 15. August im „Überschreiten der Maas begriffen sei", war doch nur eine Annahme des Generals v. Schwartzkoppen — (Scherff), das erweiterte Phantasiebild des Oberkommandos der II. Armee! Keine Meldung, keine Nachricht, kein Anzeichen irgendwelcher Art hatte die „Annahme" oder „Voraussetzung" bestätigt. Mit Annahmen und Voraussetzungen führt man keinen Krieg, sondern gegen Wirklichkeiten. Thut man es doch, so operirt man eben wie Schwartzkoppen (Scherff) vom Kanonenfeuer ab in die entgegengesetzte Richtung hinein.

Zusatzbefehl vom 16. August, 8 Uhr früh. Bei Woël trat ein Zwischenfall ein, der dem General v. Schwartzkoppen die Wahl, was er zu thun habe, erleichterte.

Das Oberkommando hatte dem General v. Voigts-Rhetz einen Zusatzbefehl von 8 Uhr früh nachgesandt. Die hier in Betracht kommende Stelle lautet: „Nachrichten*) zufolge findet der Rückzug des Feindes hauptsächlich auf der Straße statt, welche von Metz über Etain nach Verdun führt. Euere Excellenz wollen daher die Kavallerie gegen die Straße hin vortreiben."**) Die überbringende Ordonnanz konnte den von Woël rechts abgerittenen kommandirenden General nicht finden; da das Schreiben aber wichtige Anordnungen für die 19. Division enthalten konnte, so wurde es vom Hauptmann v. Scherff geöffnet. Von Maizeray bis zur Straße über Etain sind 7 Kilometer. Eine besondere Erweiterung der den General v. Schwartzkoppen beherrschenden Voraussetzung wird man also in dem Zusatzbefehl nicht erblicken können. Im Gegentheil, im Sinne der Voraussetzung des Generals verstand es sich ganz von selbst, die fast mit bloßem Auge aus der Gegend von Maizeray sichtbare Straße über Etain in seine Avantgardenaufgabe einzubeziehen und an Kavallerie fehlte es bis dahin Schwartzkoppen gewiß nicht. Überdies war der Zusatzbefehl falsch. Nun ging aber Friedrich Karl in diesem Zusatz von der Voraussetzung aus, daß Schwartzkoppen (Voigts-Rhetz) bei Maizeray — St. Hilaire bleibe, im anderen Falle hätte das Wort „vortreiben" keinen Sinn. Man kann dagegen aus dem

---
*) Also nicht Meldungen!
**) Das Schreiben des Prinzen Friedrich Karl ist im Hefte 18, S. 598 der Einzelschriften mitgetheilt.

Zusatz kein Anzeichen und keinerlei Andeutung herauslesen, daß Schwartz-koppen am 16. August in die Lage kommen könnte, den Marsch über Maizeray hinaus gegen die Maas wieder aufzunehmen. Obwohl also der Zusatz durchaus nicht des Charakters war, die bestehende unrichtige Voraussetzung zu erweitern, weil sein materieller Inhalt gleich Null für die Avantgarde unter v. Schwartzkoppen war, so erblickte der General darin doch eine Bekräftigung seiner Voraussetzung, so schnell als möglich an die Maas zu gelangen. Anders wenigstens ist der Satz S. 20, Heft 25, nicht zu verstehen, daß Schwartzkoppen „schon (!) bei seinem Eintreffen in St. Hilaire die feste Ueberzeugung gewonnen habe, daß der Nachmittag weitere Anforderungen an die Truppen stellen würde". Und da Scherff uns in den „Kriegslehren", sowie in Nummer 99 des „Militär-Wochen-Blattes" 1898 belehrt hat, daß das Feuer von rückwärts (?) „so erklärlich" gewesen sei, daß also Schwartzkoppen über seine Ursachen keine Zweifel hegte, so können die „weiteren Anforderungen" nur die Erwägung zum Ziel gehabt haben, am Nachmittag nicht auf den Kanonendonner, sondern von diesem ab nach der Maas zu marschiren, was Scherff in den „Kriegslehren" auch selbst entwickelt hat.

Da haben wir ein Bild von der verhängnißvollen Wirkung und den Verstand völlig beherrschenden „vorausgefaßten Meinung", (Voraussetzung) wie es der Krieg nur selten darbietet und das gerade deshalb als Warnung dienen muß. Das Oberkommando sieht die Rhein-Armee „nur" im eiligen Rückzuge nach der Maas, General v. Schwartzkoppen sieht sie schon seit dem 15. August „im Uebergang" über die Maas begriffen und hat keinen anderen Gedanken, als dahin. So schwellen vorausgefaßte Meinungen an wie Gerüchte, je mehr sie sich von der Quelle entfernen.

Bald nach Empfang des Zusatzbefehls erhielt Schwartzkoppen folgende Meldung des Grafen Brandenburg: *Meldung des Grafen Brandenburg.*

„St. Hilaire, 16. August, 10½ Uhr.

Ich marschire mit der Brigade über Labeuville in der Richtung auf Rezonville, von wo Kanonendonner zu hören ist. Eine Eskadron bleibt bei Marchéville stehen." Heft 25 setzt erläuternd hinzu, daß „seit 10 Uhr vernommene Geschützfeuer habe sich andauernd verstärkt".

Schwartzkoppen hielt den Stab und die 4. Eskadron 2. Garde-Dragoner zurück, um dem Zusatzbefehl des Prinzen Friedrich Karl entsprechen zu können, dem übrigens der umsichtige Graf Brandenburg bereits zuvorgekommen war. Wenn aber Schwartzkoppen das Auge unverweilt nach der Maas gerichtet hielt, was wollte er dort allein mit einer Infanteriebrigade und 2 Eskadrons Kavallerie?! Er blieb unbekümmert im Marsch auf St. Hilaire, trotzdem er seit der zweiten Hälfte des Marsches das sich verstärkende Geschützfeuer aus dem Osten vernahm.

Die Detachements Lehmann und Lyncker. Nach dem Befehle Schwartzkoppens vom 16. August, 3 Uhr früh, sollte Oberst v. Lyncker um 4½ Uhr von Rovéant aufbrechen. Von Thiaucourt bis Rovéant sind 15 Kilometer Luftlinie. Daher war kaum auf ein Einhalten der Abmarschzeit zu rechnen. Nach Scherffs „Kriegslehren" II, 51 und 55 erhielt Lyncker den Befehl verspätet und, so war — sagt die Geschichte der 78er, S. 46 — als er antreten wollte, die 5. Division bereits im Vormarsch auf Gorze begriffen. Daher brach Lyncker erst um 8½ Uhr von Rovéant auf. Als er während des Marsches Kanonendonner vernahm, beschloß er, den Divisionsbefehl, nach welchem er nach Chambley sollte, nicht auszuführen, sondern sandte seinen Adjutanten zum Befehlshaber der 5. Division, ließ ihm sein Eintreffen melden und stellte sich zu seiner Verfügung. Hiervon erlangte General v. Schwartzkoppen erst verspätet Kenntnis. Lyncker faßte jedenfalls ebenso wie Graf Brandenburg den Entschluß auf den Kanonendonner zuzueilen und das ihm vorgeschriebene Marschziel fallen zu lassen, ohne zu wissen, ob das 3. Korps nur auf eine Arrièregarde oder auf die ganze Rhein-Armee gestoßen sei; selbst ohne zu wissen, ob seine Hülfe erwünscht und nöthig sei. Genau unter denselben Umständen handelte der Oberst Lehmann. Dieser war gegen 9½ Uhr bei Chambley eingetroffen und gedachte daselbst den Obersten v. Lyncker abzuwarten. Als er aber aus dem Nordosten Geschützfeuer vernahm, ließ er nach der Geschichte der 91er S. 141, unverweilt wieder antreten und sandte darüber um 10 Uhr vormittags die noch mitzutheilende Meldung an den General v. Voigts-Rhetz. Somit handelte auch Lehmann gegen den Befehl; denn er blieb weder bei Chambley in Bereitschaft, noch wartete er das Eintreffen des Obersten v. Lyncker ab. Und auch er machte seinen Entschluß nicht von Erwägungen abhängig, ob das 3. Korps nur mit Theilen oder mit der ganzen Rhein-Armee im Kampfe sei.

Und als Voigts-Rhetz dem General v. Schwartzkoppen den 11½ Uhr-Befehl sandte, wußte er so wenig wie Lehmann, Lyncker, Kraatz und Brandenburg, ob das 3. Korps nur gegen Theile der Rhein-Armee im Kampfe stehe oder gegen die ganze Rhein-Armee. Allerdings hatten die einzelnen Korpstheile verschiedene Aufgaben. Sie ließen dieselben jedoch sämmtlich auf Grund derselben Erwägungen und Überlegungen fallen, ohne einen anderen Befehl abzuwarten und marschirten dem Geschützfeuer zu. Lyncker trat außerdem noch aus dem Verbande des 10. Korps heraus. Glaubte Schwartzkoppen dies unterlassen zu sollen, dann erscheint es mir völlig unverständlich, wie er das Ablenken des Grafen Brandenburg gutheißen konnte. Der hätte absolut bei St. Hilaire bleiben müssen, wenn Schwartzkoppen am Nachmittage für weitere Anforderungen nach der Maas bereit bleiben wollte; und auch wenigstens mit Theilen, wenn der Fall eintrat, mit dem Schwartzkoppen nicht rechnete, der ihn auf das Schlachtfeld rief.

Es hat natürlich nicht in meiner Absicht gelegen, Schwartzkoppen **Ergebnisse.** anzugreifen; er hielt sich an die Auffassung des Oberkommandos, und der Marsch nach St. Hilaire mit der weiteren Aufklärung gegen die Straße von Metz über Etain entsprach derselben. Der General ist nach dem Wortlaut der erhaltenen Befehle gedeckt, wie man zu sagen pflegt. Allein der Marsch des Generals v. Schwartzkoppen gestaltete sich von selbst zu einer strategischen Aufklärungsoperation mit allen Aufgaben einer solchen. Die Aufklärung gegen die Straße Metz—Etain hätte sich aber auch sehr wohl mit dem sofortigen Abmarsch in Richtung des Geschützfeuers vereinigen lassen. General v. Schwartzkoppen konnte dafür eine der beiden ihm verbliebenen Eskadrons verwenden und die andere mitnehmen, wenn er besorgte, Graf Brandenburg werde ihm durch die Finger gehen. Irgend welcher Gefahr hätte Schwartzkoppen sich nicht ausgesetzt und das Wesen aller Gesetze in der Kriegskunst ist, den Feind zu schlagen. Alsdann muß man an ihn heranmarschiren und nicht von ihm weg, wie Schwartzkoppen that. Doch wir wissen heute aus Scherff, daß „der Marsch auf den Kanonendonner nach rückwärts (mit Verlaub — seitwärts) sich aber doch nur unter Verhältnissen rechtfertige, welche das Feuer nicht so erklärlich erscheinen ließen, wie das hier der Fall!" Also — General v. Schwartzkoppen besaß eine rechtfertigende Erklärung, für das Geschützfeuer und marschirte deshalb nicht dahin. Die Sache hatte nur einen Fehler, die rechtfertigende Erklärung war — falsch!

Nach dieser Scherff'schen Darlegung darf man fragen, was hätte General v. Schwartzkoppen gethan, wenn ihn kein Befehl auf's Schlachtfeld gerufen? Da das Geschützfeuer „so erklärlich" war, so würde Schwartzkoppen bei St. Hilaire geblieben sein, und wenn kein Befehl zum Weitermarsch nach der Maas eingegangen wäre, ebenfalls.

Nun meine ich aber, daß das Geschützfeuer, welches an Heftigkeit schnell zunahm, den General v. Schwartzkoppen hätte veranlassen müssen, diese Thatsache sogleich an das Oberkommando zu melden, mag sie mit der dort herrschenden Auffassung vereinbar gewesen sein oder nicht. Das war doch gewiß Aufgabe des Avantgardenführers, mochte er über die Ursache des Kanonenfeuers seine eigene Ansicht hegen; und desgleichen hätte Schwartzkoppen, wie wir es beim General v. Kraatz gesehen, Offizierpatrouillen nach der Richtung des Geschützfeuers entsenden sollen. Avantgardenführer müssen sehen, hören und melden, was nicht ausschließt, daß sie hohe Strategie treiben.

Scherff läßt in seinen „Kriegslehren" I, 180 meine in den „Untersuchungen" aufgestellte Forderung, daß Offizierpatrouillen nöthig gewesen wären, nicht gelten. War denn die Möglichkeit einer Täuschung ausgeschlossen? Ein anderes Mittel als Offizierpatrouillen besaß Schwartzkoppen nicht, um sich über die Ursache des Geschützfeuers Gewißheit zu verschaffen. Da er jedoch glaubte, über die Ursache des Feuers sicher zu sein, so ist der Gedanke der Offizierpatrouillen nicht erwogen worden.

Hinterher sucht Scherff zu beweisen, daß, wenn Schwartzkoppen deren entsandt hätte, diese doch nicht vor dem Empfang des später zu erwähnenden 11½ Uhr-Befehls des Generals v. Voigts-Rhetz nach St. Hilaire hätten zurückgekehrt sein können, und daß die Maßnahme deshalb überflüssig gewesen wäre. Es kommt jedoch in einer solchen Lage darauf an, daß ein Avantgardeführer nach den Umständen handelt und die Mittel benutzt, welche die Kriegskunst an die Hand giebt. Was er selbst nicht übersehen kann, müssen seine Organe für ihn thun. Ob diese sich als ausreichend erweisen, kann der Avantgardeführer von vornherein nicht beurtheilen. Verlangt muß aber von ihm werden, daß er kein Mittel unversucht läßt, sich möglichst schnell Nachrichten zu verschaffen. Auch wenn Schwartzkoppen glaubte, über die Ursache des Geschützfeuers keinen Zweifel hegen zu sollen, so mußte es für ihn werthvoll sein, seinen Glauben durch eigene Anordnungen möglichst schnell bestätigt zu sehen; gerade, weil er "Vorposten beziehen" sollte. Und wenn, wie Scherff in den „Kriegslehren" und Heft 25 ausführen, Schwartzkoppen schon (!) beim Einrücken in's Biwak bei St. Hilaire überzeugt war, daß der Nachmittag weitere Anforderungen an ihn erheben werde, so war die frühzeitige Entsendung von Offizierpatrouillen erst recht geboten. Bis diese Anforderungen an ihn herantreten konnten, würden sie gewiß zurück gewesen sein. Denn Schwartzkoppen ließ sich ja Zeit zum Abkochen! Übrigens können derartige Patrouillen sich auch bei Tage verirren; sie können Umwege und vergebliche Wege zurücklegen müssen, um die Meldestelle zu finden; sie können diese ganz verfehlen, wenn, wie es hier der Fall war, Niemand wußte, wohin der General v. Voigts-Rhetz sich inzwischen begeben hatte. Ich werde noch darauf hinweisen, daß der Überbringer der Meldung Lehmanns wahrscheinlich den General v. Voigts-Rhetz erst auf Umwegen suchen mußte. Der Überbringer hätte ihn ganz verfehlen oder ihn noch später auffinden können. Jedenfalls hätte General v. Schwartzkoppen durch Offizierpatrouillen das noch rechtzeitig in Erfahrung bringen können, worauf es bei seiner Auffassung ankam; nämlich, ob er sich über die Ursache des Geschützfeuers täusche oder nicht.

IV. Biwak bei St. Hilaire und Marsch zum Schlachtfeld.

Nach dem erwähnten Korpsbefehl sollte General v. Schwartzkoppen bei St. Hilaire eine Vorpostenstellung beziehen, Kavallerie gegen Fresnes und die Chaussee vorgeschoben, und nach rechts mit General v. Rheinbaben (5. K.-D.) und Oberst Lehmann (37. Brigade) Verbindung halten. Der kommandirende General gedachte sein Hauptquartier in St. Hilaire zu nehmen.

Abkochen bei St. Hilaire.

Dieser Befehl schrieb also als Tagesaufgabe nur die Erreichung von St. Hilaire vor und eine Vorpostenstellung daselbst. Daß am

Nachmittage „weitere Aufgaben" an General v. Schwartzkoppen herantreten könnten, ist mit keiner Silbe angedeutet, auch aus dem materiellen Befehlsinhalt nicht zu folgern. Den „Kriegslehren" und Heft 25 zufolge hätte Schwartzkoppen schon (!) „bei seinem Eintreffen in St. Hilaire die feste Ueberzeugung gewonnen, daß der Nachmittag weitere Anforderungen an die Truppen stellen würde". Irgend welche materielle Unterlage aus der Zeit der Ereignisse, sei es schriftlich oder mündlich, besteht dafür nicht! Man hat es also mit einer unbewiesenen und nicht zu beweisenden Behauptung zu thun.

Die materiellen Anordnungen Schwartzkoppens bei St. Hilaire widersprechen nun aber in jeder Beziehung einer Bereitschaft der Truppen für weitere Anforderungen dieses Tages. Er selbst und der Divisionsstab nahmen in St. Hilaire Quartier, und der damalige Premierlieutenant v. Lessing, dritter Adjutant des Generalkommandos, machte daselbst Quartier für den General v. Voigts-Rhetz, sowie seinen Stab; das alles sieht nicht nach einer bloßen „Rast" aus. Das Generalstabswerk führt aus, der General habe sich bei St. Hilaire zunächst noch nicht veranlaßt gesehen, von der vorgeschriebenen Marschrichtung abzuweichen, und „vorläufig" einen „Aufmarsch" südlich von St. Hilaire angeordnet. Träfe das zu, so hätte ein einfacher Patrouillendienst der Kavallerie auf den Hauptstraßen der, soweit der Blick reichte, offenen und fast ganz ebenen Gegend völlig ausgereicht. Statt dessen rückten die Truppen in's Biwak und umgaben das Lager nach der damaligen Biwaksordnung mit Lagerwachen, was wir für überflüssig hielten. Außerdem bezog II./57., Major v. Wehren, eine regelrechte, viel Zeit beanspruchende Vorpostenstellung. In meiner Gegenwart empfahl er sich vom Oberstlieutenant v. Roell. Wehren erwähnte nicht das Mindeste, daß die Vorposten bald wieder zum Aufbruch eingezogen werden könnten. Er betrachtete vielmehr seinen Auftrag als einen bleibenden für den Tag; das geht daraus hervor, daß er Oberstlieutenant v. Roell sagte, er (Roell) werde ihn wahrscheinlich abends ablösen, sein Bataillon müsse doch auch zur Ruhe kommen. Nun hatte ich unter den Adjutanten den Wochendienst für den Befehlsempfang, und der Regimentsadjutant beantwortete meine Frage, wann und wo Befehlsausgabe sei, mit „abends in St. Hilaire". Alles dies spricht doch sehr dafür, daß General v. Schwartzkoppen um diese Zeit — 11 Uhr auf ein Bleiben bei St. Hilaire bedacht war.

Scherff will dagegen mit dem Biwak bei St. Hilaire beweisen, daß Schwartzkoppen am 16. August für weitere Anforderungen bereit sein wollte; denn sonst hätte — nach Scherff — der General v. Schwartzkoppen die Truppen in Quartiere gelegt, wie es nach Scherffs Behauptung in den „Kriegslehren" II, 185 nach allen Märschen geschehen sei. Da irrt Scherff wiederum sehr. Die Truppen haben biwakirt: vom 7. zum 8. August bei Rohrbach, alsdann nach einem Ruhetag am 9. August wiederum vom 10. zum 11. August bei Püttlingen; sie marschirten hierauf vom 12. August nachmittags bis 13. August abends mit einer kurzen Pause während der Nacht neben der Marschstraße und kochten um Mittag bei Delme ab. Sie wurden in der Nacht vom 14. zum 15. August alarmirt und rückten in ein Biwak bei Pont à Mousson. Am Nachmittage des 15. August marschirten sie in ein neues Biwak bei Thiaucourt, mithin war das Biwak zur Regel geworden und damit bricht das Argument Scherffs zusammen.

Heft 25 behauptet S. 20, die Absicht des Divisionskommandeurs, den Marsch fortzusetzen, sei bei den Truppen „zum mindesten theilweise" bekannt gewesen und führt als Beweis eine vom Hauptmann Schultze der 16er im September (!) 1870 gemachte Aufzeichnung an: „Es sollte schleunigst abgekocht und alsdann unverzüglich zum Weitermarsch aufgebrochen werden. Nochmals kam der Befehl, das Abkochen möglichst zu beschleunigen, binnen einer Stunde solle Alles zum Weitermarsche bereit sein." Wohin wollte denn Schwartzkoppen plötzlich „unverzüglich" aufbrechen? Er hatte den Kanonendonner seit 10 Uhr gehört und die Meldung des Grafen Brandenburg über seinen Abmarsch nach Osten erhalten. Und Scherff hat in den „Kriegslehren" und im „M.-W.-Bl." 1898, Nummer 99—101 bewiesen, daß das Geschützfeuer keine Anziehungskraft auf Schwartzkoppen ausgeübt habe, weil ihm seine Ursache so erklärlich erschien! Wollte Schwartzkoppen seine Truppen durch Abkochen nur erfrischen, weshalb ordnete er das nicht sogleich nach Empfang der Meldung des Grafen Brandenburg an? Letzterer hatte bei St. Hilaire Kavallerie zurückgelassen. Die wäre Schwartzkoppens natürliche Sicherung gewesen. Ein neues Motiv, plötzlich in Richtung des Kanonendonners weiter zu rücken, lag für ihn beim Beziehen des Biwaks nicht vor; und wenn er nach der Maas weiterrücken wollte, so drängte doch wirklich die Zeit nicht. Da konnten die Truppen ganz ruhig abkochen und noch einen Tagesmarsch zurücklegen, da war keine Veranlassung „schleunigst abzukochen". Es bleibt deshalb nur die eine zwar unbelegte aber doch für den General günstigste Erklärung: Schwartzkoppen überlegte seit dem Ertönen des Geschützfeuers, was er thun sollte. Er kam zu dem Entschluß, nach St. Hilaire weiter zu marschiren, die Truppen abkochen zu lassen und daselbst nähere Befehle abzuwarten, nur läßt sich auch damit die Ausschaltung eines ganzen Bataillons für die Vorposten schwer vereinbaren. Sogenannte „Buchstabenstrategie" hinterher als wohlbegründet ausgeben, ist die einfachste Sache der Welt. Darüber verliere ich kein Wort. Natürlich hege ich zu hohe Achtung vor der Urtheilskraft des Lesers, als daß ich meine Meinung als maßgebend hinstellen möchte. Allein nach meinem Ermessen fehlte dem General v. Schwartzkoppen das Ingenium, der Götterfunke der Divination, welcher erst den wahren Kriegsmann ausmacht.

Oberst Schamann schreibt S. 195 seiner „Erlebnisse": „Da plötzlich ertönte aus der Gegend von Vionville herüber so heftige Kanonade, daß der Boden unter uns zu zittern schien. Rasch stieg ich zu Pferde und sprengte zum General v. Schwartzkoppen, der im Fenster liegend mir zurief: „Bestellen Sie nur, daß die Kommandeure ihre Mannschaften trinken lassen; in spätestens einer Viertelstunde lasse ich alarmiren!" Weshalb die Sinnesänderung? Das Geschützfeuer aus dem Osten war doch nichts Neues. Scherff hat überdies dargelegt, daß des Generals Gedanken gar nicht auf das Geschützfeuer gerichtet waren, sondern nach der — Maas! Und weshalb sollte wieder erst in einer Viertelstunde alarmirt werden? Vermuthlich war Schwartzkoppen noch immer unschlüssig. Nun ließ er aber schon einige Minuten nach dem Wegreiten Schaumanns alarmiren. Worin beruhte wieder diese Sinnesänderung? Inzwischen hatte Schwartzkoppen nämlich den Befehl des Generals v. Voigts-Rhetz zum Abmarsch erhalten.

In seinen „Kriegslehren" II, 184 wendet Scherff sich gegen meine in den „Untersuchungen" S. 72 gebrauchten Worte: „Trotz der beklemmenden Lage erhielten die Truppen . . . Befehl zum Abkochen" und meint, daß, da dem General v. Alvensleben erst gegen 12 Uhr das Beklemmende seiner Lage zum Bewußtsein gekommen sei, dies bei dem weit entfernten General v. Schwartzkoppen unmöglich früher habe der Fall sein können.

Das ist eine echt Scherff'sche Auslegung.

Die Truppe hat für das, was ich unter beklemmend verstehe und was damals sämmtliche die Lage besprechenden Offiziere empfanden, ein feines Gefühl. Sie begriff nicht, daß abgekocht werden sollte, trotzdem aus dem Osten seit länger als 1 Stunde ein immer heftiger werdendes Geschützfeuer herüberschallte. Sie war von dem Gefühl beherrscht, da tobt ein ernster Kampf, dahin müssen wir schleunigst marschiren. Diesem Empfinden habe ich Ausdruck verliehen. Freilich war der Stab des Generals v. Schwartzkoppen, wie wir es inzwischen aus Scherffs „Kriegslehren" und aus seinen Darlegungen im „M.-W.-Bl." 1898 Nr. 99—101 wissen, über die Ursache des Geschützfeuers völlig beruhigt; und deshalb dachte auch Niemand in diesem Stabe daran, daß man sich über die Ursache täuschen könne. Im Kriege ist aber vieles bis zum Schlagen ungewiß, und es sollte niemals etwas als gewiß betrachtet werden und daraufhin gehandelt werden, von dessen Thatsächlichkeit man sich nicht durch eigenen Augenschein oder durch zuverlässige Meldungen, Nachrichten und Mittheilungen überzeugt hat. Schwartzkoppen nahm dagegen etwas durchaus Unsicheres als gewiß an und die Thatsachen haben ihm Unrecht gegeben.

Daß übrigens nicht nur bei der Infanterie das Beklemmende der Lage gefühlt wurde, geht bereits aus der Handlungsweise Brandenburgs hervor. Ueberdies beweisen es Schaumanns oben angeführte Worte. Offenbar konnte er seine Beklemmung nicht mehr bemeistern und ritt deshalb zum General v. Schwartzkoppen. Er begriff so wenig wie ein Anderer das Abkochen! Wenn ich zugestehen würde, daß General

3*

v. Alvensleben sich beklommen gefühlt habe, was nach allen meinen Nachforschungen nicht der Fall gewesen ist — Alvensleben blieb immer ernst, ruhig, thatenfroh, gemessen und gefaßt — so würde trotzdem ein großer Unterschied über die Ursache der Beklemmung bestehen bleiben. Alvenslebens Beklemmung hätte nur aus der Erkenntnis der Gewißheit der Lage, die er mittlerweile genau übersah, entstehen können, bei uns dagegen beruhte die Ursache der Beklemmung in dem Gefühl der Ungewißheit, während die Truppen abkochen sollten.

Der bezügliche Befehl des Generals v. Voigts-Rhetz lautet:

Befehl zum Abmarsch. „Das 3. Korps im Gefecht nordöstlich Chambley. 19. Division biegt sofort rechts ab über Jonville, um womöglich dem Korps noch zur Hülfe zu kommen.

Höhe bei Jonville, 11½ Uhr. gez. Voigts-Rhetz."

Wann Schwartzkoppen den Befehl empfing, ist nicht zu ersehen, weil in der Eile der Eingangsvermerk unterlassen wurde. Von Jonville bis St. Hilaire sind starke 5 Kilometer, Schwartzkoppen kann also bereits um 11 Uhr 55 Minuten im Besitz des Befehls gewesen sein. Heft 25 giebt S. 22 als Empfangszeit 12 Uhr an, das Generalstabswerk dagegen, I, 603, „bald nach 12 Uhr".

Welcher Generalstab hat Recht?

Scherff führt in den „Kriegslehren" II, 161 aus, zwei hintereinander eingetroffene Ordonnanzoffiziere hätten den übereinstimmenden mündlichen Befehl des Generals v. Voigts-Rhetz gebracht: „sofort auf Chambley abzumarschiren, um sich mit Oberst Lehmann zu vereinigen und das 3. Korps zu unterstützen." Des schriftlichen ganz anders lautenden Befehls des Generals v. Voigts-Rhetz erwähnt Scherff nicht! Wenn Scherff über eine so wichtige schriftliche Angelegenheit irren konnte, um wie viel leichter kann er sich in der Darlegung der Gründe und Erwägungen, die sich sämmtlich mündlich vollzogen haben, aus der Zeit der Begebenheiten täuschen! Er hat nicht nur vergessen können, daß General v. Schwartzkoppen einen schriftlichen Befehl erhielt; er hat auch den Sinn des Befehls ganz irrthümlich wiedergegeben, denn darin steht kein Wort, daß Schwartzkoppen sich „bei Chambley mit Oberst Lehmann vereinigen" sollte, kein Wort, daß Schwartzkoppen „auf Chambley" marschiren sollte.

Der General v. Voigts war, bevor Kanonenfeuer vernommen wurde, nach Jonville geritten, ein neuer Beweis, daß er seine Aufmerksamkeit mehr nach Metz als nach der Maas richtete. Bei Jonville vernahm er nach Heft 25 um 10 Uhr den ersten Kanonenschuß. Er scheint nun längere Zeit das Feuer belauscht zu haben, wenigstens vergingen 1½ Stunden bis er Schwartzkoppen Befehl sandte. Und dies geschah wieder erst nach Empfang einer vom Obersten Lehmann um 10 Uhr von Chambley abgegangenen Meldung. Dieselbe lautet:

"Chambley, den 16. August 1870, vormittags 10 Uhr. Das 3. Korps im Gefecht in nordöstlicher Richtung von Chambley. Die 5. Kavalleriedivision im Marsch gegen Sponville. Detachement Lyncker um 10 Uhr noch nicht in Chambley. Ich marschire in der Direktion auf den linken Flügel 3. Korps.   gez. Lehmann."

An wen die 10 Uhr-Meldung Lehmanns gerichtet war, ist nicht zu ersehen. Unter den obwaltenden Umständen muß es als eine Gunst betrachtet werden, daß der General v. Voigts-Rhetz sie empfing. Denn nach den Aufklärungen, die wir Scherffs „Kriegslehren" über die Ueberlegungen im Stabe der 19. Division verdanken, (siehe S. 26, 27, 29) hätte die Meldung Lehmanns den General v. Schwartzkoppen niemals zum Abmarsch nach dem Schlachtfelde bewegen können; sie würde ihn im Gegentheil in seiner strategischen Auffassung bestärkt haben, daß seine Bestimmung „nach der Maas" liege. Die Meldung spricht ja nur von einem „Gefecht" und für ein solches hielt Schwartzkoppen das 3. Korps, sowie die 37. Brigade für stark genug. Der General v. Voigts-Rhetz konnte aus Lehmanns Meldung die Schwere des Kampfes unmöglich entnehmen. Seit ihrer Absendung waren jedoch 1½ Stunden verstrichen, und das während dieser Zeit zunehmende Geschützfeuer ist die Hauptveranlassung zum 11½ Uhr-Befehl an den General v. Schwartzkoppen gewesen. Wahrscheinlich schloß General v. Voigts-Rhetz aus den Worten „Detachement Lyncker um 10 Uhr noch nicht in Chambley", daß dies ebenfalls im Gefecht sein werde. Eine Meldung von dieser Seite war bis Mittag weder beim General v. Voigts-Rhetz noch beim General v. Schwartzkoppen, noch beim Obersten Lehmann eingegangen. Da Lyncker über 2 Schwadronen Dragoner verfügte und er überdies Verbindung mit Lehmann halten sollte, so ist das sehr auffallend. Heft 25 lüftet in dieser Hinsicht nicht den Schleier, was doch sehr erwünscht gewesen wäre. Jedenfalls vernahm der General v. Schwartzkoppen den heftiger werdenden Kanonendonner genau so, wie der General v. Voigts-Rhetz. Das hätte ihn deshalb auch zum Entschluß veranlassen sollen, das 3. Korps unmittelbar zu unterstützen. Doch der General v. Schwartzkoppen empfand nichts von der „Beklemmung", die sich inzwischen offenbar beim General v. Voigts-Rhetz eingestellt hatte. Er wartete auf Befehl; und durch diesen erfuhr er nicht das Mindeste mehr, als das, was er annahm und was Scherff in den „Kriegslehren" (s. S. 26, 27, 29) entwickelt hat. Alsdann müßte Schwartzkoppen aber auch den 11½ Uhr-Befehl als ganz unbegründet angesehen haben. Allein — es war ein Befehl!

Wichtig war in der Meldung der Satz: „Detachement Lyncker um 10 Uhr noch nicht in Chambley". Da Lyncker nämlich der Disposition zufolge um diese Zeit daselbst angekommen sein mußte, so ließ sich vermuthen, Oberst v. Lyncker sei aus eigenem Entschluß auf das Kanonenfeuer marschirt, was auch so war. Die Meldung Lehmanns gebrauchte

1½ Stunden bis zu Voigts-Rhetz; unter den drängenden Umständen gewiß sehr lange für 10 Kilometer. Ich vermuthe deshalb, daß der Ueberbringer sich verritten hat. Aus dem sofortigen „abbiegen nach rechts" muß geschlossen werden, daß Voigts den General Schwartzkoppen um 11½ Uhr noch nicht bei St. Hilaire vermuthete, sondern wahrscheinlich bei Doncourt aux Templiers. Demgemäß muß die Ueberlegung von Voigts als richtig anerkannt werden.

Abmarsch von St. Hilaire. General v. Schwartzkoppen ließ nach Empfang des Befehls von 11½ Uhr alarmiren und marschirte von St. Hilaire nicht über Jonville, sondern über Labenville auf Mars la Tour*).

Diesen Entschluß rechnet Heft 25, S. 23, dem General als besonderes Verdienst an und motivirt es damit, daß Schwartzkoppen „auf der großen Straße schneller vorwärts kommen konnte, als auf den schlechteren Nebenwegen über Jonville". Ueber Jonville führte von St. Hilaire doch nur ein Nebenweg! Und General v. Scherff verzeichnet das „besondere Verdienst" im „M.-W.-Bl." 99, 1898, natürlich wieder mit besonderer Genugthuung. Nach Lage der Sache wird aber doch zugestanden werden müssen, daß Schwartzkoppen keinen anderen Entschluß fassen konnte. Die Voraussetzung des Generals v. Voigts traf beim Empfang seines Befehls nicht mehr zu: Schwartzkoppen war fast eine Stunde bei St. Hilaire. Daß er jetzt von da über Jonville zurückmarschiren dürfe, kann er gar nicht mehr erwogen haben; denn das wäre ein offenbarer Zeitverlust gewesen und Eile war nun doch wohl geboten. Ueberdies hatte Graf Brandenburg gemeldet, er marschire über Labenville, also ebenfalls auf der großen Straße. Dieser General war Schwartzkoppen voraus!

Heft 25 führt S. 23 weiter aus, „kurz vor dem Aufbruch" sei Lieutenant v. Hindenburg mit der Meldung des Obersten Lehmann eingetroffen, wonach seine Halbbrigade auf Tronville und die Tronviller Büsche vorgehe, dort den linken Flügel der deutschen Schlachtlinie bilde und eine Unterstützung dringend nöthig sei, da stärkere feindliche Massen gegenüberständen. Hindenburg hatte unterwegs den General v. Voigts getroffen, der ihm auftrug, Schwartzkoppen zu sagen, „er solle schnell dem linken Flügel zu Hülfe kommen". Es wäre nöthig gewesen, die

---

*) Nach dem Generalstabswerk I, 603 um 12½ ab St. Hilaire; nach den „Kriegslehren" II, 175: 12½ Uhr; nach den „Untersuchungen", S. 73, um 12 Uhr; nach Heft 25 wäre um 12¼ Generalmarsch geschlagen worden und um 12½ habe sich die Halbdivision wieder im Marsch befunden. Jeder Militär wird zugeben, daß vom Zeitpunkt des Generalmarsches bis die Halbdivision sich wieder „im Marsch befinden" konnte, mehr als 15 Minuten vergehen mußten; meine Angabe 12 Uhr wird also wohl richtig sein. Jedenfalls fehlt eine Erklärung, weshalb Schwartzkoppen, wenn er den 11½ Uhr-Befehl um 12 Uhr empfangen, alsdann noch ¼ Stunde mit dem Alarm gezögert haben sollte. Dem widerspricht auch die angeführte Darstellung Schaumanns. Und überdies muß der 11½ Uhr-Befehl vor 12 Uhr bei Schwartzkoppen eingelaufen sein. Siehe vor.

Meldung Lehmanns wörtlich mitzutheilen. Oberst Lehmann war nach der Geschichte der 91er, S. 142 bald nach 11 Uhr bei Tronville angekommen. Hier machte er westlich des Dorfes Halt und erwartete die Befehle des Generals v. Alvensleben, dem er seine Ankunft hatte melden lassen. Vermuthlich wird Lehmanns Meldung bald nach 11 Uhr von Tronville abgegangen sein. Heft 25 hätte aber Abgangszeit und Eingangszeit angeben müssen. Nach ihm hat General v. Schwartzkoppen schon „vor dem Eintreffen Hindenburgs beschlossen gehabt, auf eigene Verantwortung die große Straße ... zu benutzen". Das stimmt wieder nicht mit dem Generalstabswerk und dieses, sowie Heft 25, haben doch dieselben amtlichen Unterlagen benutzt! (Ersteres schreibt nämlich, I, 603: „Der gerade Weg dorthin (Chamblen, Verf.) geht über Jonville und Xonville. Da man indessen aus neueren Meldungen erfuhr, daß Oberst Lehmann nördlich Tronville im heftigen Kampfe stehe, so wurde die große Straße nach Mars la Tour gewählt, welche entweder auf den linken Flügel der Gefechtslinie, oder, falls der Feind inzwischen vorgedrungen war, in Flanke und Rücken desselben führen mußte."

Wieder muß gefragt werden, welcher Generalstab hat auf Grund derselben Unterlagen Recht?

Auf den weiteren Unterschied, daß Heft 25 nur die Meldung Hindenburgs erwähnt, während das Generalstabswerk von „neueren Meldungen" spricht, mache ich nur nebenbei aufmerksam. *Schwartzkoppen klebt an der Marschkolonne.*

Heft 25, S. 23 schreibt: „Der an der Tete der Marschkolonne reitende Stab der 19. Division erkannte von halbwegs Labenville—Suzemont deutlich die feindliche Artilleriestellung." .... Nun meine ich, Schwartzkoppen hätte sich nicht an der Spitze der 19. Division aufhalten dürfen. Frühzeitig sehen und melden können die Aufklärungsorgane, rechtzeitig anordnen kann aber nur der Befehlshaber und zu dem Zweck muß er möglichst voraneilen. Hier war überdies der General v. Wedell zur Stelle. Was sollten der Divisions- und Brigadekommandeur zusammen bei der Truppe? Das Voraneilen Schwartzkoppens wäre schon angezeigt gewesen, weil ihm doch daran gelegen sein mußte, möglichst frühzeitig Näheres über die 37. Brigade zu erfahren. Sie bildete mit den übrigen Theilen (Artillerie und Dragoner 9) seine Division, und Schwartzkoppen hatte, nach Heft 25, beim Empfang des 11½ Uhr-Befehls weder Kenntniß davon, daß Oberst Lehmann noch daß Oberst v. Lyncker von seinem 3 Uhr-Befehl abgewichen waren. Daß Lehmann auf Tronville und die Tronviller Büsche vorgehe, erfuhr Schwartzkoppen, nach Heft 25, zwar „kurz vor dem Aufbruch". Das war eine dankenswerthe Benachrichtigung, sie bot aber nur eine unzureichende Unterlage für die eigenen zu treffenden Anordnungen und außerdem konnte die Lage sich wieder verändern. Aus allen diesen Ungewißheiten hätte ihn nur ein frühzeitiges persönliches Voraneilen befreien können. Richtig hätte Schwartzkoppen gehandelt, falls er sich der vorausgesandten 4. Eskadron 2. Garde-Dragoner angeschlossen hätte, um möglichst frühzeitig mit seinem kommandirenden General in direkte Beziehung zu treten; wenn er diese Eskadron zu seinem besonderen Schutz, zum Aufklären und Melden zu seiner Verfügung behalten hätte. Das war unbedingt erforderlich, weil Schwartzkoppen nicht im Zweifel gewesen ist, daß seine Anmarschrichtung ihn auf den äußersten linken Flügel der Schlachtlinie bringen werde. Für die Marschkolonne war die 5. Eskadron 2. Garde-Dragoner mehr als ausreichend. Allein Schwartzkoppen klebte an der Kolonne und blieb bis nach dem Aufmarsch auf Meldungen und vermittelnde Zwischenglieder angewiesen; und doch war er stets von dem Gedanken der Offensive beseelt. Der Divisionskommandeur wurde freiwillig Brigadekommandeur. Da verfuhr der feindliche kommandirende General Ladmirault in ganz ähnlicher Lage wahrhaft ideal!

Schwartzkoppen beabsichtigt den Angriff über Ville sur Yron. Als der dritte Adjutant des Generalkommandos, Premierlieutenant v. Lessing, von St. Hilaire kommend, an dem General vorbeiritt, beauftragte Schwartzkoppen denselben, ihm Meldungen zu schicken. Das Bedürfniß sich frühzeitig zu unterrichten, trat also zu Tage, der einfachste und beste Weg zu dem Zwecke wurde jedoch von Schwartzkoppen nicht betreten. Der eben genannte Lessing ritt nach Mars la Tour und stellte „von dicht nördlich" des Dorfes „stärkere feindliche Abtheilungen in der Richtung auf Bruville fest".*) Von ihren Flankeurs erhielt er Feuer, die Handpferde des Generalkommandos, welche er bei sich führte, gingen durch. Aus Schaumann's „Erlebnissen" S. 197 wissen wir, daß diese Handpferde während des späteren Aufmarsches an seinen Batterien „vorüberstürmten". Dadurch ist der Zeitpunkt der Beobachtung Lessings ermittelt.

In diese Gegend hätte sich Schwartzkoppen möglichst frühzeitig begeben müssen, weil alle seine Maßnahmen davon abhängig waren, ob er Mars la Tour vom Feinde besetzt finden werde oder nicht. Er würde alsdann, wenn dies aus der Karte nicht zu erkennen möglich gewesen sein sollte, im Nordosten des Ortes, da, wo später die Batterien 11./10. und 2./10. standen, die beste Uebersicht über diesen Theil des Schlachtfeldes gehabt haben und darum mußte ihm vor allen Dingen zu thun sein**). Endlich lag Mars la Tour auf Schwartzkoppens Anmarschstraße, zwischen seiner Marschkolonne und der deutschen Schlachtlinie, und beherrschte die sämmtlichen über den von Puxieur kommenden Bach führenden Uebergänge, namentlich das Defilée der großen Straße. Das, was Lessing feststellte, hätte Schwartzkoppen selbst, wenn er vorausgeeilt wäre, beobachten und sich überdies umsehen können. Erhielten seine Begleitdragoner bei der Annäherung an Mars la Tour aus dem Orte Feuer, so hätte Schwartzkoppen freilich nicht auf den

---
*) Cardinal v. Widdern, II, 227.
**) Diese Ansicht spricht auch Schaumann in seinen „Erlebnissen" aus.

— 41 —

betreffenden Punkt gelangen können. Allein das wäre eben nicht geschehen. Schwartzkoppen hegte noch nach dem Aufmarsch Zweifel, ob Mars la Tour französischerseits besetzt sei oder nicht, denn nach Heft 25, S. 35, ließ er II., I./16. kurz nach 4 Uhr zur „Säuberung des Ortes links abschwenken". Wenn aber Schwartzkoppen, wie Heft 25 behauptet, während des Marsches den Gedanken hatte, den Feind über Ville sur Yron anzugreifen, dann durfte dies doch erst erwogen werden, nachdem Gewißheit bestand, daß Mars la Tour von den Franzosen nicht besetzt sei und gerade über diesen entscheidenden Gesichtspunkt blieb Schwartzkoppen bis kurz nach 4 Uhr in Ungewißheit. Unter diesen – doch einzig zulässigen – Gesichtspunkten wird man die Behauptung des Heftes 25, daß Schwartzkoppen während des Marsches bis Suzemont geplant habe, über Ville sur Yron anzugreifen, bereits mit Zweifel aufnehmen müssen. Doch ich kann den Beweis hier nicht erschöpfen wollen, ich komme darauf im Kapitel VII zurück.

Und wenn Schwartzkoppen vorausgeritten wäre und Mars la Tour unbesetzt gefunden hätte, würde er dann nicht den Aufmarschraum anders gewählt haben? Vor allen Dingen hätte er den taktischen Punkt weit früher, als es geschah, besetzen können und dadurch wäre von selbst die beste Anlehnung an die übrigen Theile des 10. Korps, sogar dessen Flankenschutz bewirkt worden. Ein Dorf von der damaligen strategischen und taktischen Bedeutung wie Mars la Tour — immer Heft 25 zu Grunde gelegt – eine Stunde lang nahe vor sich unbesetzt lassen, ist doch gewiß einer der stärksten Fehler in der Taktik, wenn man in der Lage war es eine Stunde früher ohne Widerstand zu besetzen. Die Franzosen konnten sich noch während des Aufmarsches und der darauf folgenden „Ruhe" der 38. Brigade von Greyère Je. aus gedeckt nach Mars la Tour hineinwerfen. Alsdann wäre es nicht zum Angriff auf die Höhen von Bruville gekommen, alsdann hätte Schwartzkoppen Mars la Tour nehmen müssen und daran seine Kräfte erschöpft. Heft 25 hätte, wenn es belehren wollte, hier ein dankbares Feld gefunden, mehr als bei den Tronviller Büschen. Wer läßt denn ein Dorf unbesetzt, dessen nördliche Annäherungslinien überdies vom Süden von uns aus nicht eingesehen werden konnten, hält sich in seiner Nähe eine Stunde mit Aufmarsch und Gefechtsbereitschaft auf, um schließlich zu beiden Seiten desselben angreifen zu wollen! Da versichert man sich doch zunächst eines solchen Objekts. Also mußte Schwartzkoppen selbst voraus sein und sobald Mars la Tour frei gefunden wurde, das erste erreichbare Bataillon hineinführen; die übrigen Truppentheile hätten am besten unter diesem Schutz den Aufmarsch südlich des Dorfes vollzogen, dessen Langseite dieser Richtung zugekehrt ist.

Schwartzkoppen giebt nach Heft 25 die Absicht auf, über Ville sur Yron vorzugehen.

Heft 25 führt S. 21 aus: „Entgegenkommende Verwundete theilten mit, daß Oberst Lehmann sich nur mit äußerster Mühe in den Tronviller Büschen behaupte, und jeden Augenblick ein Vorbrechen des Feindes über die Chaussee zu befürchten, ein schleuniges Eingreifen der Halbdivision

dringend nothwendig sei." Nach Seite 23 wäre das halbwegs zwischen
Suzemont und Labenville gewesen. Ich habe in aller Ruhe auf Befehl
meines Kommandeurs jeden zurückkommenden Verwundeten ausgefragt.
Der erste Verwundete kam in Suzemont an; da mein Bataillon am Ende
der Marschkolonne war, so können die Verwundeten unmöglich schon
dem an der Tete der Kolonne reitenden Schwartzkoppen halbwegs
Labenville—Suzemont begegnet sein! Uebrigens ertheilten die Leute
sämmtlich nur die unbestimmte Antwort, es stehe schlecht. Gewiß war
die Intelligenz unserer Mannschaft groß, ich bestreite aber, daß ein
Musketier beurtheilen konnte, ob das „Vorbrechen" des Feindes über die
Chaussee zu befürchten sei." Außer den erst später zurückkommenden
beiden verwundeten Offizieren („Untersuchungen", S. 79/80) begegnete
uns kein Anderer. Endlich gehörte Niemand von diesen Verwundeten
der Brigade des Obersten Lehmann an; sie waren sämmtlich vom 3. Korps.

Dragonermeldungen, wonach in der Gegend von Ville sur Yron
eine hohe Staubwolke beobachtet sei, sollen alsdann nach Heft 25 im
Verein mit obigen Aussagen Schwartzkoppen veranlaßt haben, von seinem
Plane, über Ville sur Yron anzugreifen, abzustehen; er entsandte nur
die 5. Eskadron 2. Garde-Dragoner dorthin zum Aufklären, was zu
spät aber richtig war.*) Wie ich im Kapitel VII noch näher beweisen
werde, hat damals dieser Plan Schwartzkoppens aber gar nicht bestanden.
Das ist übrigens schon aus meinen bisherigen Darlegungen zu entnehmen.

Befehl zum Marsch nach Tronville. Schwartzkoppen hätte jetzt erst recht darauf bedacht sein müssen, sich des
Dorfes Mars la Tour zu versichern (seit halbwegs Labenville—Suzemont).
Er hat das aber augenscheinlich nicht erwogen, und blieb nach wie vor
bei der Truppe. Kurz vor 3 Uhr (Heft 25, S. 24) soll ihm Lieutenant
v. Hirschfeld dicht westlich Suzemont den Befehl des Generalkommandos
überbracht haben, „sich über Puxieur auf Tronville an den linken
Flügel der deutschen Schlachtstellung heranzuziehen." Giebt's dafür einen
Beleg; wenn, weshalb ist er nicht mitgetheilt worden? Es muß doch
auffallen, daß das Generalstabswerk dieses wichtigen Befehls seiner Er-
wähnung thut. Ueberdies schreibt dasselbe ausdrücklich I, 604: „Um
3½ Uhr war General v. Schwartzkoppen mit der Spitze seiner Halbdivision bei Suzemont eingetroffen." Nach Heft 25, S. 24 hat
Hirschfeld sich seines Auftrags bei Schwartzkoppen „kurz vor 3 Uhr dicht
westlich Suzemont" entledigt.

Wieder muß gefragt werden, welcher Generalstab hat auf Grund
derselben Unterlagen Recht?

Nun besitzen wir aber zwei Dokumente, nach welchen diese Zeitangabe (Hirschfeld) absolut falsch sein muß. Laut Bericht vom

---

*) Ich muß auf die auffallende Thatsache hier schon hinweisen, daß Schwartz-
koppen von keinem Kavallerie-Truppentheil eine Meldung erhalten haben soll;
daß Heft 25 keine Meldung der Kavallerie anführt. Ueber obige Dragoner-
meldungen fehlt auch jeder Beleg.

17. August 1870 ließ Schwartzkoppen nach 2½ Uhr südöstlich Suzemont aufmarschiren und erst um 3¼ Uhr meldete er an das Generalkommando, daß er über Ville sur Yron vorzurücken beabsichtige. (Heft 25,
S. 27, Note.) Wie hätte Schwartzkoppen diese Meldung erstatten
können, wenn Hirschfeld ihm „kurz vor 3 Uhr" obigen Befehl überbracht hätte!?
  Endlich steht die Darstellung im Generalstabswerk I, 604 mit derjenigen des Heftes 25 in einem neuen Widerspruch. Ersteres sagt: „Aber
der spätere Augenschein und . . . . . stellten es außer Zweifel . . . . .,
daß ein schleuniger Anschluß an den eigenen linken Flügel in der
Richtung auf Tronville geboten sei. Um für alle Fälle die Verbindung
mit den übrigen Theilen des Korps zu sichern, wurde F./16. rechts
nach Mariaville 3c. vorgeschoben." (!?)
  Welcher Generalstab hat Recht? Nach Heft 25 hat Schwartzkoppen
auf Befehl (Hirschfelds) gehandelt, nach dem Generalstabswerk auf
Grund eigenen „Augenscheins"!

Schwartz-
koppen läßt
Mars la Tour
während des
Aufmarsches
unbesetzt.

  Die Richtigkeit des Befehls (Hirschfeld) vorausgesetzt, wäre Schwartzkoppens Handlungsweise ganz unverständlich. Er konnte von Suzemont
entweder über Mars la Tour nach Tronville gelangen, oder, indem er
südlich an Mars la Tour vorbeimarschirte. Daß er nicht durch Mars
la Tour rückte, ist erklärlich; aber daß er, seit er nach Tronville sollte
und sich entschloß, südlich an Mars la Tour vorbei zu marschiren, das
uns mit der Langseite zugekehrte Dorf unbesetzt in seiner linken Flanke
liegen ließ, das wird Niemand zu erklären im Stande sein. Hat
Schwartzkoppen den Befehl (Hirschfeld) erhalten, dann hätte er so schnell
als möglich F./16. statt auf Mariaville 3c. (Purienr) „vorzuschieben" (?),
nach Mars la Tour werfen müssen. Nur durch eine solche oder ähnliche
Anordnung konnte sein Flankenmarsch von Suzemont südlich an Mars
la Tour vorüber auf Tronville in richtiger Entfernung und an dem
einzigen vorhandenen taktischen Punkt gedeckt werden. Wer will das
widerlegen?
  Wenn aber, wie Heft 25 — Siehe später Kapitel V — ausführt,
Schwartzkoppen seine Halbdivision, 2300 m südwestlich von Mars
la Tour und 1200 m von Suzemont entfernt, hätte aufmarschiren
lassen und dort im Ganzen eine Stunde verweilt hätte, dann wäre das,
namentlich angesichts des spannungsvollen Wartens des Generalkommandos, ein völliges Verkennen der Absichten des Generals v. Voigts
oder ein Ungehorsam. Es giebt nichts Anderes. Oder wurde durch
ein einstündiges Verweilen bei Suzemont ein „schleuniger Anschluß" in
der Richtung auf Tronville erzielt? Ich kann mich mit bestem Willen
hier nicht hindurchfinden. Ich glaube aber auch nicht, daß Schwartzkoppen in diesem Augenblick die Lage so verkannt haben kann; nicht,
daß er ungehorsam war und das ist, um dies bereits hier zu bemerken,
ein Beweis, daß er nicht 2300 m südwestlich von Mars la Tour

aufmarschiren ließ. Will man das dennoch gelten lassen, so könnte es nur eine Erklärung dafür geben, nämlich, daß Schwartzkoppen damals von der Voraussetzung bestimmt worden ist, er werde in die Lage kommen, Mars la Tour anzugreifen. Die Entsendung des F. 16. nach Mariaville ꝛc., die im Sinne des Befehls oder eigener Absicht in Bezug auf die Marschrichtung Tronville völlig überflüssig war, fände auch nur unter dieser einen Annahme eine Rechtfertigung und ließe sich mit der Absicht eines Angriffs auf Mars la Tour wohl vereinen. Ob diese Auslegung im Interesse des Generals v. Schwartzkoppen wäre, möchte ich stark bezweifeln.

Ergebniß. Was man sonst immer sagen möge, Thatsache bleibt, daß General v. Schwartzkoppen aufmarschiren ließ — mag der Aufmarsch nun 2300 m südwestlich von Mars la Tour oder 2300 m von Suzemont erfolgt sein — ohne eine Vorstellung von der Ausdehnung und Stellung des Feindes zu haben, ohne zu wissen, ob Mars la Tour vom Feinde besetzt war oder sicher zu sein, daß es vom Feinde nicht besetzt werde, während Schwartzkoppen aufmarschiren ließ, oder nachdem er aufmarschirt war. Mithin fehlten alle Vorbedingungen für einen überlegten Aufmarsch. Das Wenige, was Schwartzkoppen über die feindliche Stellung in Erfahrung brachte, fällt erst in eine viel spätere Zeit, — — Generalstabswerk I, 607 zu Grunde gelegt — während bis zu seinem Zusammentreffen mit Voigts-Rhetz mehr als 1½ Stunden ver- verstrichen. (3½ Suzemont, kurz nach 5 Uhr Mars la Tour) Man darf aber gewiß sein, daß, wenn Schwartzkoppen mit der 4. Escadron 2. Garde-Dragoner vorausgeeilt wäre und dann, was meines Erachtens seine Pflicht war, sich zunächst zum General v. Voigts-Rhetz begeben hätte, von dem er doch hoffen durfte, die besten Informationen zu erlangen, er beim Eintreffen der Spitze seiner Halbdivision soweit unterrichtet gewesen wäre, um dieser frühzeitig zweckmäßige Befehle entgegensenden zu können. Dieses Verfahren ist unter solchen Umständen immer das kürzeste und sicherste. Es hätte überdies eine Verständigung der beiden Generale darüber erleichtert, was zu thun sei, um die Ausdehnung des feindlichen rechten Flügels festzustellen, d. h. über die Verwendung der Kavallerie. Alsdann wäre auch wohl verhindert worden, daß General v. Voigts-Rhetz die 1. Garde-Dragoner nach südöstlich Mars la Tour zurückholen ließ, nachdem Schwartzkoppen sie ganz richtig gegen Ville sur Yron vorgesandt hatte. Wenn jemals volle Uebereinstimmung der Anschauungen und Absichten der hohen Befehlshaber bestehen muß, und wenn diese irgendwo möglichst frühzeitig erzielt werden muß, so ist es bei allen improvisirten Schlachten und namentlich hinsichtlich der Maßnahmen auf dem entscheidenden taktischen — und hier auch) — strategischen Flügel. Diese Uebereinstimmung ist am besten durch persönliches Zusammentreffen der hohen Befehlshaber gewährleistet, abgesehen davon, daß Rede und Gegenrede für beide Theile neue Anregungen zeitigen; daß dem Einen etwas einfällt, was dem Anderen nicht gegenwärtig ist u. f. w. Ich meine, Schwartzkoppen, der so von dem Gedanken des Ueberganges der Rhein-Armee über die Maas faszinirt war, wie wir es jetzt wissen, hätte den Zeitpunkt nicht erwarten können müssen, da er näher erfuhr, welche Ereignisse ihn denn nun in die entgegengesetzte Richtung abgerufen hatten; und zu dem Zweck mußte er so schnell als möglich zu Voigts-Rhetz. Daß er sich hierbei sonderlich beeilt habe, wird man gewiß nicht behaupten dürfen. Er erhielt den Befehl zum Abmarsch von St. Hilaire p. p. um 12 Uhr mittags, er traf erst „halb nach 5 Uhr" mit dem General v. Voigts — und das wieder nur zufällig — zusammen, also nach 5 Stunden; und in drängender Lage und bei einer Entfernung von nur 15 Kilometern! Da versagen alle Vertheidigungsgründe.

Scherff führt in seinen „Kriegslehren" 11, 174 aus, — und Heft 25 ha auch das übernommen daß die Marschgeschwindigkeit von St. Hilaire zum Schlachtfelde wegen des Vormittagsmarsches und der drückenden Mittagshitze nicht mehr so ausgiebig gewesen wäre, wie am Vormittag. Das ist eine hinterherige theoretische Reflexion. Das, was ich selbst erlebt, lasse ich mir nicht nehmen. Die Marschgeschwindigkeit zum Schlachtfelde war so groß, daß wohl keines der Offizierpferde der Infanterie mit der Truppe immer im Schritt mitkommen konnte. Mein Pferd hatte einen sehr räumigen Schritt. Ich mußte aber wiederholt einige Schritte Trab einlegen, um meinen Platz einhalten zu können. Oberst Schaumann nennt den Marsch zum Schlachtfelde „mehr Laufen und Springen" als Marschiren. Das ist die Wahrheit. Eines Theils beschleunigte der Trieb an den Feind zu kommen, den Schritt. Der Marsch zum Schlachtfelde gestaltete sich aber thatsächlich bereits zu einer „Hetzjagd", weil durch die Beine die Irrthümer der Ueberlegung der Führung wieder gut gemacht werden sollten. Vielleicht blieb Schwartz-koppen hauptsächlich deshalb bei der Marschkolonne.

V. Der Aufmarschpunkt und die Aufmarschzeit der 38. Brigade.

Heft 25 führt S. 25 aus, die 38. Brigade habe „um 3 Uhr nachmittags ihren Aufmarsch, 1200 m von Suzemont und 2300 m von Mars la Tour entfernt" begonnen. Orts- und Zeitbestimmung sind für den späteren Verlauf des Angriffs von großer Bedeutung, ich muß deshalb auch hierauf eingehen.

Der Gefechtsbericht der 19. Division vom 17. August 1870 besagt dagegen, „der Unterzeichnete (Schwartzkoppen, Verf.) ließ die Brigade . . . .

südlich der Chaussee in einer geeigneten Mulde aufmarschiren. Es war ½3 Uhr vorbei." Wie vereint sich damit überdies die Angabe im Heft 25, S. 24, daß Lieutenant v. Hirschfeld dem General v. Schwartzkoppen „kurz vor 3 Uhr" noch „dicht westlich Suzemont" den genannten Befehl zum Heranmarsch nach Tronville überbracht hat!?

Im Gefechtsbericht des Generalkommandos vom 22. August 1870 heißt es: „Gegen 3 Uhr traf die Brigade Wedell mit der Tete nordwestlich Bois la Dame ein, entwickelte sich und ging nach nothwendiger Ruhe um 4 Uhr nachmittags . . . vor." Da das Ruhen nach der Entwickelung angegeben ist, so unterliegt es keinem Zweifel, daß mit dem „Entwickeln" der Aufmarsch gemeint ist. Von Bedeutung sind diese Angaben deshalb, weil das lange auf dem Schlachtfelde anwesende Generalkommando gespannt auf die Ankunft Schwartzkoppens wartete, und daher Ort und Zeit seines Eintreffens möglichst genau festgestellt haben wird. Weshalb unterließ der General v. Schwartzkoppen in seinem Bericht vom 17. August jede nähere Ortsangabe? Da es aber geschehen, so bietet seine viel zu unbestimmt gehaltene Ausdrucksweise keine zuverlässige Unterlage für irgend eine Beweisführung. Schwartzkoppen scheidet daher mit vollem Recht in dieser Angelegenheit aus der Betrachtung aus. Anders ist das mit dem Generalkommando. Bois la Dame bestand 1870 nicht mehr, befand sich jedoch auf der bis dahin – auch von uns – benutzten französischen Generalstabskarte 1 : 80000 und lag etwa 150 m west-westsüdlich von Mariaville Ferme. Damit ist dann aber auch der Punkt des Aufmarsches ungefähr festgelegt, in diesem Falle gewiß ein unparteiischer Schiedsrichter; denn am 22. August 1870 hat das Generalkommando wahrlich nicht das Erscheinen des Heftes 25 vorausgesehen. Nach dem Bericht der Batterie II./10. wäre sie um 3 Uhr 5 Minuten nordöstlich bei Bois la Dame aufmarschirt. Heft 25 hat nordöstlich mit einem Fragezeichen versehen, das scheint mir aber wenig begründet. Jedenfalls ist auch dieser Bericht ein unparteiischer Zeuge und die Wahrheit möchte in der Mitte beider Angaben liegen. Diese decken sich genau mit den „Untersuchungen", S. 81, wo als Aufmarschzeit 3½ Uhr und als Aufmarschraum, S. 80, etwa 1000 m südwestlich von Mars la Tour angegeben ist*). Denn vom Eintreffen der Tete bis zum vollendeten Aufmarsch sind etwa 20 Minuten zu rechnen.

In meiner Winterarbeit von 1872 ist der Aufmarschplatz der 38. Brigade „südlich von Mars la Tour" angegeben. Niemand hat dagegen Einspruch erhoben, obwohl diese Winterarbeit als Beitrag zur Regimentsgeschichte zu dienen bestimmt war. Das erhellt auch aus folgendem Passus eines Beurtheilers: „Wenngleich . . . . ., so zeugen dieselben doch von ernstem Nachdenken des Verfassers . . . . und bekunden

---

*) Das Generalstabswerk giebt I, 604 an: 3½ Uhr Eintreffen der Spitze bei Suzemont.

ein lobenswerthes Streben, ebenso die theilweise in schwunghaftem Styl gehaltene Erzählung der Erlebnisse des Regiments, welche gewiß einen nicht unwillkommenen Beitrag zur Bearbeitung der Geschichte desselben liefern werden." Da damals keine verwerthbaren Truppenberichte vorlagen, so war ich auf Mittheilungen und Auskünfte der folgenden Theilnehmer an der Schlacht angewiesen: Hauptmann v. Barendorff (1./57.), Hauptmann Freiherr v. Hohenhausen (2./57.), Hauptmann Freiherr v. Bernewitz (3./57.), Hauptmann Bethge (11./57.), Lieutenant Hummell (Regiments-Adjutant), Lieutenant Schreiber (Adjutant F./57.), Lieutenant v. Streit (12./57.), Lieutenant de Rège (10./57.), Lieutenant Flügge (2./57.), Lieutenant Cleve (1./57.), Lieutenant Soencke (3./57.). Nachdem die Winterarbeit von vier Instanzen beurtheilt worden war, wurde sie noch vom Hauptmann Freiherrn v. Bernewitz, den Lieutenants Hummell und Hillen gelesen und bis Herbst 1873 nach ihren Ausstellungen berichtigt. Ferner haben mir der Major v. Wehren, sowie sein Adjutant, Lieutenant Kropp, über die Vorgänge bei St. Hilaire (bei II./57.) Auskunft ertheilt.

Oberst Schaumann schreibt in seinen „Erlebnissen", der Aufmarschpunkt habe „1000 m von der südlichen Lisiere des Dorfes (Mars la Tour) entfernt" gelegen (S. 197). Als ich ihn darauf aufmerksam machte, daß hier ein kleiner Irrthum obwalten müsse, und darlegte, von wann meine Skizze herrührt, antwortete Schaumann unter dem 2. September 1895: „Anlangend meine Angaben auf S. 197 . . . so glaube ich, daß ich richtiger hätte sagen müssen: Unsere Stellung war Front nach Nordosten -- vor uns Tronville halbrechts, Mars la Tour halblinks, fast in der Flanke -- noch mindestens 1000 Schritt von der südlichen Lisiere des letztgenannten Dorfes entfernt." Wichtiger ist der Satz: „Persönlich sah ich nur . . . . und ritt dann mit dem General v. Schwartzkoppen voraus nach der Anhöhe, auf welcher die nach und nach eintreffenden Kolonnen, ich meine die, (Anhöhe, Verf.) in welcher die Fahnen enthüllt wurden -- dicht zusammen gezogen wurden." Schwartzkoppen hat berichtet, er habe in einer **Mulde** aufmarschiren lassen, nach Schaumann hat der Aufmarsch sich aber auf einer **Anhöhe** vollzogen; und da er mit Schwartzkoppen dahin vorausgeritten ist, so kann schlechterdings kein Irrthum obwalten. Dies Vorausreiten wäre doch nicht nöthig gewesen, wenn 1200 m von Enzemont aufmarschirt worden wäre, wie Heft 25 zu beweisen sucht. Ich muß jedoch bemerken, daß ich bis dahin keinen Brief mit Schaumann gewechselt und auch sonst keine Beziehungen zu ihm hatte. In diesen 3 Quellen, die sich mit meiner Zeit- und Ortsangabe in den „Untersuchungen" decken, erblicke ich eine hinreichende Bestätigung meiner Angabe.

Im Anhang 6 bemerkt Heft 25, daß „auch einige andere Augenzeugen" meiner Angabe beitreten, unterläßt aber deren Namen anzuführen. Das wäre doch nöthig gewesen, weil erst die Persönlichkeit einen Maßstab für den Werth der Quellen gewährt. Im Uebrigen sind diese

„anderen Augenzeugen" doch auch Bestätigungen meiner Angabe. Neuerdings hat mir überdies Herr v. d. Mülbe (3./57.) eine meine Darlegung bekräftigende Skizze eingesandt, wonach der Aufmarsch näher bei Mars la Tour als bei Suzemont erfolgt ist.

Heft 25 schreibt S. 25/26: „Im September 1870 verlegten die Division, die Brigade und die Regimenter den Aufmarschpunkt übereinstimmend auf das rechte Ufer des von Konville kommenden und bei Suzemont mündenden Nebenbaches des Yron, das Regiment 57 1 km östlich dieses Baches." Dieses sei der Wahrheit — nach Heft 25 am nächsten gekommen. Auf Plan 2 ist die letzte Angabe aber als geschichtlich eingetragen worden! Die im Anhang 6 angeführten „Gefechtsskizzen" vom September 1870 sind mit den vorstehenden Ermittelungen identisch. Heft 25 beruft sich außerdem auf Scherffs „Kriegslehren II, 171, wonach die Abzweigung des F./16. nach Mariaville 2c. ein Beweis für die Richtigkeit seiner Orts- und Zeitbestimmung sei. Nun sagt aber dieses Bataillon über seine Entsendung: „Noch war der Aufmarsch nicht vollendet, als das Bataillon vom Divisionskommandeur, Herrn Generallieutenant v. Schwartzkoppen, den Befehl erhielt, auf ein in der Richtung von Purieur gelegenes steinernes Gehöft loszumarschiren und es zu besetzen; auf dem halben Wege dorthin kam von derselben Stelle der Befehl, auf Purieur zu marschiren." Von dem in Heft 25, Plan 2 als „geschichtlich" ermittelten Aufmarschpunkte bis Mariaville 2c. sind nur 1500 m, der halbe Weg beträgt also 750 m. Da F./16. die Sinnesänderung Schwartzkoppens bereits bei zurückgelegten 750 m empfing, so können zwischen beiden Befehlen etwa 4—5 Minuten gelegen haben. Hiernach scheint mir gewiß, daß Schwartzkoppen bald den Punkt Mariaville 2c. als zu nahe für eine Verbindung mit dem 10. Korps — an dem von mir in den „Untersuchungen", von Schaumann, von Batterie II./10., vom Generalkommando und „einigen Anderen" angegebenen Aufmarschplatz liegend erkannte und deshalb F./16. den Weitermarsch auf Purieur befehlen ließ. Hätte sich dagegen der Aufmarsch da vollzogen, wohin Plan 2 des Heftes 25 ihn verlegt hat, so wäre für die Sinnesänderung kein Grund vorhanden gewesen. Die angeführten Befehle Schwartzkoppens, auf die sich die „Kriegslehren" und Heft 25 jetzt stützen wollen, sprechen also gegen ihre Interpretation und bestätigen — wenigstens für jeden Taktiker — durchaus meine Angaben über Zeit und Ort des Aufmarsches, womit alle daraus von beiden Seiten gezogenen Folgerungen unsicher und hinfällig werden. Der Aufmarsch war um 3½ Uhr beendet, der Punkt lag etwa 1200 m von Mars la Tour und 2300 m von Suzemont. Meinerseits ist ein Irrthum unmöglich, weil sich mir dieser sonderbare Aufmarsch besonders einprägte. Das halblinks in unserer Flanke liegende, gestreckte weiße Dorf leuchtete in dem glitzernden Sonnenschein drohend zu uns herüber. Ich konnte den Gedanken nicht los werden, „was, wenn plötzlich bei

Mars la Tour französische Artillerie auffährt und uns hier in unserer Harmlosigkeit zusammenschießt?" Ich war deshalb sehr froh, als der bedrohte Platz endlich verlassen wurde. In derselben Unruhe befand sich übrigens mein Kommandeur.

VI. Die Aufmarschform der Truppen.

In welchen Widersprüchen sich die amtlichen Forschungsergebnisse auf Grund derselben Quellen bewegen, erhellt am schlagendsten aus dem einfachsten Beispiele dieses Tages, nämlich aus der Aufmarschstellung der Truppen.

Heft 25 sagt S. 26: „Bei dem Aufmarsche befand sich das Regiment Nr. 16 im ersten Treffen, das II. Bataillon links neben dem I. Das Regiment 57 stand dahinter, sein Füsilier-Bataillon auf dem rechten Flügel, die Batterien in Gefechtsbereitschaft halbrechts vorwärts der Brigade, die Pionier-Kompagnien hinter der Infanterie. Die Gefechtsberichte der Brigade, beider Regimenter, des 1. und II. Bataillons Regiments Nr. 16 und das Kriegstagebuch des Füsilier-Bataillons Regiments 57 sprechen es ausdrücklich aus, daß das Regiment Nr. 16 beim Aufmarsch vorne war. So ist auch in den Gefechtsskizzen der Division und Brigade vom September 1870 dieses Regiment im ersten Treffen der aufmarschirten Brigade gezeichnet."

Ueber die Gefechtsberichte möchte ich mir die Bemerkung gestatten, daß die Kompagnien an die Bataillone, diese an die Regimenter, diese an die Brigade u. s. w. ihre Berichte einsenden; daß die höheren Behörden also bereits die Angaben der unteren benützen. Dadurch können Irrthümer berichtigt werden, es können aber auch unrichtige Angaben von unten ohne die erforderliche Prüfung in die Akten der oberen Behörden übergehen und aus diesen in die Kriegsgeschichte.

Die Gefechtsskizze der Division, auf die sich vorstehende Angabe des Heftes 25 beruft, rührt vom damaligen Hauptmann v. Scherff. Dieser Offizier hat später auch die Darstellung des Kampfes der 38. Brigade im Generalstabswerk und die daselbst I, 604 befindliche Skizze entworfen. Ich stelle nun zum Vergleich die Skizze des Generalstabswerkes und die des Heftes 25 nebeneinander.

Generalstabswerk:

F./57.   I./57.

Batterie II./10. Batterie 2./10.
† †
I./16.   II./16.

Heft 25, Plan 2:

II./16.   I./16.

I./57.   F./57.
† †
2., 3. P./10.   2./10.   Batterien: II./10.   1. R./G.

Note: II./57. bei St. Hilaire;
F./16. bei Mariaville Ferme.

Niemand wird im Stande sein zu erklären, wie dieselbe geschichtsschreibende Behörde, die auf Grund derselben Akten gearbeitet hat, zu so unvereinbaren Ergebnissen gelangt sein kann. Und ich muß wiederum fragen, welcher Generalstab hat Recht?

In meinen „Untersuchungen" findet sich S. 81 folgende Skizze:

1./57.   F./57.   B./X.

Batterie 11./10. †   † Batterie 2./10.

II./10.   I./16.   F./16 bei Mariaville Ferme.

Meine Skizze rührt vom 17. August 1870 und ist aus persönlicher Anschauung entstanden. Ich hatte beim Aufmarsch keine Truppen vor mir, der Feldprediger Stuckmann hielt während seiner Ansprache direkt vor mir; ich sah ihn auch als er von Trouville heraufjagte. Als Adjutant war mein Platz hinter dem Bataillon, nahe hinter mir waren die Pferdeköpfe einer Batterie.

Damit sind die Widersprüche noch nicht erledigt. Scherff legt in seinen „Kriegslehren", S. 187 ausführlich und in den Noten mit Begründungen dar, daß meine Aufmarschskizze richtig sei. Die Noten schließen: „Die Reihenfolge der Bataillone von links nach rechts (wie sie oben angegeben) ist bei Hoenig (S. 81), wie sich aus dem Nachfolgenden ergiebt, richtig angegeben, im Generalstabswerk (S. 604) innerhalb der Regimenter verwechselt." Alsdann kommen die begründenden Ausführungen.

Ergebniß: Die Gefechtsskizze der Division vom September 1870 ist vom Hauptmann v. Scherff; die des Generalstabswerkes rührt ebenfalls von ihm; beide sind unvereinbar. In den „Kriegslehren" endlich erklärt Scherff meine Aufmarschskizze für richtig und begründet dies ausführlich. Heft 25 gelangt aber auf Grund derselben amtlichen Unterlagen zu einem völlig anderen Bilde. Abgesehen davon, daß ich deutlich 11., 1./16. hinter den 57 cm weg auf Mars la Tour abschwenken sah, wird mir doch Niemand verübeln, daß ich meine Skizze heute erst recht für völlig richtig aufrecht halte.

Wenn aber die amtliche Geschichtsschreibung sich in einem so einfachen Falle so empfindlich dementirt hat, um wie viel schwieriger ist es alsdann dem Leser gemacht, zu den viel verwickelteren Dementis des Heftes 25, die ebenfalls das Generalstabswerk treffen, über den taktischen Kampfverlauf und die dabei stattgehabten Truppenbewegungen, Truppenverschiebungen und Truppenangriffslinien Stellung zu nehmen, auf die ich noch zu sprechen komme!

VII. Der Angriff der 38. Brigade.
(Hierzu die Planskizzen I—V.)

Es ist natürlich nicht meine Absicht, den Angriff der 38. Brigade hier nochmals darzustellen; ich berühre nur die Hauptmerkmale desselben. Nach Heft 25, S. 6 erreichte „Graf Brandenburg um 1 Uhr nachmittags die Gegend von Mars la Tour und gestattete seiner reitenden Batterie, sich der Brigade Barby bei deren soeben erfolgendem Vorgehen von Tronville auf Bruville anzuschließen." (Gegen 1½ Uhr nachmittags stieß die 1. Escadron 2. Garde-Dragoner wieder zu Brandenburg. Dies wäre also der Zeitpunkt gewesen, in dem Schwartzkoppen für seine Person ebenfalls bei Mars la Tour hätte sein können und, wie ich nachgewiesen habe, hätte sein müssen! Patrouillen dieser Kavallerie bemerkten seit 1½ Uhr feindliche Kavallerie bei Ville sur Yron (Brigade de France). Der sie befehligende französische General du Barail hatte während seines Marsches über Frianville nach Ville sur Yron seinerseits Staubwolken auf der Straße Labeuville-Mars la Tour bemerkt und daraus richtig auf den Marsch feindlicher Truppen nach Mars la Tour geschlossen. Er beobachtete sie von La Grange ꝛc. weiter und erstattete darüber später Meldung. Auf diese feindlichen Truppentheile stieß Graf Brandenburg in der Gegend von Ville sur Yron, doch mußte er seit 2¼ Uhr, als feindliche Artillerie unter dem Schutze starker Kavallerie anstrat, seinen vorgeschobenen Posten räumen. Es war die südwestlich Bruville eingetroffene Kavalleriedivision Legrand.

An wen hat Graf Brandenburg, der dem 10. Korps unterstellt war, gemeldet, was hat er gemeldet? Heft 25 ertheilt darüber keine Auskunft.

Rechts vom Grafen Brandenburg befand sich seit 1 Uhr nachmittags General v. Barby mit seiner Brigade, das 13. Dragonerregiment war bis südlich von Bruville vorgeschoben. Um 1½ Uhr eröffnete die Batterie Brandenburgs auf der Höhe in Nähe des Weges Bruville—Tronviller Büsche das Feuer. 5 feindliche Batterien antworteten. Das ist die Zeit der allmählichen Entwickelung des französischen 3. und 4. Korps bei St. Marcel bezüglich bei Bruville. An letzterem Ort war der seinem Korps vorausgeeilte General Ladmirault (siehe Verhalten Schwartzkoppens) bereits um 12 Uhr mittags eingetroffen. General v. Barby beobachtete seit 1½ Uhr persönlich das Vorrücken aller Waffen des Feindes von Jonaville über Doucourt auf Bruville. Was, wann und an wen Barby seine Beobachtungen gemeldet hat, erzählt Heft 25 ebenfalls nicht. Seit 2¼ Uhr räumte auch Barby langsam den Höhenrücken südlich von Bruville und ging in die Gegend westlich von Tronville zurück, die Garde-Batterie stieß südwestlich von Mars la Tour wieder zum Grafen Brandenburg. Dies war um 2¾ Uhr ausgeführt.

Die Aufklärung der beutschen Kavallerie bis 3 Uhr nachmittags.

General Labmirault hatte inzwischen Meldungen über das Anrücken der Deutschen (Schwartzkoppen) aus der Richtung von Suzemont erhalten und die genannte Kavalleriedivision Legrand unter Zutheilung von zwei reitenden Batterien auf Greyère rc. vorgehen lassen.

Um 3 Uhr erstattete der Generalstabsoffizier Rheinbabens, Rittmeister v. Heister, bei Tronville den Generalen v. Voigts und v. Rheinbaben persönlich Meldung, daß „ein frisches französisches Korps im Vorgehen aus der Linie Bruville St. Marcel begriffen sei." Das stimmt ungefähr mit den Thatsachen. Heft 25 meint S. 11, unsere Kavallerie habe „somit zu dieser Zeit die ihr zufallende Aufgabe der Aufklärung in trefflicher Weise gelöst und das Ergebniß ihrer Beobachtungen auch schnell zur Kenntniß der zuständigen Stellen gebracht." Das könnte doch erst beurtheilt werden, wenn Heft 25, wie ich im „Militär-Wochen-Blatt" 1891 angeregt habe, die sämmtlichen Meldungen Brandenburgs und Barbys aus der Zeit von 1½—3 Uhr veröffentlicht hätte. Da das nicht geschehen ist, so wird man das Vorhandensein solcher Meldungen bezweifeln dürfen; oder es müssen sonstige Gründe für die Verheimlichung der Meldungen bestehen. Daß um 3 Uhr bei Tronville bekannt wird, was 3000 m nördlich davon im Zeitraum von 1½ Stunden vorging, wird man auch gewiß nicht „schnell" nennen können.

Wäre Schwartzkoppen wie sein Gegner Labmirault verfahren, so würde er bei Tronville das sich verändernde Bild der Schlacht — seit 1½ Uhr — mit erlebt haben.

Statt daß die deutsche Kavallerie ihre Beobachtungen fortsetzte, was auch Heft 25, S. 11 wegen der „Unthätigkeit des Gegners" als ausführbar erklärt, riß jetzt die Aufklärung, als sie erst recht nöthig gewesen wäre, ab und seitdem blieben sämmtliche hohen Führer auf diesem Flügel der Deutschen in völliger Ungewißheit über die Geschehnisse beim Feinde, denn auch später ist Niemand darauf gekommen, Offizierpatrouillen vorzuschicken, seitdem die Fühlung mit dem Gegner aufgegeben worden war. Das ist doch auffallend.

Der General Labmirault nahm nicht an, daß auf der beabsichtigten Abmarschstraße der Rhein-Armee aus dem fernen Westen nur eine deutsche Brigade zum Schlachtfelde herangeeilt sein könnte. Er vermuthete, — darin irrte er, und das war wieder die Quelle, daß er die Schlacht verloren gehen ließ, als sie später thatsächlich von ihm fast gewonnen war und völlig hätte gewonnen werden können — aus dieser Richtung würden starke deutsche Streitkräfte nachfolgen. Unter diesem Eindruck unterwarf er sich bereits vor der Kampfentscheidung dem Gesetz des Gegners und blieb im Allgemeinen, trotz vorübergehender taktischer Offensive, nur auf die Abwehr bedacht, sowie auf eine möglichst starke und frühzeitige Flankensicherung bei und nördlich von Greyère Ferme.

Demgemäß traten seit 2¾ Uhr, also zur Zeit als Schwartzkoppen bei Suzemont war, nach und nach 25 französische Eskadrons,

4 Batterien und 5 Bataillone der Brigade Pradier in Richtung Greyère
2c. und La Grange 2c. in seiner linken Flanke auf.

Es wäre unbegründet, von Schwartzkoppen zu verlangen, daß er dies damals (2³/₄ Uhr) hätte wissen oder voraussehen oder ahnen können. Allein der Zusatzbefehl vom 16. früh 8 Uhr*) machte ihm doch die Aufklärung der Straße über Etain zur Pflicht, und der 11½ Uhr-Befehl des Generals v. Voigts entband Schwartzkoppen von dieser Aufgabe nicht. Hätte er sich das vergegenwärtigt, so würde er seine Aufklärungsorgane auch frühzeitig in die Richtung Greyère 2c. und La Grange 2c. geleitet haben. Aber Schwartzkoppen hatte die Masse seines Aufklärungsinstruments bekanntlich seit St. Hilaire dem Grafen Brandenburg überlassen. Sie entglitt seitdem zunächst seiner einwirkenden Hand. Ebenso wie Schwartzkoppen von der „Maasrichtung" nach Osten herangezogen wurde, konnten doch aber auch die „nach der Maas" unterwegs vermutheten Franzosen nach Osten zurückgerufen worden sein. Es war nicht der Fall, allein die Ueberlegung hätte doch den Umständen entsprochen. Auch aus diesem Grunde hätte Schwartzkoppen seiner Marschkolonne voraneilen sollen, um die ihm zunächst entglittene Kavalleriemasse (Brandenburg) wieder schnell unter seine direkte Verfügung zu bringen. So aber konnte er während des Anmarsches nur 5./G.-Dragoner 2 von westlich Suzemont gegen Ville sur Yron entsenden. Was diese Schwadron beobachtet und was und ob sie an Schwartzkoppen gemeldet, ist nicht ersichtlich.

Zu dieser Zeit ritt ¼ Eskadron der französischen Husaren 7 nach Mars la Tour und darüber hinaus und attackirte den in den „Untersuchungen", S. 81 erwähnten deutschen Verbandplatz. Während der Aufmarsch der 38. Brigade begann — seit 3 Uhr — hatte Ladmirault Greyère 2c. bereits mit 3 Bataillonen 98er besetzt, nördlich von ihnen hielten jetzt 22 Eskadrons, vor denen Graf Brandenburg mit seinen 5 Eskadrons nach südwestlich Mars la Tour zurückgewichen war. 5./Garde-Dragoner 2 befand sich um diese Zeit südwestlich von Ville sur Yron.

Als Schwartzkoppen auf dem Schlachtfelde ankam, — 3 Uhr**) war die Aufklärung unserer Kavallerie abgerissen, die eben genannten feindlichen Maßnahmen blieben deshalb Schwartzkoppen unbekannt. Nun sollte man meinen, Schwartzkoppen hätte alles aufbieten müssen, das, was er selbst nicht, seitdem sein Aufmarsch begonnen, übersehen konnte, durch Aufklärungsorgane feststellen zu lassen, nämlich bis wohin sich der feindliche rechte Flügel erstrecke; denn davon hing alles Weitere ab. Und das 1. Garde-Dragonerregiment war damals in seiner Hand. Heft 25 zu Grunde gelegt, verstärkte Ladmirault während des Aufmarsches Schwartz-

Schwartzkoppen stellt die Ausdehnung des rechten feindlichen Flügels nicht fest.

---
*) S. 28/29.
**) Nach Schwartzkoppens Bericht vom 17. August 1870 war es „2½ Uhr vorbei".

koppens die bisherigen 3 Bataillone 98er bei Grenère Je. durch 2 Bataillone 64er, so daß, als Schwartzkoppen an die 38. Brigade den Angriffsbefehl (s. später) in Höhe der Ostseite von Mars la Tour erließ, fast eine ganze feindliche Infanteriebrigade und 24 Eskadrons in seiner Flanke standen. Davon erfuhr Schwartzkoppen nichts! Ein Paar Offizierpatrouillen würden aber doch ausgereicht haben, dies wenigstens ungefähr festzustellen, und — Heft 25 zu Grunde gelegt — standen dem General v. Schwartzkoppen dafür 1 Stunde 40 Minuten zur Verfügung mit einem Aufklärungsradius von im Mittel 4000 m. Von dieser Unterlassung kann auch Heft 25 Schwartzkoppen nicht freisprechen, damit sind denn drei meiner Hauptausstellungen in den „Untersuchungen" zugestanden: **daß nämlich General v. Schwartzkoppen den Angriffsbefehl erließ ohne über die Ausdehnung des feindlichen rechten Flügels unterrichtet zu sein; und daß er nichts that, um sich über diese Ausdehnung zu vergewissern.** Dieser Irrthum ist alsdann die Hauptursache gewesen, daß die 38. Brigade eine falsche Angriffsrichtung erhielt, daß sie, während Schwartzkoppen flankiren wollte, selbst flankirt wurde. In allen diesen Punkten behalten die „Untersuchungen" recht, doch schrieb ich mit dem letzteren nichts Neues. Das Generalstabswerk hatte es bereits vorher dargelegt.

Angriffsbefehl des Generalkommandos. Nachdem die 38. Brigade aufmarschirt war, erhielt Schwartzkoppen folgenden Befehl:

„Generalkommando 10. Armeecorps. Meldung von 3½ (Schreibfehler 3¼) empfangen. (Nämlich die Meldung, wonach Schwartzkoppen über Ville sur Yron vorrücken wollte.) General Kraatz dem Schlachtfeld nahe, vereinigte Kavallerie-Division auf dem linken Flügel. Ihr Angriff auf den feindlichen rechten Flügel zu leiten, der hart drängt, um den unsrigen zu degagiren. Ich werde denselben durch die vereinte Kavallerie unterstützen. Auf der Höhe bei Tronville, 3 Uhr 23 Minuten.

gez. v. Voigts-Rhetz.

Lehmann im Gefecht!"

Schwartzkoppens Meldung, daß er über Ville sur Yron vorrücken werde, ist von 3¼ Uhr. Also haben 8 Minuten zwischen ihr und diesem Befehl gelegen, der von der 19. Division um 3¾ Uhr „vorwärts Enzemont" mit dem Eingangsvermerk versehen worden ist. Von der Höhe von Tronville bis zum Abgangspunkt der Meldung Schwartzkoppens sind 5 Kilometer, diese Leistung wäre daher, von Hindernissen abgesehen, ganz außerordentlich*). Der Befehl des Generals v. Voigts, der gewiß eilig war, gebrauchte auf derselben Entfernung 22 Minuten. Was liegt hier wieder vor? Wie dem sei, die 3¼ Uhr-Meldung Schwartz-

---

*) Man vergleiche meine Ausführungen hinsichtlich des Ueberbringens des 11½ Uhr-Befehls des Generals v. Voigts-Rhetz, S. 36.

koppens macht die ganze bisherige bezügliche Darstellung des Heftes 25 hinfällig, wonach Schwartzkoppen in Folge „zurückkommender Verwundeter" und durch „Dragoner-meldungen" von dem Plane des Angriffs über Ville sur Yron abgelassen habe. Denn Heft 25 hat dargelegt, daß der Aufmarsch um 3 Uhr nachmittags begann (S. 26). Also hat der Plan Schwartzkoppens über Ville sur Yron anzugreifen nicht blos bis zur „Annäherung an Suzemont", sondern auf dem Aufmarschplatz bestanden, — wahrscheinlich ist er sogar daselbst erst entstanden, — und Schwartz-koppen wurde erst durch Hirschfeld, darauf durch den 3 Uhr 23 Minuten-Befehl davon abgebracht. Nachdem ich dies unwiderleglich festgestellt habe, muß man wieder fragen: Wie konnte Schwartzkoppen südlich der großen Straße aufmarschiren lassen und mit der Front nach Tronville, wenn er über Ville sur Yron angreifen wollte!? Daß Hirsch-felds Eintreffen bei Schwartzkoppen in Heft 25 unrichtig angegeben worden ist, habe ich schon nachgewiesen.

Der 3 Uhr 23 Minuten-Befehl besagt nichts über die Ausdehnung des feindlichen rechten Flügels. Vermuthlich hat Voigts angenommen, der General auf dem strategischen Flügel werde dies selbst ermittelt haben; um so mehr, als Schwartzkoppen auf der vermutheten feindlichen Rückzugslinie zum Schlachtfelde heranmarschirt war. Diese Voraussetzung des Generals v. Voigts traf jedoch, wie wir wissen, nicht zu. Schwartz-koppen war darüber in völliger Ungewißheit. Ebensowenig enthält der Befehl etwas darüber, wo Lehmann im Kampf war und über einen geplanten gemeinsamen Angriff der 20. Division und der 38. Brigade. Insofern ist er weder klar noch vollständig. Muthmaßte Schwartz-koppen das Letztere, dann strafte es sich wieder, daß er sich nicht zu näherer Vereinbarung zum General v. Voigts-Rhetz begeben hatte.

Nach seinem eigenen Bericht vom 17. August 1870 war es 2½ Uhr vorbei, als Schwartzkoppen aufmarschiren ließ; und nach Heft 25 und den „Kriegslehren" rührt die Meldung, daß der Schwartzkoppen über Ville sur Yron vorrücken wollte, von 3¼ Uhr nachmittags. Also hat Schwartzkoppen länger als eine halbe Stunde überlegt, was er thun sollte und seine 3¼ Uhr-Meldung kann schon deshalb nur als Anfrage Geltung haben, weil Schwartzkoppen die Ausführung seiner Absicht von der Antwort des Generals v. Voigts abhängig machte. Bis zum Eingehen der Antwort verliefen 8 + 22 Minuten, darüber war es 3¾ Uhr geworden. Wenngleich Schwartzkoppen den Angriff auf den „feindlichen rechten Flügel leiten" sollte, so enthielt der 3 Uhr 23 Mi-nuten-Befehl doch nichts über die nähere Angriffsrichtung. Des Un-gewissen blieb also noch viel übrig. Leider haben die „Kriegslehren" und Heft 25 unterlassen, die 3¼ Uhr-Meldung Schwartzkoppens wört-lich anzuführen. Ist die Meldung nur mündlich erstattet worden? Wenn nicht, so sollte sie noch nachträglich veröffentlicht werden. Uebersicht man

den Zeitverlust durch das Warten, alsdann durch das Hin= und Her=
schicken, so muß man wieder fragen, weshalb übergab General v. Schwartzkoppen, als er sich zum Aufmarsch entschloß, nicht dem General v. Wedell
den Befehl und weshalb begab er sich nicht sogleich zum General
v. Voigts=Rhetz?* Durch persönliche Vereinbarung hätte viel Zeit erspart
werden können und Zweifel und Ungewißheiten, die der 3 Uhr 23 Mi-
nuten=Befehl anfweist, würden nicht nur beseitigt worden sein, sondern
auch, was die Hauptsache ist, in die damals vom General v. Voigts
beabsichtigte Offensive der 20. Division und der 38. Brigade hätte die
erforderliche Uebereinstimmung gebracht werden können. Das ist die
Antwort auf Scherffs Darlegungen in den „Kriegslehren", ob denn
General v. Schwartzkoppen erst noch bei der 20. Division hätte anfragen
lassen sollen, ob sie auch willens sei, mitzuthun. Es wäre Sache und
Pflicht Schwartzkoppens gewesen, durch persönliche Vereinbarung eine
Verständigung mit dem General v. Kraatz herbeizuführen, wie die Absichten des Generals v. Voigts am zweckmäßigsten ausgeführt werden
konnten. Eine solche Vereinbarung ist immer wünschenswerth; sie wird
zu einem unabweislichen Gebot, wenn die für die Offensive bestimmten
Verbände aus verschiedenen Richtungen anrücken.

Vom Aufmarschpunkt des Heftes 25 bis Ville sur Yron sind
4 Kilometer in der Luftlinie, von Ville sur Yron bis zu den beiden
Bäumen nördlich der Schlucht 3 Kilometer Luftlinie. Vor Ablauf von
weiteren 1½ Stunden hätte also Schwartzkoppens Angriff nicht fühlbar
werden können. Daß General v. Voigts diese Absicht verwarf, ganz
abgesehen von der Schwierigkeit sogenannter kombinirter Angriffe, erscheint
sehr begründet. Und alle diese Dinge hätten sich durch persönliche Zu-
sammenkunft leicht und schnell erledigen lassen.

Nach diesen unwiderleglichen Ausführungen erscheinen die Darlegungen des Heftes 25, S. 36 wahrlich unhaltbar. Dort steht: „So
wie sich herausstellte, daß der Feind das Dorf (Mars la Tour, Verf.)
nicht besetzt hatte, war es klar, daß der rechte Flügel des Gegners
durch die auf den Höhen nordöstlich Mars la Tour im Kampfe stehende
Artillerie gebildet wurde." Das ist eine eigenthümliche Schlußfolgerung.
Ueberdies einige Zeilen weiter: „Wie die Geländebeschreibung ergiebt,
konnte die Aufstellung der Brigade Pradier von Mars la Tour aus
nicht eingesehen werden," die nämlich südlich Grevère 2c. stand
und weit westlich der genannten Artillerie. Endlich ist auf S. 37 zu
lesen: „Man ahnte nicht, daß so bedeutende Kräfte noch vorhanden,
über welche der Feind rückwärts seines bis jetzt erkennbar gewesenen
rechten Flügels verfügen konnte" (Darstellung Schwartzkoppens
vom 17. August 1870). Wer kann das vereinen? Alsdann folgt
zur Erläuterung der Auffassung Schwartzkoppens ein längerer
Kommentar Scherffs, der aber meines Wissens 21 Jahre später
verfaßt ist.

Um 4 Uhr nachmittags trat die 38. Brigade nach den „Unter- Erste Befehle
suchungen" von südwestlich Mars la Tour, nach Heft 25 nach 3³/₄ Uhr Schwartz-
von südöstlich Enzemont, nach dem Generalstabswerk um 4 Uhr von koppens.
ebenda in Richtung auf Tronville an. Während dieses Vormarsches
war eine Batterie links vom I./57., eine andere rechts von ihm, bis
beide nach dem Ueberschreiten des von Purieur kommenden Nebenbachs
des Yron im Trabe in Richtung Vionville vorauseilten. Die Ursache
blieb mir damals unbekannt.

General v. Schwartzkoppen „sandte"(Heft 25) inzwischen den Hauptmann
v. Scherff auf Mars la Tour „voraus" (!), um den Grafen Brandenburg
aufzusuchen, ihm mitzutheilen, daß die Infanteriebrigade „über" diesen
Ort vorrücken würde und ihm den Befehl zu überbringen, mit der Garde-
Dragonerbrigade westlich Mars la Tour vorzugehen und den Angriff
gegen die feindliche rechte Flanke in der linken Flanke zu decken und
zu unterstützen. (Das wäre also noch vor 4 Uhr gewesen.)

Gleichzeitig erging an das Füsilier-Bataillon des Regiments Nr. 16
die Weisung, in Richtung Mars la Tour den „Anschluß an das Regiment aufzusuchen" (Heft 25). Der Befehl traf F./16. bei Purieur. (Das
Bataillon soll vom Beginn des Aufmarsches an im Marsch geblieben sein,
ohne zu ruhen; es hätte also für 3000 m fast eine Stunde gebraucht!)

Von diesen Maßnahmen kam nur die letzte zur Ausführung. Die
1. Garde-Dragoner wurden, wie schon angeführt, bald durch einen Befehl
des Generals v. Voigts-Rhetz zurückgerufen und stellten sich südöstlich von
Mars la Tour auf. Die 4. Eskadron 2. Garde-Dragoner blieb in der
von Schwartzkoppen bezeichneten Richtung.

Bald darauf ließ General v. Schwartzkoppen (Heft 25, S. 25)
die „im ersten Treffen der Brigade anrückenden Musketier-Bataillone des
Regiments Nr. 16 zur Säuberung und Besetzung des Ortes, der nach den
Meldungen der Spitzen der Garde-Dragoner vom Feinde besetzt sein
sollte (nämlich Mars la Tour) halblinks abschwenken". (Kurz nach
4 Uhr.) Die 57er setzten ihre Bewegung auf Tronville fort, und General Schwartzkoppen soll – Heft 25, S. 37 – sie angewiesen haben,
„in der mit einem ungefähren Abstande von 500 m südlich des Dorfes
entlang ziehenden Mulde vorzurücken". Ich kann beschwören, daß ein
derartiger Befehl nicht an I./57. gelangt ist.

Begeben wir uns zu den beiden Batterien.

Schaumann schreibt in seinen „Erlebnissen", S. 197/198: „Während
unseres Aufmarsches erschienen zuerst . . . dann der Sekonde-Lieutenant
Otto, der . . . Schwartzkoppen im Auftrage ersuchte, sogleich seine Batterien in die Stellung bei Vionville zu schicken . . . . General v. Schwartzkoppen schlug dieses Ersuchen zuerst rundweg ab, besann sich aber einige
Augenblicke und befahl mir dann, schleunigst zu dem beregten Zweck ab-
zugehen" . . . „Als wir 1500 Schritt fortgetrabt waren, hörte ich, wie
bei den mir auf 300—400 Schritte folgenden Batterien Kehrt ge-

blasen wurde und sah . . das Signal ausführen und die Batterien im Trabe wieder zurückgehen . . . An der Stelle angekommen, von wo ich ausgegangen war, rief mir der General v. Schwartzkoppen zu:

„Nehmen Sie schleunigst mit beiden Batterien eine Aufstellung auf der Nordseite von Mars la Tour, ich werde mit der Infanterie auf beiden Seiten des Dorfes zum Angriff vorgehen", und antwortete mir, als ich mir die Frage erlaubte: „Mars la Tour ist doch schon von unseren Truppen besetzt?"

„Das weiß ich nicht!"

„Wie wohl mich dieser Bescheid nicht sehr befriedigte, trabte ich mit den Batterien, der Infanterie vorauseilend, auf Mars la Tour zu und stieß, als ich in den Gärten auf der Südostseite ankam, auf einen Trupp Garde-Dragoner, der von einer Rekognoszirung zurückkehrend, aus dem Dorfe herauskam."

Man kann wieder nicht sagen, daß dieser Sinneswechsel in der Befehlsgabe ein Beweis der Umsicht sei. Schaumann fand in Mars la Tour 16er und nahm sogleich den Kampf aus einer nicht ungünstigen Stellung nordöstlich von Mars la Tour auf. Von der Infanterie war bis dahin noch kein Schuß gefallen.

Die Uebersicht dieser Befehle läßt erkennen, daß Schwartzkoppen (s. Befehl an Scherff) „über" Mars la Tour vorrücken und (s. Schaumann) „auf beiden Seiten des Dorfes zum Angriff vorgehen" wollte. (4—4½ Uhr).

Angriffsbefehl Schwartzkoppens. Um 4¾ Uhr soll aber Schwartzkoppen, gemäß Heft 25, S. 30 dem Kommandeur der 38. Brigade den Befehl ertheilt haben, „seine fünf Bataillone in einem Treffen mit vorgenommenem linken Flügel zu entwickeln und zum Angriff der Batterien links der Tronviller Waldspitze zu schreiten." Ein Beleg dafür wird nicht beigebracht. Hiermit gelange ich zur Angriffsrichtung. Wie Schwartzkoppen, so hielt auch der General v. Voigts-Rhetz diese Batterien damals noch für den äußersten feindlichen rechten Flügel, obwohl er sich auf Grund der Meldung Heisters (S. 52) hätte sagen können, daß das neue französische Korps für seine Entwickelung den Raum von den Tronviller Büschen bis nach Greyère Ferme beanspruchen würde (2000 m). Ob Schwartzkoppen bei seinem späteren Zusammentreffen mit dem General v. Voigts-Rhetz von der Meldung Heisters Kenntniß erhielt, ist ungewiß. Allein, wenn es der Fall gewesen wäre, so hätte er die Richtung der 38. Brigade um diese Zeit nicht mehr ändern können, wenn er es für nöthig gehalten hätte.

Die Angriffsrichtung. Nach dem Generalstabswerk I, 607 ist die Brigade in einem weiten Bogen nordöstlich „um" Mars la Tour entwickelt worden. „Der rechte Flügel . . ., wie es die Anmarschrichtung mit sich brachte, ein wenig zurückgehalten. Mit den beiden Kompagnien auf dem äußersten linken Flügel, welche bis an den Weg nach der Ferme Greyère ausholten, gedachte „man" den Gegner vollständig zu umfassen".

Und I, 605 heißt es: „General v. Schwartzkoppen beschloß ..., mit gesammten Kräften zum Angriff gegen die Höhen von Bruville vorzugehen, wobei der rechte Flügel die Richtung auf die Nordwestecke der Tronviller Büsche nehmen sollte". Welche Richtung Mitte und linker Flügel verfolgen sollten, ist nicht direkt gesagt, auf die Angriffsrichtung des äußersten linken Flügels komme ich später zurück.

Die Richtung eines Angriffs setzt voraus, daß der Leiter über die Ausdehnung der feindlichen Stellung unterrichtet ist. Wie festgestellt ist, war das nicht der Fall. Die 38. Brigade war flügelweise entwickelt, Regiment Nr. 16 links, die 57er rechts. Unter diesen Umständen muß unter dem rechten Flügel Letzteres, unter dem linken Ersteres verstanden werden. Jedenfalls widersprechen sich die amtlichen Darstellungen auch hinsichtlich der Angriffsrichtung. Nach dem Generalstabswerk wäre der Angriff ercentrisch — rechter Flügel: Nordwestecke der Tronviller Büsche, linker Flügel: Weg nach der Ferme Greyère angesetzt worden, woraus sich die Richtung der Mitte von selbst ergiebt. Damit stimmen auch die Angriffsskizze des Generalstabswerks I, 607 und noch deutlicher der Schlachtplan 5 B, ebenda, überein. Daß I./57. die Richtung auf die Nordwestspitze der Tronviller Büsche nehmen sollte, habe ich selbst aus dem Munde des Generals v. Schwartzkoppen vernommen („Untersuchungen" S. 93/94), ein anderer Befehl ist übrigens diesem Bataillon nicht zugegangen und F./57. gar keiner. Da aber über die Angriffsrichtung vom I./57. nach dem Generalstabswerk und den „Untersuchungen" kein Zweifel bestehen kann, so ergiebt sich daraus von selbst auch die Richtung für F./57. und die beiden Pionierkompagnien und endlich folgt daraus, daß Schwartzkoppen in der That unter dem rechten Flügel die 57er verstanden hat.

Damit der Leser sich auch hierbei von den amtlicherseits herrschenden Widersprüchen überzeugen könne, lasse ich auf S. 60 die Angriffsskizze des Generalstabswerkes I, 607 aus dem Jahre 1872 und die Angriffsskizze Scherffs aus dem Jahre 1882 (Heft 25, S. 78) folgen.

Zu diesen beiden Skizzen muß ich bemerken, daß nach Mittheilung des Oberstlieutenants v. Marées, dem die Schlußabfassung der Hefte 3 bis 16 des Generalstabswerkes oblag, die Skizze des Letzteren dem damaligen Major v. Scherff zur Korrektur vorgelegen hat. Die Skizze Scherffs aus dem Jahre 1882 entstand in Folge der Darlegungen in den „Zwei Brigaden" und findet sich in dem Bericht des Obersten v. Scherff, den dieser auf Ansuchen Moltkes in jenem Jahre einreichte. Heft 25 führt S. 78/79 aus, das „von der Hand des Majors v. Scherff herrührende Gefechtskroki der Division vom September 1870 zeigt eine große Aehnlichkeit mit dem „Plan 4" (des Heftes 25 und dieser wieder nach derselben Quelle mit der Skizze Scherffs aus dem Jahre 1882, Verf.) Da muß ich wieder fragen, welcher Generalstab hat Recht; wie konnte, da doch das Gefechtskroki Scherffs aus dem

Angriffsſkizze des Generalſtabswerks I, 607 aus dem Jahre 1872.

Mars la Tour

Angriffsſkizze Scherffs aus dem Jahre 1882 (Heft 25, S. 78).

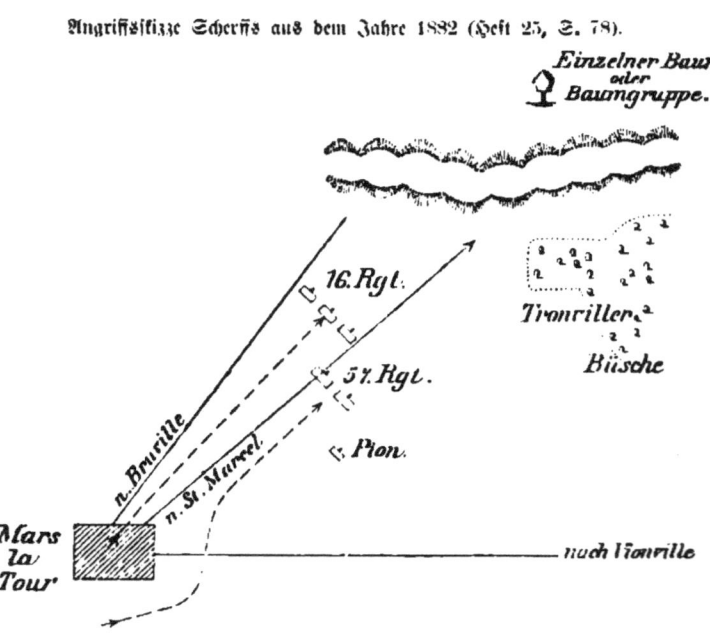

Jahre 1870 bei der Abfassung des Generalstabswerkes vorlag, die Skizze I, 607 in jenem Werke entstehen!?

Nach Heft 25, S. 39 hätte Schwartzkoppen befohlen, die „Batterien links der Tronviller Waldspitze" in einem Treffen mit vorgenommenem linken Flügel anzugreifen. Das wäre aber doch ein geplanter concentrischer Angriff.

Welche amtliche Darstellung, so muß ich wieder fragen, hat Recht?

Gehen wir weiter: Auf dem Schlachtfelde standen damals nördlich der Schlucht zwei weithin erkennbare Bäume, südlich der Schlucht war ein einzelner Baum sichtbar. Ich habe übrigens vor der Schlacht nur die Ersteren gesehen und von dem Letzteren erst beim Vorüberreiten Kenntniß erhalten. Die Entfernung zwischen diesen Bäumen beträgt 800 m, die nördlichen liegen außerdem 200 m westlicher als der Baum südlich der Schlucht.

Der rechte Flügel der 38. Brigade hatte (Plan 3, Heft 25) von dem Punkt des Angriffsbefehls Schwartzkoppens (südöstlich Mars la Tour) bis zu dem südlichen Baum 2200 m, bis zu den beiden nördlichen Bäumen 3000 m zurückzulegen. Für die 16er „den vorgenommenen linken Flügel", Heft 25, S. 39, betrugen die Entfernungen in diesem Zeitpunkt 500 m weniger. Gleichgiltig, ob nun der Baum südlich der Schlucht oder die Bäume nördlich derselben den Richtungspunkt der Brigade bildeten, so mußten bei bloser mechanischer Rechnung die 16er das Angriffsziel um 500 m eher erreichen, als die 57er, wenn beide genau in der gewünschten Richtung blieben. Das ist aber bei solchen Entfernungen in einem mörderischen Kampf nicht mit Sicherheit anzunehmen.

Ferner mußte die Angriffsfront, je mehr sie sich einem der genannten Richtungsbäume näherte, sich mehr und mehr verengen, statt einer breiten Angriffsfront mußte alsdann am Ziel eine zusammengedrängte Masse ankommen, unfähig von ihrem Kampfmittel — dem Feuer — Gebrauch zu machen. Dies ist nach Heft 25 wirklich eingetreten und ich widerspreche dem nicht! Das ist dann aber auch ein Beweis, daß man niemals einen Massenangriff in dem Sinne gegen einen Punkt richten soll. Man kann ein Dorf, ein Waldstück u. s. w. als Angriffsziel für Massen bezeichnen, nicht aber einen Baum!

Weiterhin wird jeder Taktiker zugestehen, daß, je nachdem der südliche Baum oder die beiden nördlichen Bäume, bei Entfernungen von 2200, bezüglich 3000 m den Richtungspunkt bildeten, und da die nördlichen Bäume 200 m westlicher als der südliche standen, zwei örtlich ganz verschieden gelegene Angriffsziele entstanden, demgemäß also auch die Durchführung des Angriffs sich ganz verschieden gestalten mußte, je nachdem auf die südlichen Baum oder auf die beiden nördlichen Bäume vorgegangen wurde. War der südliche Baum der Richtungspunkt, so würde der Angriff weder die

„feindlichen Batterien links der Tronviller Büsche" noch die „westliche Waldspitze" dieser Büsche getroffen haben. Denn die feindlichen Batterien (Plan 3, Heft 25) standen mit ihrem rechten Flügel 1500 m von den Tronviller Büschen entfernt! Alsdann wäre also der Angriff ganz falsch angesetzt gewesen, er hätte an den feindlichen Batterien rechts vorbei geführt. Desgleichen wäre der so angesetzte Angriff wieder „westlich" der Tronviller Büsche" verlaufen und schließlich wäre die Brigade weder an die Batterien noch an die Waldspitze herangekommen.

Endlich hätte der rechte Flügel der Brigade eine Schwenkung von vollen 90 Grad machen müssen, nicht wie Scherff im „M.-W.-Bl." Nummer 99--101, 1898 angiebt, eine Achtelschwenkung. Dieser Flügel hat, wie die „Untersuchungen" bewiesen haben, diese Schwenkung thatsächlich ausgeführt, doch aus anderen Gründen, als Heft 25 sagt. Wie dem sei, Plan 3 und 4 bestätigen vollkommen meine Darlegung in den „Untersuchungen", daß der linke Flügel 500 m voraus war und daß der rechte Flügel 90 Grad herumgeschwenkt ist. Damit ist aber auch wieder die „Verzettelung" im Angriff zugestanden.

Bildeten die beiden Bäume nördlich der Schlucht den Richtungspunkt, so hätte der Angriff zu beiden Seiten der Straße Mars la Tour—Bruville angesetzt werden müssen, denn von den feindlichen Batterien „links der Tronviller Büsche" standen zwei westlich, zwei östlich dieser Straße. Die Angriffsentfernung wuchs dadurch um 800 m und der rechte Flügel hatte bis zu diesem Angriffsziel sogar eine Schwenkung von 120 Grad zu machen!!! (Plan 3 und 4 des Heftes 25). Meine Brigade wird 3000 m weit ihre Richtung einzuhalten vermögen, wenn die Verhältnisse wie am 16. August liegen. Die physische Leistungsfähigkeit — nach einem solchen Gewaltmarsch — ist alsdann bei den Einzelnen zu ungleich; Störungen können nicht ausbleiben, aber auch von den Vorgesetzten nicht wieder eingerenkt werden, weil die Front zu breit ist, die Linie sich mit jedem Schritt wieder verschiebt; endlich, mag nun der Baum südlich der Schlucht oder die Bäume nördlich derselben als Richtungspunkt gedient haben sollen, so mußte der Pulverdampf das Richtungsziel bald verhüllen und damit schied die Hauptvorbedingung für die beabsichtigte Durchführung des Angriffs aus!

Mit Verwunderung wird man nach diesen Darlegungen in Heft 25, S. 32 lesen: „General v. Scherff läßt entsprechend dem Eindrucke, den er empfing, in den „Kriegslehren" diejenigen beiden Bäume als „Point de vue" der Brigade erscheinen, die auf dem jenseitigen Hange des nördlichen Höhenrückens in den Plänen des Generalstabswerkes gezeichnet sind. Unsere Darstellung sieht in dem wohl sichtbaren Baume südlich der Schlucht den Richtungspunkt der Brigade, da seine Lage besser zum Angriffsziele, den Batterien auf Höhenrücken 857 und der „Tronviller Waldecke" paßt. Der thatsächliche Verlauf des Angriffs und eine Zeichnung des Generals v. Scherff aus dem Jahre 1882 sprechen gleichfalls dafür."

Ich muß daran erinnern, daß das Generalstabswerk nichts von Bäumen erwähnt, sondern nur ausdrücklich die „nordwestliche Waldspitze" als Angriffsziel des rechten Flügels bezeichnet; daß die Darstellung im Generalstabswerk von Scherff herrührt.

Ich muß daran erinnern, daß nach Heft 25, S. 39 Schwartzkoppen befohlen hat „die Batterien links der Tronviller Waldspitze anzugreifen", während dasselbe Heft S. 32 „die Batterien auf Höhenrücken 857 und die Tronviller Waldecke" als Angriffsziel angiebt. Diese Höhe liegt aber sogar nordöstlich der Tronviller Waldspitze und die französischen Batterien standen auf ihr nicht links der Waldspitze, sondern nördlich derselben. (Plan 3, Heft 25.)

Was soll man zu solchen Widersprüchen sagen?! Und welch' eine Begründung durch Heft 25, S. 32? Denn Schwartzkoppen hat nach Heft 25, S. 39 die „Tronviller Waldecke" überhaupt nicht als Angriffsziel bezeichnet, die S. 32 auf der Bildfläche erscheint.

Mag Scherff im Uebrigen im Jahre 1882 dienstlich angegeben haben, (Heft 25, S. 78) wie der Angriff gedacht war, und das von der Hand des Majors v. Scherff herrührende Gefechtskroki vom September 1870 eine große Aehnlichkeit mit Plan 1 zeigen, welches Kroki Heft 25 dem Urtheile des Lesers aber vorenthält, so ist doch in der Zeichnung Scherffs aus dem Jahre 1882 (Heft 25, S. 78) die 38. Brigade genau in der Richtung des „einzelnen Baumes oder Baumgruppe" nördlich der Schlucht zum Angriff angesetzt! Der südliche Baum ist auf dieser Zeichnung gar nicht vorhanden. Scherffs Angabe in den „Kriegslehren" von 1891 deckt sich also völlig mit seiner Zeichnung aus dem Jahre 1882, dagegen widersprechen beide Angaben Scherffs der Behauptung des Heftes 25, S. 32, daß nach „einer Zeichnung des Generals v. Scherff aus dem Jahre 1882" der Angriff auf den südlichen Baum angesetzt gewesen sei. In welchen Widersprüchen bewegt sich doch Heft 25?

Gehen wir weiter: Das eine Mal sollen die „Batterien links der Tronviller Waldspitze", das andere Mal „die Batterien auf Höhenrücken 857 und die Tronviller Waldecke" das Angriffs**ziel** gewesen sein. Je nach dem einen oder anderen Falle hätte auch der Richtungs**punkt** der Brigade verschieden sein müssen und die Brigade in jedem dieser Fälle dementsprechend angesetzt und entwickelt werden müssen. Denn das erste Angriffsziel gebot einen nördlichen, das zweite einen nordöstlichen Richtungspunkt. Mit dem ersten Angriffsziel hätte sich allenfalls die Richtung auf die beiden nördlichen Bäume vereinen lassen, nicht aber die Richtung auf den südlichen Baum. Hiernach kann der vom General v. Schwartzkoppen beabsichtigte Richtungspunkt so wenig aus dem Heft 25 erkannt werden, wie das beabsichtigte Angriffsziel. Die Sache wird durch Scherffs Darlegungen noch verwickelterer und unklarer. Denn nach seinem 1882 erstatteten Bericht bildeten die „beiden Bäume nördlich der Schlucht" den Richtungspunkt der Brigade, während er wieder selbst dem General v. Wedell für das mittlere Bataillon der Brigade einen hohen Baum links der Waldspitze als Richtungspunkt angegeben hat (Heft 25, S. 39). Der Baum links der Büsche ist aber der südliche. Das mittlere Bataillon war F. 16. Endlich heißt es in den „Kriegslehren" II, 211 wieder: „In dem jetzt erst vom General v. Schwartzkoppen dem General v. Wedell kurz, klar und bestimmt ertheilten Angriffsbefehl war der ganzen „gleich mit allen fünf Bataillonen nebeneinander zu entwickelnden" Brigade die Richtung auf die Batterien an der „Nordwestecke der Tronviller Büsche gegeben". Da standen keine Batterien, sondern zu beiden Seiten der Straße nach Bruville und nördlich dieser Büsche. Hätte Heft 25 Recht, d. h. wäre der südliche Baum Richtungspunkt gewesen, so hätte die 38. Brigade den vier zu beiden Seiten der Bruviller Straße befindlichen feindlichen Batterien von Anfang an die linke Flanke zugekehrt. Diese Batterien waren deutlich zu sehen, deshalb kann Schwartzkoppen sie nicht außer Acht gelassen und der südliche Baum nicht als Angriffsrichtung der Brigade gedient haben. Schwartzkoppen wird vielmehr die 38. Brigade gegen diese Batterien angesetzt und hierbei dem rechten Flügel die Richtung auf die Nordwestspitze der Tronviller Büsche ertheilt haben, wie es in den „Untersuchungen", S. 93/94 zu lesen ist. Oder mit anderen Worten: Schwartzkoppen wollte die „Batterien links der Tronviller Waldspitze" und die „Batterien auf dem Höhenrücken 857" angreifen. Demgemäß konnte er der **ganzen** Brigade keinen **gemeinsamen** Richtungspunkt vorschreiben, er hat es auch nicht gethan. Der in der Führung der Massenangriffe erfahrene General hätte aber auch niemals der ganzen Brigade einen einzelnen Baum als Richtungspunkt bezeichnet. Ueberdies spricht gerade der Verlauf des Angriffs wie Heft 25 ihn veranschaulicht hat, gegen seine Behauptung, daß der südliche Baum der Richtungspunkt der Brigade gewesen sei (s. Planskizze V.).

Ergebniß.

Sonach darf als geschichtliches Ergebniß betrachtet werden, daß Schwartzkoppen die Brigade auf die beiden nördlichen Bäume angesetzt hat, mit dem rechten Flügel gegen die Tronviller Waldspitze. Alsdann aber konnte die Ausführung auch nur zu beiden Seiten der Straße Mars la Tour—Bruville in nordöstlicher Richtung vor sich gehen, und wenn die 16er mit Ausnahme von 5., 6./16. schließlich nur östlich dieser Straße nördlich der Schlucht angelangt sind, so wäre dieses Regiment von der Angriffsrichtung bedeutend abgewichen, (siehe die späteren Angaben Hillens unter „Verzettelung") während ich nicht zugebe, daß dies bei den 57ern in auffallender Weise der Fall gewesen sei.

Flanken-sicherung.

Ich komme nun auf die Truppen auf unserem äußersten linken Flügel zu sprechen.

Nach dem Generalstabswerk I, 607 gedachte „man" mit den beiden Kompagnien auf dem äußersten linken Flügel, welche bis an den Weg nach der Ferme Greyère ausholten, den Gegner vollständig zu „umfassen". Unter „man" kann nur der General v. Schwartzkoppen gemeint sein. Heft 25, S. 39 schreibt dagegen: „Während diese Bewegungen ausgeführt wurden, erhielt Oberst v. Brixen den Angriffsbefehl. Er begab sich, zunächst zu dem Major v. Klitzing, der mit seiner 5. und 6. Kompagnie innerhalb des Dorfes (Mars la Tour, Verf.) im Granatfeuer hielt, und ertheilte ihm den Auftrag, mit diesen Kompagnien links ausholend, zur Umfassung des feindlichen rechten Flügels vorzugehen."

Wenn der südliche Baum der Richtungspunkt gewesen wäre, dann wäre das Ausholen bis zum Wege nach Greyère Fe. — 1700 m von diesem entfernt — eine Ungeheuerlichkeit gewesen, die Niemand zugetraut werden kann. Bildeten, wie es der Fall war, die nördlichen Bäume einen der Richtungspunkte, dann wird dieses Ausholen bedeutend wahrscheinlicher. Die Hauptsache aber ist, daß General v. Schwartzkoppen das Ausholen nicht angeordnet hat, sondern der Oberst v. Brixen; daß Schwartzkoppen also in Unkenntniß über die Ausdehnung des feindlichen rechten Flügels um seine Flanke keine Besorgnisse hegte, und ein Unterführer das nachholte, was nach Lage der Dinge in den Angriffsbefehl Schwartzkoppens gehörte. Diese beiden Kompagnien führten ein Gefecht für sich gegen die Brigade Prabier in Schwartzkoppens linker Flanke. Daß sie nicht überrannt wurden, und daß General Prabier, von seiner Defensivaufgabe völlig faszinirt, den günstigen Fall nicht ausnutzte, in Schwartzkoppens linke Flanke vorzustoßen, darf doch aber gewiß nicht als eine Rechtfertigung der Maßnahmen Schwartzkoppens angerufen werden.

Ich verweise nun den Leser auf die fünf Planskizzen des Angriffs in der chronologischen Reihenfolge. Derselbe wird sich daraus ein Bild von der Wirkung der „Untersuchungen" in dieser Beziehung machen können.

Mit dem Erlaß des Angriffsbefehls war die Thätigkeit des Generals v. Schwartzkoppen für die nächste Zeit beendet.

Das Generalstabswerk führt aus, der General v. Voigts-Rhetz, der bald nach 5 Uhr mit dem General v. Schwartzkoppen zusammengetroffen sei, habe seine Maßnahmen gebilligt. Das könnte doch nur unter der stillschweigenden Voraussetzung geschehen sein, daß Schwartzkoppen sich über die Ausdehnung des feindlichen rechten Flügels Gewißheit verschafft habe.

Ich wende mich jetzt einigen Gesichtspunkten über die Durchführung des Angriffs zu; der Leser wird alsbann auch meine diesbezüglichen, in den „Untersuchungen" gemachten Angaben beurtheilen können. Ich beginne mit dem sprungweisen Vorgehen.

Ueber das „sprungweise Vorgehen" habe ich in den „Untersuchungen" geschrieben: „Drei Bataillone der Brigade, F./16., I./57., F./57., rückten in dem damals beliebten Geschwindschritt, ohne irgend eine Pause vor.... Ob II./16. und I./16. unter Niederwerfen und Vorspringen vorgegangen sind, kann ich nicht entscheiden".... S. 107/108. Ich bin heute derselben Meinung.

I. Bataillo : 16er.
Heft 25 führt im Anhang, S. 95/96, als Widerlegung mehrere Stimmen gegen meine Behauptung an. Sie rühren aber fast ausschließlich aus der Zeit nach 27 Jahren her! Was die Stimmen vom I./16. betrifft, so muß Heft 25 ihnen wohl kein Vertrauen geschenkt haben, sonst wäre sein Satz S. 84 unverständlich: „Der Angriff wurde von dem I. Bataillon des Regiments 16 in einem Zuge bis dicht an den Gegner herangetragen." Damit betrachte ich diese Stimmen als erledigt.

9., 11./57., Angabe Hilfens und Nerée.
Die Angaben Hilfens bezüglich 9., 11./57. halte ich für einen Irrthum. Es machte den ersten Halt aufmarschirt mit Schützen in den Intervallen — dies letztere bestätigt auch Oberst v. Nerée, zu unterscheiden von dem 16er Nerée, damals Führer von 9./97. — zur Feuerabgabe etwa 50 m östlich des südlichen Bannes und setzte aus dem Feuergefecht den Angriff bis an den südlichen Schluchtrand fort. Bald darauf war alles aus. Allerdings hat Hilfen bei vielfachen späteren persönlichen Unterhaltungen seine Ansicht aufrecht erhalten. Oberst v. Nerée erwähnt von dem sprungweisen Vorgehen bis zu seiner Verwundung nichts. „Für das, was später geschah", schreibt er unter 21. 11. 98, „bin ich kein Zeuge mehr". Herr v. Nerée wurde aber in der Nähe des südlichen Bannes verwundet. Nun ist 11., 9./57., wie Plan 4 des Heftes 25 ganz richtig angiebt, nur etwa 200 m über den Bann hinausgelangt. Ich weiß nicht, wie da das Halbbataillon drei große und zwei kleine Sprünge gemacht haben könnte.

3., 4./57., Angabe Mülbe und Schimmelmann.
Das Tagebuch des Lieutenants Freiherrn v. Schimmelmann ist meines Wissens erst nach den Ereignissen entstanden. Ich sah den Herrn übrigens in Folge seines Streifschusses im Genick zusammenbrechen und meldete meinem Kommandeur: „Schimmelmann ist gefallen", beobachtete aber gleich darauf, wie Sch. aufsprang und seine Kompagnie wieder einholte. Ich habe gehört, Schimmelmann sei seit dem Schusse am Schlachttage nicht mehr zu völlig klarem Bewußtsein gelangt. Ich glaube sogar, Schimmelmann hat mir das selbst gesagt. Seiner Angabe stelle ich zunächst die des Lieutenants v. d. Mülbe entgegen (3./57.). Derselbe. ist ein unabhängigkeitliebender, durchaus zuverlässiger Mann und kannte, um mit Scherff zu sprechen, kein „Gefechtsfieber". Er war übrigens unter Bazaine in Meriko gewesen und trug die merikanische Medaille. Vom Generalkommando wurde er später für schwierige Aufgaben verwendet. Herr v. d. Mülbe schreibt unter dem 19. 11. 98: „.... Stuckmann giebt uns den Todesjegen.... Dann schwärmen 1. und 2./57. aus, 3. und 4./57. folgen geschlossen, 3./57. auf rechtem Flügel. Etwa 1000 bis 2000 Schritt über Chaussee hinwerfen, bis dahin in munterem Schritt ohne Pause.... Wir lagen bis zum Zurückgehen geblasen

wurde. Kommando war nicht. Bernewitz verwundet, Soencke durch Granatsplitter betäubt, ego sammelte Kompagnie und rangirte dieselbe wieder. 3., 4./57. hatte keine Schützen vor und hat keinen Schuß abgegeben. Cranach trug Fahne zurück, da Draeger (Sergeant) konfus oder sonst was (?!)."*) Das Schreiben ist durch Kroki erläutert.

Die Angabe Schimmelmanns im Heft 25, S. 49: „Wir mochten etwa 400 Schritte von den Franzosen entfernt sein, von denen man nichts sah als eine Wolke von Pulverdampf..... Lange konnten wir es hier nicht aushalten, das fühlte Jeder. Da sprang der Fahnenträger des Bataillons, Sergeant Dräger, auf, schwenkte die Fahne und lief mit Hurrah vorwärts. Wir kamen bis an den Rand der hier flach eingeschnittenen Schlucht, auf deren jenseitigem Hange der vielfach überlegene Feind stand, vor dessen mörderischem Feuer alles langsam zurückwich." — veranlaßte mich zu einer nochmaligen Anfrage bei Herrn v. d. Mülbe. Er antwortete am 26. 11. 98:

„Ob Dräger die Fahne liegen ließ, oder ob Cranach sie ihm abnahm, kann ich nicht sagen. Die 3. und 4. Kompagnie hat den Abfall zur Schlucht nie erreicht. Die zurückgehenden Schützen der 1. und 2./57. sahen wir nicht, da wir früher zurückgingen.

Die Geschichte mit dem Hurrah rufenden Dräger ist Irrthum**). Ich lag am rechten Flügel des ersten Zuges (soll heißen 5. Zuges), Dräger und Fähnrich Lindner in der Mitte, dort ist Dräger, der dem in den Leib geschossenen Lindner das Koppel löste, liegen geblieben, bis wir .... zurückgingen."

Herr v. d. Mülbe bestreitet durch seine Angaben einen 3. und 4. Punkt des Heftes 25. Dasselbe schreibt S. 49: „Die 3. und 4. Kompagnie 57. Regiments erreichten den Abfall der Schlucht, als ihnen die durch flankirendes Feuer zum Rückzuge gezwungene Schützenlinie des I. Bataillons entgegen kam." Nach Mülbe haben diese Kompagnien die Schlucht nie erreicht und die zurückgehenden Schützen nicht gesehen, weil 3., 4./57. früher zurückgingen. Das stimmt durchaus mit meiner Auffassung überein.

Uebrigens fiel Premierlieutenant Ehrhardt nicht (Heft 25, S. 49); er wurde schwer verwundet und starb an seinen Wunden. Ferner schreibt sich der angeführte Premierlieutenant „v. Borke" v. Borcke.

S. 45 heißt es im Heft 25: „Die 3. und 4. Kompagnie (57er, Winterarbeit Verf.) folgten als Halbbataillon dem rechten Flügel der 2. Kompagnie". Hoenig. Dem setze ich die hierbezügliche Darlegung aus meiner Winterausgabe vom 19. Dezember 1872 entgegen: „Die 1. und 2./57. bildeten unter Hauptmann v. Hohenhausen das erste, die 3. und 4. Kompagnie unter Hauptmann v. Bernewitz das zweite Treffen. Das F./57. hatte seine Schwenkung noch nicht vollführt und die Treffendistanz nicht erreicht, als

*) Siehe, Anhang I.
**) Das Original enthält ein anderes Wort.

das erste Bataillon, die Chaussee überschreitend, heftiges Infanteriefeuer erhielt. . . . . Zwischen dem rechten Flügel der 2./57. und dem linken Flügel der 1./57. befand sich ein Halbbataillon der Füsiliere 16 (12., 9./16., Verf.) in Kolonne nach der Mitte, welches jedenfalls schon jetzt bei dem schnellen Avanciren der unabsehbaren Schützenlinie seine Direktion verloren hatte. Die 3. und 4./57. folgten auf 200—250 Schritt als Halbbataillon bis etwa 200 Schritt nördlich der Chaussee vereinigt, wurden von hier ab in Kompagniekolonnen auseinander gezogen und nahm die 3. die Direktion auf die 1., die 4. auf die 2. Kompagnie." Der Führer von 4./57., Premierlieutenant v. Borcke, war in dem Zeitpunkt bereits verwundet, nicht wie Heft 25 schreibt, auf der Höhe sondern schon im Grunde. Als ich die obigen von vier Instanzen geprüften Sätze niederschrieb, bestand noch keine Silbe über das Vorgehen dieser Kompagnien in den Regimentsakten. Weiter besagt meine Winterarbeit über 3., 4./57.: „Sie hatten die ursprünglich eingeschlagene Richtung festgehalten und mußten sich auf Befehl p. p. 250 Schritt hinter der 1. und 2./57. niederlegen."

Angabe Peipers und Bernewitz.

Die direkte Veranlassung zum Auseinanderziehen des Halbbataillons in Kompagniekolonnen waren einige kurz hintereinander ins Halbbataillon einschlagende Granaten. Das bestätigt auch Hauptmann der Landwehr Peipers (am 16. August 1870 bei 3./57.).

Daß das Halbbataillon Bernewitz zuletzt in Kompagniekolonnen war, beweist ferner das mir vorliegende Kroki v. b. Mülbes: endlich rühren die Angaben in meiner Winterarbeit vom Hauptmann v. Bernewitz her. Die Truppenstellung auf Plan 4 im Heft 25 ist mithin falsch.

10., 12./57., Angabe Streit.

Nun zu 10., 12./57. Lieutenant Freiherr v. Streit (12./57.) schreibt unter dem 12. Juni 1881: „Während des Vorgehens formirte F./57. ungefähr 200 Schritte südlich der Chaussee Halbbataillone. Schützen sind nicht aufgelöst worden. Die ganze Vorwärtsbewegung geschah so schnell, daß es unmöglich gewesen wäre, die Schützen vorzuziehen. . ."

Also trotz meiner Anfrage kein Wort über sprungweises Vorgehen; wäre so vorgegangen worden, so hätte sich aber doch dadurch Zeit zum Vorwerfen der Schützen erübrigen lassen.

„Bis zur Schlucht ist überhaupt ein Schuß nicht abgefeuert worden. Ein Feind war überhaupt nicht zu sehen. Auch am Rande der Schlucht angekommen, konnte man die feindliche Position nur vermuthen. Hier wurde von den vordersten Leuten der Kolonne gefeuert. Es war unmöglich, (hinzuzusetzen wäre, „auch jetzt") die Leute in Schützenlinie aufzulösen. Dieselben waren nicht mehr vom Boden in die Höhe zu bekommen. Plötzlich tauchten die Franzosen in starken Kolonnen aus dem Pulverdampf hervor, in einer Entfernung von etwa 100 Schritt am jenseitigen Abhange. Nun war ein Halten nicht mehr möglich. . . .

Ich glaube daher, daß schwerlich mehr als 5 Patronen pro Kopf verschossen worden sind, denn die Hälfte der Leute ist außer Gefecht gesetzt worden, ehe das Feuern begann." Und da soll nach Hilken 9., 11./57. in fünf regelrechten Sprüngen bis an den Südrand der Schlucht vorgedrungen sein, in denselben Feuerzonen! Waren denn in 9., 11./57. die Helden zusammengepackt, die bei drei Sprüngen, wenn ich Hilken richtig verstehe, in der Halbbataillonskolonne, bei zwei Sprüngen in aufmarschirter Linie wie Automaten hätten „auf" und „nieder" gehen müssen. Ich halte das schon auf dem Manöver in diesen Formationen nicht für ausführbar, ohne daß die Ordnung verloren geht. In diesem Strichfeuer hätte das kriegsstarke Halbbataillon doch gewiß nicht die Ordnung bewahren können. Es war aber bei der Feuerabgabe in Linie in guter Ordnung. Nein, in solchem Feuer, auf solchen Entfernungen ist es mit dem sprungweisen Vorgehen in geschlossenen Formationen vorbei. Beherzigen wir das nicht, dann bleiben uns Enttäuschungen nicht erspart: „Die Leute sind nicht mehr vom Boden in die Höhe zu bekommen." Und der Freiherr v. Streit war wahrlich ein heldenhafter Offizier.

Premierlieutenant v. Warendorff schreibt unter dem 9. Juni 1881: „Cleve sein Zug hatte sich, da er sehr bezimirt war, auf meinen Befehl zu mir herübergezogen und befand sich mit mir zuletzt an der äußeren Lisiere der Tronviller Büsche. 1./57., Angabe Warendorff.

Zuerst hatte ich zwei Züge ausschwärmen lassen, beim weiteren Vorgehen und bei den starken Verlusten ließ ich den letzten Zug rechts verlängern. Die Reste der Züge am Tronviller Busch haben wohl beinahe ihre Taschenmunition verschossen. Ich für meine Person und der größere Theil der Kompagnie befand mich am Rand der Tronviller Büsche, zum Theil noch davor.

Ueber die Schlucht hinaus sind doch wohl Leute der Brigade hinausgekommen, da ich am anderen Tage Leichen von Infanteristen drüben habe liegen sehen."

Also war die ganze 1./57. ebenfalls südlich der Schlucht geblieben und nicht wie Heft 25 angiebt, zur Hälfte südlich, zur Hälfte nördlich. Wäre ein Theil von 1./57. hinübergelangt, so hätte Herr v. Warendorff das doch wissen müssen und gesagt, denn das festzustellen war der Zweck meiner an ihn gerichteten Fragen. Endlich galt es als etwas Besonderes, jenseits der Schlucht gewesen zu sein. Warendorff war ein ganz hervorragend tapferer Offizier. Ferner können die deutschen Leichen jenseits der Schlucht hiernach nicht zahlreich gewesen sein. Die Angabe Warendorffs über den Munitionsverbrauch halte ich nicht für ganz zutreffend.

Nach Heft 25, Anhang S. 106, hat Sergeant Möbus angegeben: „bei 2./57. werden 10 Patronen auf den Kopf kommen"; er selbst hat 5 Patronen verschossen. Diese Kompagnie war vom 57. Regiment am längsten im Feuer und am nächsten am Feinde. Möbus ist ein zuver- Angabe Möbus.

lässiger Mann, was hiernach von den Angaben im Anhang S. 100 zu halten ist, nach denen von 9. und 2./57. auch auf dem Rückzuge das Feuer noch fortgesetzt worden sein soll, überlasse ich dem Leser zu beurtheilen. Jedenfalls wäre alsdann der Patronenverbrauch viel bedeutender gewesen.

Angabe Oyderbeck. Der Lieutenant a. D. und Amtmann Oyderbeck (12./57.) schreibt unter dem 20. Juni 1895: „Was das Vorgehen des Regiments speziell des Halbbataillons Tnebben (10., 12./57.) anlangt, so möchte ich noch Folgendes konstatiren. Der Anmarsch bezw. Vormarsch geschah in guter Ordnung. Die Truppe blieb geschlossen bis ungefähr 3—400 m vor dem feindlichen Höhenrande. Schützen waren nicht vorgezogen, sonst hätte ich, da ich beim Schützenzug stand, mit dabei sein müssen. Bei weiterem Vorgehen, als das feindliche Feuer heftiger wurde, kam der Befehl „niederlegen", dann gingen wir vielleicht 100 m vor, dann hieß es wieder „niederlegen". Als wir dann wieder vorgingen, waren wir vielleicht noch 150 m von dem Rande der Schlucht entfernt. Das feindliche Gewehrfeuer wurde immer dichter und verursachte enorme Verluste. Der taktische Zusammenhang hörte auf und nur ein geringer Bruchtheil kam über den südlichen Rand der Schlucht hinweg. Unter diesem auch ich. Ungefähr 50 m weiter bin ich gefallen.... Ich habe keinen Schuß abgegeben." (Siehe Anhang II.)

Ich verkenne hinsichtlich des Vorgehens den unbedeutenden Widerspruch mit Streit nicht. Allein immerhin bestätigt auch Oyderbeck das Vorgehen in einem Zuge bis auf 3—400 m an den Gegner. Ein solches Vorgehen darf man aber nicht „sprungweises" nennen. Darunter versteht man etwas ganz anderes, als das Niederlegenlassen eines geschlossenen Halbbataillons, welches wegen Erschöpfung seiner Kräfte nicht mehr vorwärts konnte. Läßt man meine Ansicht nicht gelten, so wären z. B. die Verbündeten bei Waterloo auch sprungweise vorgegangen, denn sie thaten dort dasselbe. Im Uebrigen habe ich F./16. genau beobachten können, ebenso 3., 4./57. Sie blieben ohne Unterbrechung im Vormarsch und ich bekenne gerne, daß ich das flotte ordnungsgemäße Vorgehen von 9., 12./16. mit stiller Bewunderung begleitete. Das, was ich längere Zeit deutlich wahrgenommen, muß ich demnach aufrecht halten, im Besonderen ist aber hiernach meine Angabe in den „Untersuchungen" erwiesen, daß der Munitionsverbrauch bei den 57ern und 9., 12./16. gering war.

Verzettelung des Angriffs. Meine Angabe. Ich habe in den „Untersuchungen" gesagt, der Angriff wäre verzettelt verlaufen. Daß das kaum anders sein konnte, erscheint bereits angesichts der unter „Angriffsrichtung" angeführten Entfernungen (2200 bezw. 3000 m, mit einer Schwenkung des rechten Flügels 90 bezw. 120 Grad) durchaus wahrscheinlich. Vielleicht würde eine frische Truppe im Gelände dabei verzetteln; man konnte sich davon wenigstens bei jedem größeren Manöverangriff überzeugen, solange rauchendes Pulver im Gebrauch war. Hier hatten die Truppen aber einen Marsch von 37 Kilometern in sengender Hitze gemacht und darauf in der Kolonne nach der Mitte den langen Weg vom Aufmarschpunkt bis zum Punkt der Befehlsertheilung zum Angriff südöstlich Mars la Tour zurückgelegt. Ich meine deshalb, daß, wenn die Durchführung des Angriffs nicht der Absicht entsprach, dies schon darin begründet war, daß die Angriffsanordnungen die Leistungsfähigkeit der Truppe weit überstiegen. Den Truppen kann man daher keinen Vorwurf machen, das ist meinerseits auch in den „Untersuchungen" nicht geschehen.

Obwohl nun Heft 25 die „Verzettelung" bestreitet, wird sich zeigen, daß es sie selbst bestätigt. Es schreibt S. 39: <small>Ausführungen des Heftes 25</small>

„Da die Kompagnien dieses Bataillons (nämlich I./57.) im Granatfeuer nach vorwärts eilten, gerieth das auf dem äußersten Flügel des Regiments marschirende Füsilierbataillon bei der Herstellung der Angriffsfront vorzunehmenden Linksschwenkung ins zweite Treffen. Das Bataillon zog sich in zwei Halbbataillone auseinander, (konnte es sich etwa in mehr Halbbataillone auseinanderziehen?) und folgte dem rechten Flügel des I. Bataillons. Die beiden Pionierkompagnien stellten sich dem Obersten v. Cranach zur Verfügung, der sie rechts neben das Füsilierbataillon nahm und ihnen die Richtung auf die Tronviller Büsche gab." Uebrigens da es vorher heißt: „Das I. Bataillon des Regiments Nr. 57 entwickelte seine beiden ersten Kompagnien und ließ die anderen als Halbbataillone folgen", so scheinen die Geschichtsschreiber des Heftes 25 über die Zusammensetzung eines Bataillons doch etwas eigenthümliche Anschauungen zu hegen.

Weiter: „Ganz von selbst kamen die Schützen der 2. Kompagnie und alle nachfolgenden Abtheilungen des Regiments 57 ins Laufen und warfen sich, wenn sie im tiefen Boden eine Strecke durchmessen hatten, erschöpft hin, um frische Kräfte zu neuem Anlaufe zu sammeln. „Das nie Geübte lehrte der Erhaltungstrieb im Augenblick der Gefahr." —" (Seite 46.) Daß 2./57. im sprungweisen Vorgehen schon 1865 geübt war, habe ich unter Kapitel II. ausgeführt.

Daß die lothringische Hochfläche, von den niederen Gegenden abgesehen, über einem steinigen Untergrund nur eine dünne Humusschicht hat, bemerke ich nebenbei. Wenn aber das Laufen auf dem linken Flügel der 57er begann, (2./57.) und alle anderen Abtheilungen nach rechts das Gleiche thaten, konnte alsdann bei solchen Entfernungen die Einheitlichkeit der Angriffsbewegung gewahrt bleiben? Ich glaube jeder Taktiker wird nein sagen.

Seite 40: „Der Regimentskommandeur (v. Brixen, Verf.) bestimmte die 2. Kompagnie als Richtungskompagnie, ließ sie die befohlene Front nach Nordosten nehmen und ertheilte, kurz bevor das Regiment Nr. 57 die Höhe seines Regiments erreicht hatte, das Zeichen zum Vorgehen.

So traten zehn Kompagnien des Regiments Nr. 16 in einer Front mit dem Regiment Nr. 57, aber ihm etwa 200 Schritt voraus zum Angriff

auf die feindlichen Batterien an." Möglich daß beim Beginn der Vorsprung der 16er nur 200 Schritt betragen hat. Die 16er schoben sich
aber von der Straße Mars la Tour—Bruville mehr und mehr rechts
gegen die 57er. Vergleiche: spätere Bemerkungen Hiltens.

Seite 46: „Das Füsilierbataillon (57., Verf.) hielt die nach seiner
Linksschwenkung eingeschlagene Richtung fest. Dadurch kamen die 9. und
11. Kompagnie allmählich hinter den linken Flügel des I. Bataillons,
während die 10. und 12. Kompagnie dessen rechtem Flügel folgten."

Seite 46: „Da das Feuer mit besonderer Stärke von halblinks
vorwärts kam, nahmen die einzelnen Theile des Regiments (57er, Verf.)
allmählich ohne Kommando die Front gegen Norden." Das entspricht
nicht den Thatsachen. Der damalige Adjutant vom F./57. schreibt unter
dem 18. 11. 98: „Mir sind nur zwei Befehle erinnerlich: der eine war
von Cranach an Medem ertheilt, das linke Halbbataillon Bethge solle
sich — es war dies kurz nach dem Ueberschreiten der ersten Chaussee —
mehr links ziehen. Ich hatte diesen Befehl an Bethge zu überbringen."
Die „erste Chaussee" ist die Straße von Mars la Tour nach Les
Baraques.

Seite 47: „Das Linienregiment Nr. 1 warf sich unter Vornahme
der rechten Schulter im Laufschritt die Höhe hinunter und erreichte mit
seiner vordersten Linie zu derselben Zeit den nördlichen Schluchtrand,
als der rechte Flügel der Brigade Wedell auf der Hochfläche südlich des
Grundes ankam."

Da vorher auf den Seiten 43—45 dargelegt worden ist, daß die
16er, was übrigens richtig ist, in dem Zeitpunkt bereits bis auf
150 Schritt nördlich der Schlucht angelangt waren, so ergiebt sich auch
daraus das successive Einrücken der Bataillone von links nach rechts in
die Feuerlinie.

Seite 79: „Während auf dem linken Flügel die geschlossenen Ab-
theilungen zu früh in den Schützen aufgehen, erreichen die des rechten
Flügels zum Theil erst dann die vorderste Linie, als diese bereits den
Rückzug angetreten hat."

Seite 80: „Wenn hier (57er, Verf.) der Rückzug angetreten wurde,
bevor ein ernstliches Feuergefecht von längerer Dauer stattfand, so mochten
darauf ..... wirken." Also ist der Kampf auf dem rechten Flügel
nur von kurzer Dauer gewesen!

Seite 80: „Zweifellos hat das Regiment Nr. 16 sein Feuer in
einem Nahkampfe von der ungefähren Dauer einer Viertelstunde in
außerordentlich wirksamer Weise zur Geltung gebracht."

Dieser letzte Satz ist entscheidend. Wenn das richtig ist, und ich
habe es nicht bestritten, dann ist der linke Flügel der Brigade doch auch
eine Viertelstunde früher an den Feind gekommen als der rechte. Daß
dieser letzte fast in demselben Zeitpunkt zurückgeworfen wurde, als
er den Südrand der Schlucht erreichte, geht auch aus den unter

— 73 —

„Sprungweises Vorgehen" und „Patronenverbrauch" angezogenen Zeugenaussagen deutlich hervor. Uebrigens habe ich in den „Untersuchungen", S. 133, Note *) den Vorsprung des linken Flügels (16er) vor dem rechten, abgesehen von 2., 1./57., auf 20—25 Minuten angegeben. Wenn man über so schwierige Zeitfragen in der Hitze des Kampfes keine Haarspalterei beliebt, so wird man zugestehen müssen, daß Heft 25 meine Darlegung, statt sie zu entkräften, bestätigt hat.

Meine Winterarbeit vom 19. Dezember 1872, die die Urquelle der späteren „Zwei Brigaden" bildet, darf wohl den Werth eines historischen Dokuments beanspruchen. Der damalige Lieutenant Hilfen hat bei der Verzettelung des Angriffs an den Rand geschrieben: „Anfänglich waren I. und F./57. im zweiten Treffen, erst später beim Vorgehen wurden dieselben in die Höhe des ersten Treffens vorgezogen, was ermöglicht wurde, durch eine theilweise Rechtsschwenkung des 16. Regiments." An einer späteren Stelle meiner Winterarbeit, die lautet: „Der Stoß dieser 5 Bataillone erfolgte nicht gleichmäßig; sie wurden vielmehr successive, von dem linken Flügelbataillon zum äußersten rechten fortschreitend, an den Feind gebracht, so daß man sagen kann, der linke Flügel (das 16. Regiment) war schon hart mitgenommen, als sich das Eingreifen des 57. Regiments erst fühlbar machte." hat Hilfen die Randbemerkung gemacht: „Kam durch die Rechtsschwenkung des 16. Regiments."

Hilfens Bemerkungen.

Die Thatsache der Verzettelung hat Hilfen hiernach bestätigt.

Wichtiger erscheinen mir seine aus dem Jahre 1873 herrührenden Randbemerkungen über die Rechtsschwenkung des 16. Regiments. Denn sie erhärten meine noch heute bestehende Auffassung, daß II., 1./16. zu beiden Seiten der Straße Mars la Tour—Bruville gegen die ebenfalls auf beiden Seiten dieser Straße stehenden feindlichen Batterien zum Angriff angesetzt waren. In Folge der großen Angriffsentfernung und des starken Pulverdampfes werden sie ihr Angriffsziel verfehlt haben und später in nordöstlicher Richtung von dem ursprünglichen Angriffsziel abgewichen sein. Das kann man taktisch zwar keine Rechtsschwenkung, sondern nur Rechtsziehen nennen, ändert aber an der Thatsache nichts. Jedenfalls hat das 16. Regiment seine Angriffsrichtung nicht einzuhalten vermocht.

Im Uebrigen bestreite ich, daß der linke Flügel der Masse der 16er beim Ende des Angriffs da gestanden hat, wo Plan 4 des Heftes 25 (S. Planskizze V) ihn hinbringt. Ich werde später die schriftliche Auskunft des Herrn v. Haeften, damals bei 8./16., mittheilen und beschränke mich hier auf folgendes: Nach Plan 3 des Heftes 25 (Planskizze V) waren 2 französische Batterien westlich, zwei östlich der Straße Mars la Tour — Bruville. Nach Plan 4 des Heftes 25 sind diese sämmtlichen Batterien 500 m zurückgegangen, als die 16er auf dem nördlichen Schluchtrande auftauchten. Wäre der linke Flügel der Masse der 16er an der auf Plan 1 angeführten Stelle gewesen, so hätte für die Batterien 5., 9. 15. keine Veranlassung zum Abfahren vorgelegen. Sie hätten im Gegentheil ihre - die Darstellung auf Plan 4 zu Grunde gelegt - alsdann durchaus günstige Stellung zur Wirkung gegen unsere linke Flanke gewiß ausgenutzt und ihre Stellung behauptet. Nur die Batterie G. R. 17. wäre von den 16ern bedroht gewesen und allenfalls noch Batterie 12. 15. Auch aus diesem Grunde glaube ich, daß der linke Flügel der Masse der 16er am Ende des Angriffs sich westlich der Straße nach Bruville befunden hat.

Angabe Schaumanns Endlich bestätigt auch Schaumann in den „Erlebnissen", S. 214/215 meine Angaben: „Was nun den Infanterieangriff angeht", schreibt er, „so bezweifele ich, ob wie auf S. 191 (der „Kriegslehren", Verf.) angegeben, die Brigade sich in einem weiten Bogen nordöstlich um Mars la Tour, die Bataillone in einer Linie nebeneinander .... entwickelt hat. Ich muß es vielmehr in Frage stellen, ob jemals eine Verbindung des linken Flügels mit dem rechten stattgefunden hat, ohne welche selbstredend eine regelrechte Entwickelung der Brigade zum Gefecht nicht möglich war. Von der Stellung meiner Batterien auf der Nordseite von Mars la Tour aus sahen mein Adjutant und ich die beiden Bataillone Nr. 16 (nämlich I. und II., Verf.) in einer dicht aufgeschlossenen Kolonne auf der Straße nach Bruville bis über das Waschhaus vormarschiren. Alsdann entschwanden dieselben hinter Bäumen, Büschen und Erhöhungen unseren Blicken so lange, bis sie uns da wieder erschienen, wo der Hohlweg links von der Straße nach Bruville in Richtung auf Grenère Ferme abgeht. Wir hielten die im Hohlwege vorgehende Infanterie für die Spitze der Kolonne, es sind dies in Wirklichkeit aber nur 2 Kompagnien gewesen, (nämlich 5., 6./16., Verf.) während der Rest der Kolonne — unseren Augen entzogen — auf der Straße nach Bruville weitermarschirte." Und Seite 215 heißt es: „Daß zwischen unseren beiden Flügeln keine Verbindung gewesen ist, glaube ich ferner aus folgenden Ueberlegungen folgern zu sollen. Die Trümmer unseres geschlagenen rechten Flügels sah ich erst dann aus den Tronviller Büschen etwa 500—600 Schritt östlich von Mars la Tour hervortreten, nachdem ich . . . . . von meinem Ausfluge zu der 2. leichten Batterie zurückgekehrt war. Da der . . . Ausflug selbst mindestens auch eine halbe Stunde in Anspruch genommen hat, während der Rückzug des rechten Flügels von der Schlucht bis nach Mars la Tour kaum eine halbe Stunde erfordert haben dürfte, so glaube ich folgern zu müssen, daß der Kampf an der Schlucht auf dem linken Flügel schon bedeutend früher stattgefunden habe als auf dem rechten.

Ich überlasse es hiernach dem Leser, ob der „Angriff der Brigade Wedell (Heft 25, S. 15) weder schlecht geführt noch ein tollkühner Versuch gewesen ist." Während ich in den „Untersuchungen" nur die

„Verzettelung" erwähnte, die hiernach von Augenzeugen und vom Heft 25 selbst bekräftigt wird, lehren die Bemerkungen Hilfens, daß die 16er sich gegen die 57er überdies sehr stark zusammengeschoben haben. Am Ende des Angriffs wäre gemäß Plan 4 des Heftes 25 die Masse der Brigade derart zusammen- und ineinandergeschoben gewesen, daß sich der Vergleich mit zwei aufeinandergestoßenen Eisenbahnzügen rechtfertigen ließ. Ich halte diese Darstellung jedoch für unrichtig. Schwartzkoppen wollte mit den 16ern die Stellung bei den Bäumen nördlich der Schlucht, mit den 57ern die Nordwestecke der Tronviller Büsche angreifen. Das beweist auch die Geschichte der 57er S. 80. Wäre die 38. Brigade am Ende des Angriffs so vertheilt gewesen, wie Plan 4 des Heftes 25 sie darstellt, dann hätte sie die beabsichtigten Richtungen schlecht eingehalten, oder sie wäre mit dem 25. Heft zu sprechen, „schlecht geführt" worden. Von Irrthümern über die Truppenvertheilung innerhalb der Brigade abgesehen, scheint mir das Ende des Angriffs auf dem Plane der 57er (Planskizze IV) annähernd richtig wiedergegeben zu sein. Die Bemerkung des Generallieutenants v. Obernitz vom 19. April 1873 zu der bezüglichen Stelle meiner Winterarbeit glaube ich hierher setzen zu sollen. Sie lautet: „Was für die Führung einer Brigade auf dem Exerzierplatz möglich und zulässig erscheint, das ist auf dem Gefechtsfelde im Bereich der verheerendsten Feuerwirkung unerreichbar. . . . Uebrigens habe ich mich stolzen Herzens erfreut an den Leistungen der genannten Truppentheile."

Im Uebrigen ist der im Heft 25 offenbar gegen mich gerichtete Vorwurf über die Führung der Brigade während des Angriffs ganz hinfällig. Denn in den „Untersuchungen" heißt es S. 135: „Der Verlauf war der, daß die von beiden Seiten geführte Offensive auf dem kritischsten Punkte und im kritischsten Augenblick auseinander platzte, so daß an einzelnen Stellen beide Gegner buchstäblich in einander rannten." Und Seite 153: „Eins aber kann keine Macht der Welt, kein Sophismus aus der Geschichte streichen; die 38. Brigade führte ohne Aufenthalt den Angriff bis zur Vermengung mit dem mehr als doppelt an Gewehren und doppelt an Geschützen überlegenen Feinde durch. Sie hielt hierbei genau die vom Divisionskommandeur vorgeschriebene Richtung ein und verblieb als enkadrirte Brigade im Rahmen der Schlacht auf dem ihr angewiesenen Raume." Meines Wissens hat das kein anderer ebenso großer Truppenverband im Kriege 1870|71 geleistet.

Gemäß Heft 25, S. 47 hat Oberstlieutenant Sannow berichtet: „Die Soutiens warfen sich an eine Hecke oben auf der Höhe, da das Feuer mörderisch wurde. . . . Einige Minuten währte der Halt an der Hecke, die keinen Schutz bot, dann erscholl der Ruf: „Vorwärts". Darauf lief der größte Theil der an der Hecke liegenden Mannschaften, die inzwischen auf dem rechten Flügel noch durch Abtheilungen des Regiments 57 verstärkt waren, vorwärts. Das Gelände war ungünstig;

Angabe Sannow.

denn eine lange zum Feinde sanft abfallende Strecke mußte durchlaufen werden." Wenn Oberstlieutenant Sannow nicht irrt, so müßte das während meines Rittes mit Vizefeldwebel Thiel gewesen sein, der hin und her wohl einige Minuten gewährt hat. Als ich zum Oberstlieutenant v. Roell zurückkehrte, waren 12., 9./16. nicht mehr an der Hecke, die Oberstlieutenant Sannow zu meinen scheint, sondern sie lagen dicht südlich des Steilabhanges der Schlucht an der in den „Untersuchungen" angegebenen Stelle. Uebrigens steigt das Gelände allmählich an und fällt nicht sanft zum Feinde ab und die „lange Strecke" würde, wenn Sannow mit der Darstellung nicht irrt, nicht 200 m betragen.

Unvereinbarkeit der Angaben Sannows und Hilkens

Wenn Lieutenant Hilken (9./57.) Seite 48 angiebt: „Nahe rechts von mir befanden sich Oberstlieutenant Sannow und sein Adjutant, Lieutenant v. Hövel, beide zu Fuß", so zeigen die Stellen, wie gründlich er sich geirrt hat. Der linke Flügel von 9., 11./57. war, als sie entwickelt in die Feuerlinie einrückten, etwa 100 m rechts vom Standpunkt der Oberstlieutenants Sannow und v. Roell. Ich bestreite überdies, daß Lieutenant Hilken den platt auf der Erde liegenden Lieutenant v. Hövel sehen konnte, geschweige erkennen. Er war zu Fuß bei 9./57., also auf dem rechten Flügel dieses mit Schützen in den Intervallen aufmarschirten Halbbataillons. Die Sehweite Hilkens nach links bis zu Sannow hat also wenigstens 200 m betragen haben. Durch die Angaben Hilkens ist auf Plan 4 die Eigenthümlichkeit entstanden, daß sich drei fechtende Linien hintereinander befinden: 11., 10./16. und 2./57. in erster, 12., 9./16. in zweiter, endlich 11., 9./57. in dritter Linie. So etwas kann sich wohl in der Bewegung ereignen, nicht mehr im Feuern. Sie sollen aber gefeuert haben! Denn nach Hilken (Heft 25, S. 48) konnte „endlich das Feuer auf die jetzt deutlich*) erkennbaren Franzosen" eröffnet werden, nämlich in der Gegend des südlichen Baumes. Darauf sind (ebenda) 11., 9. 57. im mörderischen Feuer weiter gestürmt, nachdem kurze Zeit gefeuert war. Wieder sind nach dem 25. Heft 11., 9./57. auf dem südlichen Schluchtrand verblieben, und ebenda giebt Hilken auf S. 106 des Anhanges an, in seinem Zuge sei „im vorletzten und letzten Liegen allgemein lebhaft gefeuert worden." Also kein Zweifel, in der dreifach nur 200 m tief hinter einander entwickelten Feuerlinie, wie Plan 4 sie wiedergiebt. Schließlich bekundet derselbe Hilken, es seien bei 11., 9./57. „15—20 Patronen auf den Mann" verschossen worden. Wenn dem so gewesen wäre, hätte der Patronenverbrauch weit größer sein müssen. Die Topographen des Generalstabes sind auch an dem Räthsel gescheitert, das Hilken ihnen aufgegeben hat. Nach seiner Angabe hätte 9./57. links von 12.,

---

*) Ich verweise hinsichtlich der „Deutlichkeit" auf die Angaben Schimmelmanns S. 60, Streits S. 68.

9./16. sein müssen, da er Sannow im Angriff „rechts" von sich gesehen haben will. Daß dieser immer bei 12., 9./16. war, kann nicht bestritten werden, es ist auch nicht geschehen. So hat denn Heft 25 das Unvereinbare nebeneinander gegeben: nämlich die bezügliche Ausführung Hilfens, die sich jedem Leser als unrichtig aufdrängen muß und die durchaus richtige Angabe Sannows in seinem Gefechtsbericht (Heft 25, S. 48), nach der die neben, also rechts, von seinem Halbbataillon eintreffenden Abtheilungen der 9. und 11./57. angehört haben. Die Topographen haben nun offenbar keinen anderen Ausweg gewußt, als 11., 9./57. hinter 12., 9./16. zu bringen. So ist wohl diese Eigenthümlichkeit zu erklären.

Schwieriger ist das bei der etwas gemilderten Eigenthümlichkeit auf Plan 4, nach der weiter rechts wiederum drei Gefechtslinien — bezw. Massen — nämlich 2./57., 1½ 1./57. in erster, 4., 3./57. in zweiter und endlich 12., 10./57. in dritter Linie hintereinander gefochten haben sollen. Ich gebe mir keine Mühe, das zu erklären. Wie konnten alsdann aber dem feindlichen Strichfeuer nur 12., 10./57. erliegen? Seite 80 des Heftes 25 heißt es ausdrücklich darüber, der Zusammenbruch dieses Halbbataillons sei „mit bestürzender Schnelligkeit" vor sich gegangen. Die Thatsache habe ich in den „Untersuchungen" längst festgestellt und erklärt, unverständlich ist jedoch, daß von dem feindlichen „auf hohes und tiefes Ziel gezielten Feuer" 4., 3./57.*) nicht erst recht in derselben Art zusammengeschossen wurden, die doch nach Plan 4 früher in feindliche Sicht hätten kommen müssen, als 12., 10./57. Im Uebrigen konnte Oberstlieutenant Sannow (Heft 25, S. 48) aus eigener Anschauung das Vorbringen einer feindlichen Abtheilung durch eine Quervertiefung in unserer rechten Flanke nicht sehen, auch nicht, daß dieselbe durch ihr Feuer die in der Schlucht liegenden Mannschaften flankirt habe. Dies würde er also wohl am 25. August 1870 bei der Offizierversammlung erfahren haben.

Ich habe zuerst in meinen „Untersuchungen" die Vermischung der Truppentheile festgestellt, Heft 25 bestätigt sie auf Plan 4. Im Text erhebt es zwar Widerspruch, daß 2./57. sich schon während des Angriffs so frühzeitig links in die Füsiliere 16. eingeschoben habe, wie ich es angegeben habe. Allein ich habe den bezüglichen Befehl Schwartzkoppens gehört und halte meine Ansicht aufrecht. Als ich zum Zuge des Vizefeldwebels Thiel ritt, befand derselbe sich noch etwa 400 m südlich des Steilabhanges der Schlucht und bereits links von dem geschlossenen Halbbataillon 9., 12./16. Der im Anhang angeführte Lieutenant Keller 2./57. ist mir als ein ruhiger Mann bekannt. Ich habe in dem Zeitpunkt auch andere Theile dieser Kompagnie links von 9., 12./16.

Vermischung der Truppentheile.

---
*) Man vergleiche hierüber die Angabe v. b. Mülbes S. 66/67. Diese beiden Kompagnien sind vom Strichfeuer verschont geblieben, weil sie viel südlicher waren, als Heft 25 es ausführt.

bemerkt, fand jedoch den Hauptmann Freiherrn v. Hohenhausen nicht. Nun habe ich von April 1865 bis April 1870 bei 2./57. gestanden, ich kannte jeden Mann der Kompagnie. Ich war auf ausdrücklichen Wunsch des gefallenen Oberstlieutenants v. Schöning bei meiner Ernennung zum Offizier 1866 nicht von der Kompagnie versetzt worden, — was doch sonst bei der Beförderung der Fähnriche zum Offizier allgemeiner Grundsatz ist, — als besondere Anerkennung, wie er sagte, für das „ehrenvolle Ansehen, das ich mir bei dieser Kompagnie im Feuer und bei allen Kriegsstrapazen erworben habe." Es scheint, daß ich auch fernerhin aus diesen moralischen Gründen bei 2./57. konservirt wurde. Als ich zu meinem Kommandeur zurückkehrte, lag 9., 12./16. bereits am Steilabhang nieder. Rechts von diesem Halbbataillon waren Schützen, einige Schritte weiter rechts bestand eine größere Lücke, darauf folgten wieder Schützen. Vermuthlich waren es Mannschaften des Zuges des Lieutenants Langheinecken (1./57.). Wenn Lieutenant Keller wirklich rechts von 12., 9./16. gewesen ist, so wird er in diesem Zeitpunkt bereits auf der Schluchtsohle gewesen sein und für mich unsichtbar. Daraus würde sich die Lücke, von der ich gesprochen, erklären. Doch das ist nur eine Vermuthung. Bevor ich zum Oberstlieutenant v. Roell zurückkehrte, erkannte ich Premierlieutenant v. Warendorff (1./57.) in Richtung der Nordwestspitze der Tronviller Büsche, höchstens 200 Schritte östlich von Langheineckens Mannschaften, auf der kahlen Fläche aufrecht stehend, und die Halbbataillone vom F./57. Das innere Halbbataillon war damals noch 300 m von 2., 1./57. entfernt und das äußere, von dem ich keinen der berittenen Offiziere erkennen konnte, wiederum etwa 300 m von dem inneren Halbbataillon. Beider Richtungen zeigten direkt nach Norden. Zwischen den Marschrichtungen der beiden Halbbataillone, lagen zwei geschlossene Truppentheile. Ich erkannte nur Lieutenant Freiherrn v. Schimmelmann; er stand aufrecht neben der liegenden Kompagnie. Es waren 3., 4./57.

Auf diesem Theile des Schlachtfeldes war der Blick zu dieser Zeit nur ganz unbedeutend durch den Pulverdampf getrübt, ich erkannte Hauptmann Bethge und Premierlieutenant v. Rereé. Daraus gewann ich Sicherheit, daß das innere Halbbataillon aus 9., 11./57. bestand. Mein Ritt wird hin und zurück vielleicht 5 Minuten gedauert haben, nach rechts war damals das französische Infanteriefeuer noch mäßig, nach links aber tobte das Feuer mit äußerster Heftigkeit. Daraus erhellt ebenfalls, daß die 16er hier schon mit dem Gegner in nahe Berührung gekommen waren und sich wahrscheinlich bereits in der Schlucht und jenseits derselben befanden.

Schreiben Hohenhausens Die richtige Vertheilung der Kompagnien vom F./57. habe ich übrigens zuerst veröffentlicht und daß und weshalb F./57. ohne Schützen vorzunehmen in die Feuerlinie einrückte, ebenfalls. Aus meinen persönlichen Beobachtungen hätte ich aber doch noch nicht mit voller Gewißheit die Gefechtslinie von 2. 57. ermitteln können. Dies geschah erst in Folge eines Briefes, den Hauptmann Freiherr v. Hohenhausen an mich richtete, und den ich Ende August 1870 in Bonn erhielt. Derselbe fühlte das Bedürfniß, mir ausdrücklich für die ausgezeichnete Haltung der Mannschaft der Kompagnie, deren Rekrutenjahrgänge ich ausgebildet hatte, zu danken. Er sei überzeugt, daß namentlich mein Unterricht über vaterländische Helden die Mannschaft mit Feuer und Eifer beseelt habe. Er habe mir früher öfters widersprochen; er habe sich überzeugt, daß ich mit dieser Methode doch Recht gehabt. Er hoffe, dies werde mir in meiner schweren Zeit zum Trost gereichen. (Der vortreffliche Offizier war nämlich der Meinung, mir seien beide Augen ausgeschossen und der linke Fuß zerschmettert. Im Regiment erzählte man sich, ich sei wie ein „Sieb".) Er sei von allen Kompagnien des Regiments am weitesten vorgekommen, auch weiter als die Füsiliere 16, die rechts von ihm gewesen wären, (gemeint waren wohl 9., 12. 16.) und habe, seit er mich zuletzt gesehen, einen kolossalen Thaleinschnitt plötzlich vor sich gehabt, diesen durchschritten und sich jenseits festgesetzt. Keine andere Kompagnie des Regiments (57.) habe den Thaleinschnitt überschritten, das sei am 17. früh festgestellt worden. Er rechne es sich zur Ehre an, daß er drüben gewesen*).

Es war in Köln (1870), da begegnete mir der beurlaubte Premierlieutenant v. Warendorff. Wir verbrachten den Abend zusammen. Wovon hätten wir bei diesem ersten Wiedersehen anders sprechen sollen als vom 16. August! Ich machte Warendorff von Hohenhausens (und Cranachs) Brief Mittheilung; er bestätigte den Inhalt in Bezug auf die 57er vollständig und bemerkte, „Sie können sich natürlich denken, wie stolz Caspar (Spitzname Hohenhausens) darauf ist, daß er am 16. allen voraus war."*) Meines Wissens ist von den 57ern auch seitdem niemals behauptet worden, sie seien nördlich der Schlucht gewesen; und wie oft kam die Unterhaltung auf Mars la Tour zurück! Der Refrain war immer derselbe: „Fast ohne Schuß, fast ohne den Feind bis zum letzten Moment gesehen zu haben, abgeschlachtet!" In den ersten Gefechtsberichten des Regiments ist keine Silbe von der Schlucht enthalten. Welcher Truppentheil würde aber unterlassen haben, ein so auffälliges Geschehniß, wie das Erstürmen dieser Schlucht, zu erwähnen?! Jedenfalls erfuhr das Regiment erst aus dem Generalstabswerk, daß es am 16. August eine Schlucht erstürmt haben sollte. Die Beschreibung des Angriffs der 38. Brigade im Generalstabswerk rührt von Scherff her und der Satz, daß sämmtliche Bataillone als „brave Stürmer" jenseits der Schlucht aufgetaucht seien, war es, der meinen ersten Widerspruch gegen diese Darstellung weckte.

Die Kreuzungen beim Regiment 57, von denen Heft 25 im Text Kreuzungen.

---
*) Vergl. S. 69 den Brief Warendorffs.

und im Anhang spricht, haben nicht stattgefunden. Da die 3. Kompagnie der 1., die 4. Kompagnie der 2. gefolgt war und beide sich hinter den Schützen der 1. und 2./57. niedergelegt hatten, so rückten die Halbbataillone 9., 11. 57. und 10., 12. 57. einfach frontal an den Kompagniekolonnen der 3. und 4./57. vorbei. Hauptmann der Landwehr Peipers (3./57.), der ein Tagebuch geführt hat, glaubt, daß Füsiliere 57. links von 3. 57. gewesen seien. Die Abtheilungen kamen sich so nahe, daß sie sich beinahe berührten. Die Angabe des Lieutenants Schreiber — Anhang S. 95 — 11., 9./57. habe ich vielfach durch Abtheilungen des I. Bataillons hindurchgeschoben, muß schon deshalb auf einem Irrthum beruhen, weil Schreiber zu der Zeit, als F./57. in Höhe von 3., 4./57. kam, bereits verwundet war und seitdem keinen Ueberblick mehr haben konnte.

VIII. Der Schluchtkampf und Rückzug.

9 Kompagnien gelangen bis auf die Nordseite der Schlucht.   Ich habe in den „Untersuchungen" nachgewiesen, daß von der Brigade im Wesentlichen nur die 16er den nördlichen Schluchtrand erreicht haben. Südlich der Schlucht blieben 5., 6./16., sowie die Masse von 9., 12./16., hinsichtlich der 10./16. habe ich geirrt; das gebe ich ohne Weiteres zu, sie hat gleichfalls nördlich der Schlucht gekämpft. Von den 57ern war dort nur die 2. Kompanie ganz, doch will ich nicht darum streiten, daß auch einige Leute von 1./57. drüben gewesen sein mögen. Daß 12., 9./16. auf die Schluchtsohle gelangt sind, wie Plan 4 des Heftes 25 angiebt, halte ich für einen Irrthum, immerhin mögen die Schützen beider Kompagnien weiter vorgekommen sein. Wie hätte auch eine geschlossene Kolonne den Steilabhang überwinden können! Ich bestreite besonders, daß die Fahne vom F./16. auf der Schluchtsohle gewesen ist; diese Fahne steht mir heute noch deutlich vor Augen, genau so wie der heldische Hauptmann Ohly. Ich meine seine schneidende Stimme in meinen Ohren noch nachklingen zu hören. Von Anfang bis zu Ende hatte Hauptmann Ohly das ehrwürdige Panier neben sich; ich kann an meiner Schilderung der Vorgänge in den „Untersuchungen" nach Pflicht und Gewissen kein Wort ändern. Weshalb sollte ich das sonst nicht zu thun bereit sein? Wären doch die beiden Kompagnien im todten Winkel der Schlucht — zu dieser Zeit — gedeckt gewesen, während sie an ihrem wirklichen Platz längere Zeit im verheerenden Infanteriefeuer ausharrten. Ihre Verluste beweisen es. Im Uebrigen ist die Marschrichtung von 9., 12./16. auf Plan 4, Heft 25 richtig wiedergegeben. Wenn Hilken aussagt, er habe gesehen, wie 12., 9./16. mit gehobener Fahne den Steilabhang hinunter gestiegen seien, so muß er irren. Die Fahne vom F./16. war keinen Augenblick gesenkt, Hauptmann Ohly sorgte dafür und der wackere Fahnenträger stand

dauernd aufrecht neben ihm. Freilich erhoben sich 12., 9. 16., doch sie kamen nicht vorwärts und legten sich wieder nieder. Ich behaupte auch, daß der Gefechtsbericht des Oberstlieutenants Sannow kein Wort darüber enthält, daß er selbst weiter vorgekommen ist, als ich es angegeben habe. Der Kommandeur des Bataillons würde doch aber in dieser Lage gewiß nicht zurückgeblieben sein. Siehe Anhang V.

Somit verzeichne ich mit Genugthuung als eins der Hauptergebnisse des Heftes 25, daß von 22 Kompagnien der Brigade nur 9 auf der Nordseite der Schlucht gefochten haben und 2 auf der Schluchtsohle gewesen sein sollen. Das wäre die Hälfte der Brigade. Nach meinen „Untersuchungen" S. 130 waren es 8 Kompagnien. Scherff erblickt im „M.-W.-Bl." Nummer 99—101 darin eine Nebensache. Ich halte das Ergebniß für eine Hauptsache. Denn dadurch bestätigt Heft 25 die Angabe der „Untersuchungen", daß die „braven Stürmer" nicht da gewesen sind, wo Scherff sie im Generalstabswerk hat „auftauchen" lassen; daß nach Heft 25 nördlich der Schlucht nur bei den genannten Kompagnien „Chassepot und Zündnadel" verheerend gegeneinander gewirkt haben können; daß dieser Kampf dort fast ausschließlich von den 16ern geführt worden ist, und zwar zu einer Zeit, wo die Masse der 57er sich erst nach und nach dem südlichen Schluchtrande näherte, um dort mit bestürzender Schnelligkeit zu erliegen.

Hauptmann Schultze hat gemäß Heft 25, S. 100 niedergeschrieben: „Ein Theil des Feindes dringt nach, der andere hält oben am Rande, um Alles, was sich unten noch bewegt, wie das Wild im Treiben erbarmungslos zusammen zu schießen." Und nach S. 82 berichtet dieselbe Quelle: „Am andern Morgen warf ich einen Blick über die Schlucht und bemerkte dort eine dunkele Masse menschlicher Körper, namentlich nach dem Rande zu, wie dicht zusammengepackt. Mit zunehmender Helle unterschied ich die rothen Hosen, die Leichen unserer Gegner.... Es lagen ihrer auf einer kleinen Fläche mehrere Hundert." Schultze will das vom südlichen Schluchtrande beobachtet haben. Kein Zweifel, diese mehrere Hundert sollen in der Schlucht auf einer kleinen Fläche gelegen haben. Wer ein Schlachtfeld gesehen hat, wird ohne Weiteres ein solches Abschätzungsverfahren eines auf der Erde liegenden Schwerverwundeten für sehr unzuverlässig und unsicher erklären; und deshalb wäre die Wiedergabe dieser Quelle besser unterblieben. Die Angaben Schultzes.

Vergleichen wir dieses Bild mit den Grabstätten der später noch besonders zu untersuchenden Gräberskizze des Heftes 25. Ihr zu Folge sind in der ganzen Schlucht 4 Gräber, 144, 145, 146 und 147. In ihrer Nähe lag Hauptmann Schultze, und nur in einem derselben, nämlich in 147, ruhten 11 Franzosen! Diese Ermittelungen bekräftigen also nicht die Darstellung des Heftes 25, sondern widerlegen sie. Oder will das Heft zulassen, die Franzosen hätten die „mehrere Hundert Prüfung der Angaben Schultzes.

Leichen" aus der Schlucht geschafft und in die entfernten Gräber 165, 166 gebettet. Und auch dann kämen in allen 3 Gräbern nur 190 zusammen. Man bedenke, wie mühsam und zeitraubend das gewesen wäre. Wenn das Heft das zuläßt, weshalb nicht das gleiche bei den Deutschen? In den weiter entfernten Gräbern 167, 168, 169, 170 befanden sich zusammen 320 Franzosen, in 171 waren 250. Dieses lag 850 m nördlich der Schlucht, 167, 168 und 170 waren 500 m von ihr entfernt, 169 lag stark 300 m nördlich der Schlucht.

Von den Deutschen ruhen in den Gräbern in der Schlucht (144, 145, 146, 147), die Offiziere eingeschlossen, nur 27. Das spricht ebenfalls nicht für die Furchtbarkeit des Kampfes in der Schlucht. In den Gräbern nördlich der Schlucht (161, 162, 163, 164, 165, 166) befanden sich zusammen 169 Deutsche. In diesem Raume ist der Kampf blutig gewesen, doch werden die meisten Verluste hier auf den Zeitpunkt des beginnenden Rückzuges zu setzen sein. Auf 9 Kompagnien vertheilt, kommen auf eine Kompagnie 18—19 Mann.

Hinsichtlich der Franzosen ist noch eine genauere Prüfung der Grabstellen nöthig, weil vor dem Angriff der 38. Brigade die Division Grenier zum großen Theile bis über die Umgebung des südlichen Bannes vorgedrungen war und hierbei Verluste erlitten hat. Später gingen diese Truppen der Division Grenier wieder über die Schlucht zurück, und nach dem Scheitern des Angriffs der 38. Brigade gelangten starke Theile der Division Cissen wieder genau in den Raum, in welchem vorher die Division Grenier gewesen war. Der Sergeant der Artillerie in Grab 115 wird daher der Division Grenier angehört haben; daß in Grab 111 Franzosen waren, erscheint wenig glaubwürdig, die 11 Franzosen des Grabes 147, sowie der eine in Grab 148 können eben so wohl von der Division Grenier wie von der Division Cissen gewesen sein, während die 6 Franzosen des Grabes 154 bestimmt zur Division Grenier zu rechnen sind. Wie dem sei, so enthielten die Gräber südlich der Schlucht im Ganzen doch nur 19 Franzosen.

In der Schlucht war, wie schon gesagt nur ein Grab mit 11 Franzosen, die Opfer des Infanteriefeuers gewesen sein mögen.

Von den nördlich der Schlucht beerdigten Franzosen dürfen mit einiger Sicherheit die 84 in Grab 165 auf den Schluchtkampf gerechnet werden; desgleichen die 95 des Grabes 166, im Ganzen also 179.

Die 16er sollen nach Heft 25 150 Schritt über die Schlucht hinaus gelangt sein. Von hier bis zu den Gräbern 170 und 168 betrug daher die deutsche Feuerweite zwischen 350 und 400 m, bis zum Grabe 171 sogar 650 m, bis zum Grabe 169 sind es 350 m und bis zum Grabe 167 fast 800 m. Deshalb werden die in den Gräbern 171 und 167 beerdigten 265 Franzosen wohl fast ausschließlich von unserem Artilleriefeuer herrühren, und die in den Gräbern 168, 169, 170 beerdigten 305 Franzosen zum großen Theil. Hiernach könnte die

Wirkung des Zündnadelgewehrs nördlich der Schlucht nicht so verheerend gewesen sein.

Lege ich die französische Truppenvertheilung nach Heft 25 zu Grunde und ihre Verluste, so gelange ich zu folgenden Schlüssen:

Regiment 43 verlor 5 Offiziere 180 Mann todt und verwundet.
„ 13 „ 6 „ 91 „ zusammen.
„ 1 „ 16 „ 400 „
Jägerbataillon 20 „ 5 „ 68 „
Regiment 73 „ 18 „ 317 „
„ (57 „ 23 „ 279 „

Von diesen Truppentheilen dürfen die Regimenter 43 und 13 höchstens mit der Hälfte gegen die 38. Brigade in Ansatz kommen. Von den übrigen Regimentern fochten Regiment 1 und Jägerbataillon 20 nur gegen die deutschen 57er, die 73er gegen die deutschen 16er und 57er, die französischen 57er gegen die deutschen 16er — doch ist die spätere Aussage Opderbecks zu berücksichtigen. Bringe ich von den 73ern nur $^1/_3$ auf das Feuer unserer 57er in Ansatz, so wären ihnen gegenüber 27 französische Offiziere und 584 Mann erlegen und unsern 16ern gegenüber 35 Offiziere und 510 Mann. Hierzu kämen noch zu gleichen Theilen auf die Feuerwirkung der beiden deutschen Regimenter 5 Offiziere und 235 Mann der französischen Regimenter 43 und 13. Mithin wäre auf Grund dieser Wahrscheinlichkeitsrechnung unser Feuer vom Südrande der Schlucht wirksamer gewesen, als vom Nordrande derselben.

Scherffs Behauptung, die feindliche Infanterie sei nur von 2 deutschen Batterien beschossen worden, ist unrichtig; 6 deutsche Batterien feuerten gegen sie. Da die Division Cissey massirt war, so wird die Wirkung groß gewesen sein. Das bestätigt auch J. Ledeuil — D'Enquin mit folgenden Worten S. 15. „En avant des nôtres deux batteries françaises répondaient de leur mieux aux coups tirés par l'adversaire, coups dont le 57ᵉ recevait les éclats. Le régiment était formé en bataille, par bataillon en masse, présentait aux coups de l'ennemi une assez grande surface pour que presque tous ses coups portassent. De temps à autre un sifflement de balles venait mêler son bruit strident aux coups sourds du canon et des éclats d'obus. On resta une bonne demiheure dans cette pénible situation, recevant de ci de là quelques horions qui en étendaient quelques — uns. Enfin, n'y tenant plus, le régiment se lève sans ordre et crie: En avant!" Aber auch der Kampf nördlich der Schlucht hat sich nach dieser Quelle wesentlich anders gestaltet als im Heft 25 zu lesen ist. „On n'est pas parti qu'on ne sait déjà plus à qui obéir." heißt es da. „Tel capitaine pousse sa compagnie en avant, tel autre arrête

!Die französische Angabe.

la sienne et la maintient. Le régiment est sans direction. ...
Il était temps: les Prussiens étaient sur les nôtres, on les avait
à 30 mètres; ils escaladaient, en ligne de tirailleurs assez com-
pacte, la rampe d'un ravin. Tous leurs coups portaient, ils
tiraient sur la masse. De notre côté, les hommes seuls
qui etaient en avant pouvaient faire feu." Demnach wäre
doch das französische Infanteriefeuer bis jetzt schwach gewesen. Nach
derselben Quelle warfen die Franzosen die Gegner durch Gegenoffensive
zurück, drangen in die Schlucht nach, erstiegen den südlichen Hang derselben, von wo das deutsche Feuer kam, und erst von jetzt ab wurde
das Feuer der Franzosen von allen Seiten mörderisch.

Bericht Opderbeck. Anhang II.
Der Bericht des Lieutenants a. D. und Amtmanns Opderbeck sagt:
„Im Begriff den südlichen Rand der Schlucht zu überschreiten, wurde
ich durch 2 Schüsse, davon einer durch die Schulter, der andere durch
den linken Unterschenkel verwundet und fiel den kurz darauf nachdringen-
den Franzosen in die Hände. Es war merkwürdigerweise das französische
57. Linien-Regiment, welches mit fliegendem Adler über mich weg ging.
Dies geschah ungefähr dort, wo der Weg von Mars la Tour
kommend westlich der Tronviller Büsche die Schlucht durchschneidet......" Opderbeck bestätigt 4 Angaben meiner „Untersuchungen": daß 12./57. weiter östlich war als Plan 4 im Heft 25 es
ausführt; daß 12./57. nicht die Nordseite der Schlucht erreicht hat; daß
der Kampf hier ganz kurz war; daß die Division Cissey mit fliegenden
Adlern vorgegangen ist. Ferner läßt seine Angabe keinen Zweifel über
den Punkt seiner Gefangennahme zu: „Dort, wo der Weg von Mars
la Tour kommend westlich der Tronviller Büsche die Schlucht durchschneidet." Dieser Punkt liegt mindestens 200 m östlich des Grabes 139
der Gräberskizze im Heft 25 und des Punktes auf Plan 4 ebendaselbst,
wo 12./57. gewesen sein soll, und deckt sich mit meiner Angabe in den
„Untersuchungen". An diesem Punkt ist das französische 57. Linien-
regiment über Opderbeck weggegangen. Nach Heft 25 soll aber diesem
Punkt ungefähr gegenüber Linienregiment 1 (Plan 4) gewesen sein. Ich
halte noch andere Angaben des Heftes 25 über die französischen Truppen-
stellungen für zweifelhaft, hier ist jedoch kein Raum das ausführlich zu
beweisen. Ich habe viele Jahre ein Paar Schulterstücke aufbewahrt,
die Musketier Dienemer nach der Attacke der 1. Garde-Dragoner neben
mir aufgelesen hatte. Sie trugen den Stempel: 57. Linienregiment.
Daß das Linienregiment 73 in dem — nach Heft 25 so mörderischen
Schluchtkampf — nicht in kürzester Zeit die Schiebung nach Osten unter
Ueberschreitung des steilsten Schluchttheiles ausführen konnte, die nach
Plan 4 und 5 unbedingt nöthig gewesen wäre, wird wohl kein Taktiker
zu bestreiten vermögen.

Das Sammeln
Hält jedoch das Heft 25 die Bewegung für kriegsgeschichtlich erwiesen, dann bricht wieder die Behauptung von dem heftigen Schlucht-

kampf — der sich thatsächlich nicht abgespielt hat — ebenso zusammen, wie die weitere von dem Rückzugsgefecht.*) Ich kann aus eigener Anschauung bezeugen, daß auf dem Rückzuge kaum noch Jemand an Widerstand gedacht hat. Da war einfach alles aus! Erst an der Straße Vionville — Mars la Tour hätte wieder von kleinen Theilen Widerstand geleistet werden können. Daß andere Offiziere, wie Hauptmann Ohly, Mannschaften truppweise gesammelt haben, ist wohl natürlich, Oberstlieutenant v. Roell ist aber nicht gefallen, Heft 25, S. 53, „während er die Reste der Mannschaft zu neuem Widerstande zusammenraffte". Im Uebrigen ist das Sammeln doch erst an der großen Straße Vionville — Mars la Tour erfolgt. Eine Randbemerkung des Lieutenants Hilken zu meiner Winterarbeit besagt darüber: „Die Fahne des I. Bataillons gab Oberst v. Cranach an der Chaussee an, Lieutenant Hilken ab, dieser und Lieutenant Hummell sammelten bei den Fahnen zuerst einzelne Trümmer des Regiments auf der Höhe von Tronville". Der Regimentsadjutant (Hummell) hat, nach einer Randbemerkung ebenda von der Hand des Regimentskommandeurs, die Fahne des Füsilierbataillons dem „vor Ermattung fast zusammenbrechenden Lieutenant v. Streit abgenommen". Randbemerkung Hilkens und b. Regimentskommandeurs.

Hierher gehört folgende Auskunft des Lieutenants de Rège vom 26. 9. 81: „Der Sinn bezüglicher Worte ist derselbe gewesen, wie Sie ihn angeben, der Wortlaut war, glaube ich, folgender: „Nun Leute, laßt den Muth nicht gleich sinken, wir sind augenblicklich zurückgeschlagen, nicht besiegt; das Kriegsglück ist eben veränderlich, heute haben wir Keile gekriegt, das nächste Mal werden wir es den Kerls da drüben ehrlich zurückzahlen". So ist meine Erinnerung, beschwören könnte ich es nicht, und wenn Sie die vernehmen wollten, die es gehört haben, so würden Sie vielleicht 20 verschiedene Lesarten erhalten, wie das ja stets bei solchen Sachen ist. Ich hatte mich während des Rückzuges auf ein Pferd gesetzt, das frei war. Indem ich meinen Säbel hoch hielt, rief ich den Leuten, die ich um mich herum erblickte, zu: „Hierher, sammeln und dergl." — Die Leute waren sehr gebeugt, viele weinten, so daß Veranlassung zur Ermuthigung da war. Dieses Sammeln geschah übrigens außerhalb des wirksamsten Feuers, wie weit vom Feinde ab, vermag ich nicht zu sagen — etwa an der Chaussee." Angabe de Rège

Wenn Lieutenant Hilken (9./57.) nach S. 100, Anhang Heft 25 geschrieben hat: „Das Feuer wurde auf dem Rückzuge fortgesetzt", so muß ich zunächst darauf aufmerksam machen, daß er das erst 1897 berichtet hat;*) ich habe aber auch den Lieutenant Hilken auf dem Rückzuge gesprochen. Wir haben uns später häufig über die Schilderung dieses Zusammentreffens in den „Untersuchungen" unterhalten; er hat nie eine Einwendung gegen meine Darstellung erhoben und zeigte sich froh, daß Rückzugsfeuer

---
*) Siehe Anhang V.

ich seine Aeußerungen „gerettet" habe, wie er sich ausdrückte. Als ich mit ihm auf dem Rückzuge zusammentraf, schleppte er sich nur mit Mühe weiter und hatte das Pferd vom Hauptmann Scholten am Zügel. (Ich kannte sämmtliche Pferde der 16er vom Exerzirplatz in Hannover, der für die 16er und 57er gemeinschaftlich war, genau, weil ich immer eine große Pferdepassion und Auge für Pferde hatte.) Das Zusammentreffen war nahe bei dem südlichen Baume. Hilken dachte nicht an „Fortsetzung des Feuers". Und doch hat er sich bei allen Gelegenheiten als ein tapferer Offizier bethätigt. Anhang V.

In meinen im Sommer 1873 niedergeschriebenen noch ungedruckten „Erlebnissen in der preußischen Armee" — das Vorwort ist vom August 1873 — heißt es: „Und bald darauf schleppte sich meiner Liebsten einer, der Lieutenant Hilken, mit dem Pferde des gefallenen Hauptmann Scholten 16. Regiments zu mir, gänzlich erschöpft und ermattet. Er war so stumpf, daß er meine Verwundung gar nicht begriff. .... Noch ganz in den taktischen Erscheinungen des Kampfes lebend, waren seine ersten Worte: „Na, nun wird Steinmetz wohl einsehen, daß bei dieser Stellung nichts zu machen ist; und weiter, Gott sei Dank, daß die Franzosen uns keine Kavallerie nachschicken." Sein Pferd führend, bat er mich, es zu besteigen; erst jetzt, als ich auf mein zerschossenes Bein zeigte, zog er weiter gegen Tronville." Diese Aufzeichnungen hat Hilken im Winter 1873/74 gelesen, ohne etwas zu beanstanden.

Uebrigens beweisen die wenigen südlich der Schlucht beerdigten Franzosen — im Ganzen 19 — wobei auch die Wirkung unserer Artillerie und der 1. Garde-Dragoner zu berücksichtigen ist, daß die 38. Brigade auf dem Rückzuge nur noch vereinzelt gefeuert haben kann. Das war auch nicht nöthig, weil die Franzosen nicht energisch drängten und vor allen Dingen, weil sie von unseren 1. Garde-Dragonern so heldenmüthig attackirt wurden. Ich habe in den „Untersuchungen" ausgeführt, daß die größten Verluste auf dem Rückzuge eintraten. Dies bestätigen Caprivis Worte vom 21. August 1870, nach denen die Brigade die Hauptverluste beim Zurückgehen erlitten hat. Er schreibt, sie war vollständig aufgelöst und wäre diese Brigade von Mars la Tour her von einer einzigen Eskadron gefaßt worden, so hätte sie keinen Widerstand leisten können.

Das entspricht vollständig der Wahrheit. Bei solcher Auflösung kann doch von einer „Fortsetzung des Feuers" auf dem Rückzuge keine Rede mehr gewesen sein.

Daß im Uebrigen die Mannschaft eine gute Mannszucht bethätigte, glaube ich in den „Untersuchungen" hinreichend dargelegt zu haben. Allein von dem „Bewußtsein eines moralischen Sieges", das Scherff nach dem „Militär-Wochen-Blatt" 1898, Nummer 101 bei den Trümmern der Brigade beobachtet haben will, war keine Spur vorhanden. Ich bezweifele, daß er es selbst hegen konnte. Nachher ist uns allerdings manches zum Bewußtsein gekommen.

„Jeder von uns hatte", so schreibt v. Rohr in der Geschichte der 1. Garde-Dragoner, „den bestimmten Eindruck einer verlorenen Schlacht und das niederschmetternde Gefühl, daß die Attacke trotz der ungeheuren Verluste keinen Erfolg gehabt." (S. 130.) „Nach kurzer Zeit des Sammelns hätte der Feind ohne Weiteres Mars la Tour besetzen können." (Ebenda.)

Ich glaube auch nicht, daß die Division Cissey so am Ende ihrer Kräfte gewesen ist, wie man es nach dem von Scherff angeführten Ausspruch französischer Offiziere: „si vous aviez tenu cinq minutes plus longtemps — c'la était fini!" annehmen muß. Wahrscheinlich haben diese Franzosen aber doch wohl gesagt: „si vous aviez tenu cinq minutes de plus" u. s. w. Auch ich habe später mehrere Offiziere der Divisionen Grenier und Cissey gesprochen. Sie sagten sinngemäß sämmtlich: „Ihre Infanterie ist unübertrefflich tapfer, aber schlecht geführt. Sie hat uns wenig geschadet, ihre Artillerie dagegen hat uns zerschmettert."

Im Generalstabswerk I, 617 heißt es darüber: „Aber nur wenige Minuten dauert der Kampf auf der Höhe, dann muß zuerst beim Regiment Nr. 16 zum Rückzuge geblasen werden." Heft 25 sucht dagegen zu beweisen, daß der Rückzug auf dem rechten Flügel begonnen habe. Ich halte die Darstellung im Generalstabswerk auf Grund eigener Beobachtung für zutreffend und verweise auf Anhang VI und meine Winterarbeit. Jedenfalls traten 12., 9./16. erst auf Befehl des Oberstlieutenants Sannow den Rückzug an, und ich möchte behaupten, daß von dieser Abtheilung kein Mann vorher zurückgegangen war. Oberstlieutenant Sannow ertheilte wieder den Rückzugsbefehl, den ich gehört und in den „Untersuchungen" wörtlich angeführt habe, in Folge des Eintreffens des Lieutenants v. Wolzogen (Adjutant vom I./16.), der das Scheitern des Angriffs seines Bataillons meldete. Es ist auffallend, daß Heft 25 hierüber nicht die Aussage dieses noch lebenden Offiziers mitgetheilt hat. Daß er die „Zwei Brigaden" im Jahre 1882 fleißig studirt hat, beweist ein in meinen Händen befindlicher Brief. 12., 9./16. gingen zwar völlig aufgelöst, jedoch im Schritt zurück, ich habe kein Laufen bemerkt. In diesem Zeitpunkte war aber weiter rechts noch heftiges Feuer und erst etwas später kamen von dort Mannschaften im Schritt, bald darauf kleine Schwärme in vollem Lauf zurück und kreuzten sich mit 16ern, während von diesen wieder dasselbe von links mit den 57ern geschah. Meine Angabe in den „Untersuchungen" findet ihre Bestätigung in dem Bericht Opderbecks.*) Derselbe schreibt: „Ich wurde bald darauf aufgenommen und, auf 2 französische Soldaten gestützt, in die Schlucht hinab-

Wo begann der Rückzug zuerst?

---
*) Anhang II

transportirt, wo die Verwundeten gesammelt wurden! Hier angelangt, sah ich zu meinem tiefsten Schmerz, daß die Franzosen eine Fahne von uns genommen hatten. Dieselbe lag auf einem Wagen, der die Aufschrift trug: „Général Montandon", die Spitze nach hinten herausragend, sobaß die Fahnenbänder herabhingen." Opderbeck war am Wege, der westlich von den Trouviller Büschen die Schlucht überschreitet, verwundet worden, und die Fahne war auf dem linken deutschen Flügel*) verloren gegangen. Bis sie auf einen Wagen gelegt und zu Opderbeck gelangen konnte, muß doch einige Zeit verstrichen sein und wieder kann die Fahne also nicht beim Vorgehen der 16er verloren gegangen sein; jedenfalls konnten die Gegner sie erst nehmen, nachdem sie die 16er zurückgeworfen hatten. Opderbeck sah die Fahne überdies auf der Schluchtsohle. Hierin erkenne ich einen neuen Beweis, daß der Rückzug bei den 16ern begann. Daß Oberstlieutenant v. Caprivi zuerst einzelne Leute und darauf mehrere auf unserem rechten Flügel zurückkommen sah, kann diese Thatsache schon deshalb nicht widerlegen, weil von seinem Standpunkt aus unser rechter Flügel gut übersehen werden konnte, weit weniger unser linker Flügel, der übrigens wegen des dortigen Feuers völlig in Pulverdampf gehüllt war. Nun lag doch Caprivis Bericht der Abfassung des Generalstabswerkes wieder zu Grunde. Weshalb ist denn damals seine Darlegung nicht ins Generalstabswerk übergegangen? Vermuthlich weil der Redakteur der bezüglichen Darstellung (Marées) eine andere Auffassung vertrat. War doch 6./16. weit früher zurückgeworfen worden. Heft 25 schreibt darüber S. 41: „Die so erschütterte und führerlos gewordene Mannschaft (6./16.) strömte gegen 5¼ Uhr nach Mars la Tour zurück, während der Gegner von Neuem das Tannenwäldchen besetzte", und nach S. 45 bildeten kurz „vor 5¼ Uhr vier Züge von 9., 12. 16. hinter der Hecke am Wege nach St. Marcel eine schwache Reserve." Also war doch schon um diese Zeit ein Loch in unseren linken Flügel gebrochen! In meiner Winterarbeit vom 19. Dezember 1872 heißt es hierüber: „Der Gegenstoß scheint gleichzeitig gegen die ganze Brigade geführt worden zu sein, jedoch mit größerer Wucht gegen F./57. und das 16. Regiment, als gegen I./57. Jedenfalls befand sich das Letztere von Westen plötzlich ganz eingeschlossen, während von Osten eine Einschließung drohte. Das Entkommen desselben aus dieser fatalen Lage, ohne Gefangene zurückzulassen, ist hauptsächlich das Verdienst des Oberstlieutenants v. Roell. Hierbei wurde der Lieutenant Hoenig verwundet und unmittelbar darauf fiel der Oberstlieutenant v. Roell, von einer Kugel ins Herz getroffen, kaum 50 Schritt von der oft genannten Schlucht."**)

Zeitpunkt des Endes des Kampfes. Ich halte demnach meine Darstellung in den „Untersuchungen"

———

*) Südlich der Schlucht, Anhang III.
**) Siehe Anhang VI.

aufrecht, nach der der Rückzug bei den 16ern begonnen hat. Dagegen erkenne ich gern an, daß es Heft 25 besser als irgend einem Andern gelungen ist, die ungefähre äußerste Grenze des Angriffs festzustellen, nicht aber die Angriffsrichtung, Angriffsbreite und Truppenvertheilung am Ende des Angriffs. Es besaß dafür freilich bessere Hülfsquellen und konnte die bereits früher veröffentlichten Schriften zu Rathe ziehen. Doch finde ich den zweiten Theil der Darstellung S. 73 u. 74 zum mindesten unklar gefaßt. Der Leser möge urtheilen. Es heißt daselbst: „Wie es auf Grund umfassender Untersuchungen möglich war, Richtung, Breite und Grenze des Angriffs genau festzustellen, gelang es auch dank einem besonderen Umstande, den zeitlichen Verlauf des Gefechtes (doch wohl des Kampfes! V.) in ungewöhnlich genauer Weise zu ermitteln. Das Generalkommando des 3. Armeekorps verfolgte die Vorgänge auf dem Westflügel mit der gespanntesten Aufmerksamkeit; dies zeigen die bereits früher mitgetheilten Aufzeichnungen eines seiner Generalstabsoffiziere (Einzelschriften, Heft 18, S. 586, Anm.), die im Verein mit den Berichten von Freund und Feind und bei Berücksichtigung des zu durchschreitenden Raumes es ermöglichen, den wahrscheinlichen zeitlichen Verlauf des Angriffs der Brigade Wedell bis ins Einzelne zu verfolgen." Ist nun der zeitliche Verlauf in ungewöhnlich genauer Weise festgestellt worden, oder gelang es nur den wahrscheinlichen zeitlichen Verlauf zu ermitteln?! Ich kann das hieraus nicht erkennen.

In den „Untersuchungen" heißt es S. 158: „Nach 5³/₄ Uhr werden die Ueberbleibsel der Brigade südlich der Straße Mars la Tour—Vionville vereinigt gewesen sein." Nach den Aufzeichnungen des Premierlieutenants v. Twardowski vom Stabe des 3. Korps (Heft 25, S. 76) ging um 6 Uhr Nachricht ein, daß Schwartzkoppen zurückgeworfen sei. Mithin habe ich auch die Zeitdauer des Angriffs festgestellt. Schon innerhalb desselben Armeekorps pflegen im Kriege die Uhren nicht immer übereinzustimmen, bei verschiedenen Armeekorps sind die Unterschiede häufig größer. Die obige Uebereinstimmung erscheint außergewöhnlich genau. Auch meine Zeitangaben auf Planskizze III, die den „Untersuchungen" entnommen sind, weichen nur unbedeutend von den Aufzeichnungen Twardowskis ab.

Ist die Richtung und Breite des Angriffs nach Heft 25 von Schwartzkoppen beabsichtigt gewesen, so würde eine Rechtfertigung des Führers Schwartzkoppen um so schwerer. Sein — bereits in den „Untersuchungen" berührtes Versehen wüchse alsdann ins Ungeheure. Der General griff nicht nur ohne Flankendeckung an; er irrte sich nicht nur über die Ausdehnung der französischen Front; er marschirte mit seinem linken offenen Flügel ohne es zu wissen an ihr vorbei, so daß er schließlich 1600 m weit von den Franzosen nach links überragt war, während seine eigene Angriffslinie mit diesen überragenden Truppenmassen sich in gleicher Höhe befand und er vor sich einen überlegenen Gegner hatte. Das ist doch ein seltener Fall in der Kriegsgeschichte!

Befehl und Gegenbefehl an Brandenburg. Wir wissen, daß General v. Voigts-Rhetz den Grafen Brandenburg, nachdem General v. Schwartzkoppen ihn auf Ville sur Yron vorgesandt hatte, nach südöstlich Mars la Tour zurückholen ließ. (Siehe S. 44 und 57.) Derartige Befehle und Gegenbefehle sind immer das Zeichen mangelnder Uebereinstimmung der Leitung. Das Zurückholen der 1. Garde-Dragoner ist aber geradezu ein Glück geworden.

Ich habe S. 44 das Vorsenden zwar richtig genannt, allein wenn die Zeitangabe des bezüglichen Befehls des Heftes 25 zutrifft — vor 4 Uhr —, so hätte durch die Maßnahme weder die Ausdehnung des feindlichen rechten Flügels rechtzeitig erkannt, noch darüber rechtzeitige Meldung einlaufen können, schon weil die Befehlsüberbringung viel Zeit erfordert hat. Denn nach Rohr erhielt Brandenburg den Befehl um 4½ Uhr, und nach Heft 25 hat Schwartzkoppen um 4¾ Uhr den Angriffsbefehl an die 38. Brigade erlassen. Hätte aber Schwartzkoppen den Grafen Brandenburg früher und aus eigenem Entschluß vorgesandt, so würde der umsichtige Graf Brandenburg gewiß gut gesehen und rechtzeitig gemeldet haben, wo der rechte Flügel der Franzosen stehe. Der Inhalt des Befehls an den Grafen Brandenburg zeigt, daß Schwartzkoppen die Dragoner aber auch nicht mit der Absicht der Aufklärung über die Ausdehnung des feindlichen rechten Flügels vorgesandt hat (S. 57), um von ihrer Erkundung die Wahl der Angriffsrichtung abhängig zu machen. Ihr Vorsenden geschah ferner nicht aus eigenem Entschluß, sondern in Folge mißverständlicher Auffassung des 3 Uhr 23 Minuten-Befehls und bezweckte nur, auf Grund des damals gefaßten Entschlusses, nach welchem Schwartzkoppen mit der Infanterie "über" Mars la Tour vorrücken wollte, den "Angriff gegen die feindliche rechte Flanke in der linken Flanke zu decken und zu unterstützen," also westlich Mars la Tour eine einfache Flügeldeckung während des Angriffs. Nach Heft 25, S. 27 hat Scherff den Grafen Brandenburg 3 Kilometer südwestlich Mars la Tour gefunden. Er hätte also — den Aufmarschplatz des Heftes 25 zu Grunde gelegt — für 1300 m mehr als eine halbe Stunde gebraucht! Denn nach der Geschichte der 1. Garde-Dragoner, S. 126, ging der Befehl Schwartzkoppens um 4½ Uhr ein. Unterdessen vollzog sich augenscheinlich bei Schwartzkoppen der Wandel über die Wahl des Angriffsziels, als welches er bekanntlich die feindlichen Batterien "links der Tronviller Büsche" bezeichnet hat. Taktischen Anschauungen entspricht es in der Regel nicht, eine sichtbare Artilleriestellung als einen "äußersten Flügel" anzunehmen, damals wegen der geringeren Leistungsfähigkeit des Geschützes noch weit weniger als heute. Daß Artillerie einen äußersten Flügel bildet, kann vorkommen, aber nur unter besonderen Umständen, die ihre Gefährdung ausschließen, z. B.

in vorbereiteten Stellungen. In anderen Verhältnissen werden bei einer Artilleriestellung wie hier Truppen je nach der örtlichen Beschaffenheit bei der Hand und so aufgestellt sein, daß sie die äußere Flanke, die bei der Artillerie in der Regel schwach ist, decken können, also entweder die Artillerielinie selbst nach deren äußerem Flügel verlängernd, oder hinter ihrem äußeren Flügel gestaffelt. In der Regel wird beides der Fall sein, je nach dem Maße der vorhandenen Waffengattungen, die Infanterie verlängernd vorgeschoben, die Kavallerie dahinter gestaffelt, um ihre Offensivkraft jeden Augenblick ausnutzen zu können. Dies sind allgemeingültige taktische Grundanschauungen, die sich bei jeder Angriffsanlage gegen einen äußeren Flügel von selbst geltend zu machen pflegen. Unter solcher Ueberlegung war also anzunehmen, daß der feindliche rechte Flügel sich über die Batteriestellung hinaus nach Westen erstrecke; wie weit, das konnten wieder taktische Grundanschauungen ungefähr an die Hand geben, nachdem unterlassen war, die Ausdehnung festzustellen, und da es nicht möglich war, aus eigener Anschauung die Vorgänge in der Gegend der Greyère Ferme zu erkennen. Versetzte man sich in die Lage des Gegners, so mußte man zu der Annahme gelangen, daß er in der Gegend von Greyère Maßnahmen zum Flankenschutz getroffen haben werde, denn in dieser Gegend fand die französische Stellung ihre naturgemäße Anlehnung an den Yron mit der Schlucht als Hinderniß vor der Front. Ich meine, solche Erwägungen bei einem deutschen Führer auf dem strategischen Flügel vorauszusetzen, gehe nicht über das durchschnittliche Maß der Anforderungen hinaus, die an einen General gestellt werden dürfen und deshalb muß es befremden, daß die Führung ohne Weiteres die feindlichen Batterien als den äußersten rechten Flügel betrachten konnte. Ueberdies gilt als eine weitere taktische Grundanschauung, auf dem äußeren feindlichen Flügel einer Stellung massirte Kavallerie vorauszusetzen, weil daselbst die Freiheit, deren sie bedarf, am ehesten vorhanden ist. Siehe S. 56, letzter Absatz.

Der 3 Uhr 23 Minuten-Befehl des Generals Voigts-Rhetz besagte: „Ihr (Schwartzkoppens) Angriff auf den feindlichen rechten Flügel zu leiten . . . . . Ich werde denselben durch die vereinte Kavallerie unterstützen." Unter der vereinten Kavallerie verstand Voigts die 5. Kavalleriedivision. Der an sie schon um 3½ Uhr ausgefertigte Befehl lautete: „Ueber Mars la Tour in der Richtung auf Jarny vorgehend, den rechten feindlichen Flügel zu umfassen," und hätte sogleich auch an Schwartzkoppen mitgetheilt werden sollen. Hierzu setzten sich die zwischen Tronville und Puxieux bereitstehenden Theile Rheinbabens aber erst gegen 4½ Uhr auf Mars la Tour in Bewegung. (Heft 25, S. 29.) Diese Zeitangabe halte ich für richtig. Es ist eigenthümlich, welche Mißverständnisse über Absichten und Befehle dieses Tages im Kommandobereich des 10. Korps obgewaltet und welche Verzögerungen die Ausführung der Befehle erlitten haben. Aber nichts wäre ungerechter als dafür den

Neue Irrthümer Scherffs.

kommandirenden General verantwortlich zu machen. Um 3 Uhr waren Voigts-Rhetz und Rheinbaben bei Tronville, Heft 25, S. 11. Vermuthlich war das auch noch um 3½ Uhr der Fall. Worin die Ursachen der Verzögerung der Ausführung des Befehls gelegen haben, ist nicht genau zu erkennen. Die Thatsache strafte sich insofern, als bei einer pünktlichen Ausführung die vereinte Kavallerie wahrscheinlich in die Lage gekommen wäre, die wirkliche Stellung des Feindes so frühzeitig zu erkennen, daß ihre Meldungen noch Einfluß auf die Angriffsanordnungen des Generals v. Schwartzkoppen haben konnten. (Befehlserlaß an Rheinbaben 3½ Uhr, Angriffsbefehl Schwartzkoppens 4¾ Uhr.)

Wie konnte Scherff aber wieder hinsichtlich der Zeit der Vorsendung der vereinten Kavallerie so irren? Habe ich doch selbst aus seinem Munde die Worte gehört, die er an Schwartzkoppen nach Erlaß seines Angriffsbefehls richtete, als die vereinte Kavallerie südlich an Mars la Tour vorbeitrabte: „Das ist die 5. Kavalleriedivision, welche den Angriff in der Flanke unterstützen wird." „Untersuchungen" S. 94/95. Ich meine, der Zeitpunkt eines solchen Geschehnisses hätte sich ihm in der damaligen Gesammtlage unverrückbar einprägen müssen; sollte doch außerdem die vereinte Kavallerie Schwartzkoppens Angriff unterstützen und war doch der Angriff der 38. Brigade mit der Unterstützung der vereinten Kavallerie kombinirt. In seinen „Kriegslehren" hat nämlich Scherff II, 259 ausgeführt, die Kavalleriebrigade Barby „sei erst während des Rückzuges der Infanterie gegen die große Straße vorgetrabt." In dieser Richtung ist die vereinte Kavallerie überhaupt nicht vorgegangen. Das hätte Scherff, sollte man sagen, unmöglich vergessen können. Er hat dieses Vorgehen aber sogar im Plan veranschaulicht! Weiter schreibt Scherff, Schwartzkoppen habe den vorausgerittenen Rittmeister v. Heister darüber verständigt, daß „es zur Zeit unmöglich sei, östlich Mars la Tour einzugreifen." Also neben dem Irrthum über die Zeit bringt er eine Anordnung vor, die niemals getroffen wurde und nach Lage der Dinge niemals getroffen werden konnte. Anhang 43, S. 105, Heft 25 bestätigt dies durch die Aussage Heisters. Es macht den Eindruck, als ob Scherff bei der Niederschrift seiner „Kriegslehren" durch die Ausdrucksweise des 3 Uhr 23 Minuten-Befehls zu hinterherigen Konstruktionen darüber verleitet worden sei, in welcher Richtung die Unterstützung durch die vereinte Kavallerie beabsichtigt gewesen sein konnte. Aus dem Konstruiren scheint bei ihm ein bestimmtes Bild entstanden zu sein, mit Verschiebung der Zeit und des Raumes für die Thätigkeit der vereinten Kavallerie, das aber jeden Bodens ermangelt. Wenn Scherff hier wiederum (Siehe S. 33, 36) die wichtigsten Thatsachen, an denen er selbst betheiligt war, vergessen konnte, alsdann können seine Angaben über alles, was in das Gebiet der Erwägungen fällt, erst recht irrthümlich sein.

Scherff ist sich offenbar der großen Gefahr nicht bewußt gewesen, welcher alle Darstellungen nach dem Gedächtniß unterliegen. Er hat, wie Andere, das eigene Gedächtniß in seinen Dienst gespannt. Dies stellte ihm die Vergangenheit so dar, wie sie ihm im Zusammenhang mit seinen hinterherigen Erwägungen, Ueberlegungen und vielleicht kritischen Ausblicken seiner grübelnden Natur zutreffend -- kritisch vielleicht nützlich -- erschienen ist, nicht wie sie wirklich gewesen ist. Er übersah die Kehrseite des Gedächtnisses, nämlich seine Anpassungsfähigkeit und Anpassungsneigung, sobald der Verstand die Geschehnisse zu verwerthen beginnt, die sich im Gedächtniß richtig erhalten zu haben scheinen, aber die Probe vor der geschichtlichen Forschung nicht bestehen. Ist schon Geschichte nach dem Gedächtniß unzuverläßig, um wie viel mehr erst die Kritik auf Grund der Gedächtnißgeschichte!

Erwiesen ist nun wieder, daß Schwartzkoppen den Grafen Brandenburg entsandte, als es zu spät war, und dies wieder als bloße Angriffsdeckung in Folge des 3 Uhr 23 Minuten-Befehls des Generals v. Voigts-Rhetz, allein ohne zu wissen, in welcher Richtung Voigts-Rhetz die Unterstützung durch die vereinte Kavallerie beabsichtigte. Dies war eine neue Unklarheit in der Befehlsgabe, der gewiß wieder vorgebeugt worden wäre, wenn Schwartzkoppen sich möglichst frühzeitig zum kommandirenden General begeben hätte. Das Wort „vereint" erzeugte überdies ein Mißverständniß. Nach der allgemeinen Lage konnte die Unterstützung am wirksamsten gegen die Flanke des feindlichen rechten Flügels eintreten, und die Worte „vereinte Kavallerie" konnte Schwartzkoppen so auffassen, daß dazu auch die Kavallerie des Grafen Brandenburg gehören sollte. Er hat es auch gethan. Man kann deshalb gegen seine Anordnung nichts einwenden, obwohl sie gerade nicht in der Absicht des Generals v. Voigts-Rhetz lag. In dieser Richtung gedachte Schwartzkoppen die Kavallerie Brandenburgs mit derjenigen des Generals v. Rheinbaben zusammentreffen zu lassen.

Unklarheit des 3 Uhr 23 Minuten-Befehls.

Als Schwartzkoppen den Hauptmann v. Scherff abschickte, ist er gewiß noch nicht darüber schlüssig gewesen, daß er die ganze 38. Brigade in einer Linie einsetzen werde, sonst würde er aller Wahrscheinlichkeit nach den Grafen Brandenburg zu seiner Verfügung gehalten haben, um entweder ein Mittel in der Hand zu haben, einem Rückschlage begegnen zu können, oder um eine günstige Lage durch Einsetzen seiner Kavallerie auszunutzen, also als Reserve im taktischen Sinne, zu schweigen von der möglichen Nothwendigkeit einer Artilleriebedeckung.

Schwartzkoppen verzichtet auf eine Reserve.

Während nun Graf Brandenburg in der Ausführung des Befehls begriffen war, ertheilte ihm General v. Voigts-Rhetz persönlich nach der Geschichte der 1. Garde-Dragoner S. 126 den Befehl, die Bedeckung der Artillerie zu übernehmen. Daher ließ der Graf nur die 4. Eskadron 2. Garde-Dragoner nebst der Garde-Batterie Planitz gegen Ville zur

Yron vorrücken. Nach Heft 25, S. 27/28 hat dagegen den Grafen Brandenburg während des Vorgehens „ein Befehl des kommandirenden Generals erreicht, der die Brigade in die Gegend östlich von Mars la Tour rief." „Das 1. Garde = Dragonerregiment schwenkte daher Kehrt . . . ., und nahm im Grunde südöstlich des Dorfes Aufstellung." Welche von beiden Darstellungen ist richtig? In einem wesentlichen Punkte stimmen jedoch beide Angaben überein, nämlich daß die 1. Garde=Dragoner sich auf dem Rückwege mit der Brigade Barby kreuzten. Das ist vor 5 Uhr geschehen. Die 4. Eskadron 2. Garde= Dragoner stieß später auf überlegene französische Kavallerie und wurde zurückgeschlagen, bevor die „vereinte" Kavallerie nordwestlich von Mars la Tour eingetroffen war. Diese Eskadron rettete die sie begleitende Batterie. Daß sie unter diesen Umständen sich nicht mit Meldungen befassen konnte, erscheint mir gewiß und erklärlich; ein Zeichen, daß damals die Zeit zum Aufklären durch die Schwartzkoppensche Kavallerie verstrichen war.

Wie es scheint, verständigte Voigts-Rhetz den General v. Schwartzkoppen erst von seiner Anordnung bezüglich des Grafen Brandenburg, als Beide bald nach 5 Uhr zusammentrafen. Unterdessen hatte aber Schwartzkoppen sich zum Angriff mit der ganzen 38. Brigade entschlossen, derselben bereits die Angriffsrichtungen ertheilt und begleitete sie persönlich. Aus Scherff's „Kriegslehren" wissen wir, daß Schwartzkoppen mit voller Ueberlegung „alles auf eine Karte setzte". Darüber kann man verschiedener Meinung sein. Glückte sein Angriff mit vollem Einsatz, dann besaß er aber — immer den Zeitpunkt des Entschlusses 4³/₄ Uhr vor Augen — kein Mittel zur Ausnutzung, mißglückte er, so war er völlig wehrlos.

General v. Voigts schafft sich eine Reserve.

Unter diesen Gesichtspunkten, die doch auch wohl einer Ueberlegung werth waren, wird es für Schwartzkoppen eine Erleichterung gewesen sein, als er erfuhr, das der General v. Voigts-Rhetz den Grafen Brandenburg zurückgehalten und mit der Bedeckung der Artillerie betraut habe. Denn dieser Kavallerie fiel jetzt von selbst die Aufgabe einer Reserve zu. Der General von Voigts-Rhetz hatte dadurch ermöglicht, ein vielleicht nicht überall hinreichend gewürdigtes aber äußerst werthvolles Korrektiv, wenn es nöthig werden sollte, in die Angriffsmaßnahmen Schwartzkoppens einschalten zu können, bevor er von diesen selbst nähere Kenntniß erlangte. Heute wissen wir, daß durch das rücksichtslose Einsetzen dieser Reserve die französische Offensive zum Stehen gebracht wurde; daß die Attacke der 1. Garde=Dragoner die Trümmer der 38. Brigade vor völliger Vernichtung rettete; daß die sehr gefährdete 5. leichte Batterie 10. durch das opfermuthige Attacke die Möglichkeit zum Abfahren fand. Das Zurückholen der Garde=Dragoner durch den General v. Voigts-Rhetz hat sich also in hohem Maße belohnt gemacht.

Kritik des Heftes 25.

Heft 25 schreibt S. 30: „Es war eine Verkettung widriger Umstände, daß das 1. Garde-Dragoner-Regiment gerade in dem Zeitpunkte abberufen war, wo die Aufnahme der Eskadron Hindenburg und der Batterie Planiß nothwendig wurde. Die Batterien des Obersten v. d. Goltz bedurften nur bis zum Vorgehen der Brigade Wedell von Mars la Tour einer Bedeckung. Erschien bis dahin ein stärkerer Schuß erwünscht, als bereits früher durch eine Zutheilung von zwei Eskadrons des Kürassier-Regiments Nr. 4 angeordnet war, so hätte dieser wohl besser durch näher stehende Kavallerie -- in erster Linie durch die andere Hälfte des Kürassier-Regiments Nr. 4 — bewirkt werden können. Doch war der Befehl des Generalkommandos augenscheinlich vor Kenntniß der Anordnung des Generals v. Schwartzkoppen, die Garde-Dragoner-Brigade solle auf Jarny vorgehen, erlassen werden. Das Genalkommando setzte wohl voraus, daß die Spitzen der Kavallerie-Division Rheinbaben bereits vorwärts Mars la Tour erschienen seien, und wollte diese Division möglichst stark und in sich vereinigt gegen den rechten Flügel des Feindes wirken lassen."

Diese gegen den General v. Voigts-Rhetz gerichtete zwar überdeckte, doch immerhin abfällige Kritik halte ich für ungerecht. Hätte der General v. Schwartzkoppen sich möglichst frühzeitig zum kommandirenden General begeben, so würde die „Verkettung widriger Umstände" verhütet worden sein. Daß der General anders handelte, ist eine der Quellen der Unklarheiten auf diesem Flügel gewesen. Ich glaube übrigens der Gerechtigkeit gemäß die Mängel des 3 Uhr 23 Minuten-Befehls hervorgehoben zu haben.

Die Vorgänge bei der Attacke der 1. Garde-Dragoner sind im Heft 25 aber auch wesentlich anders dargestellt, als in der Geschichte der 1. Garde-Dragoner von v. Rohr, ohne daß sich erkennen läßt, worauf die erste Darstellung sich stützt. Heft 25 schreibt nämlich: „Mit dem Ausrufe: „Jetzt muß Kavallerie coûte que coûte attaciren!" sandte General v. Voigts-Rhetz einen Generalstabsoffizier seines Stabes zum Grafen Brandenburg . . . mit entsprechenden Befehlen." (S. 54.) „Im vollen Bewußtsein, daß die Attacke nur geringe Aussicht auf Erfolg habe, und daß sich das Regiment für die hart bedrängte Infanterie opfern müsse, schritt Oberst v. Auerswald an die Ausführung des Befehls." (Eine Note besagt: „Vergl. Geschichte des 1. Garde-Dragoner-Regiments S. 127."

Heft 25 ist mit seinen vergleichenden Hinweisen nicht glücklich. Siehe S. 15 und später Anhang III.) Auf Seite 127 heißt es nämlich: „Der Kommandirende des 10. Korps näherte sich auf der Chaussee von Vionville dem Regiment und gab dem ihm entgegenreitenden Grafen Brandenburg Befehl, mit seiner Brigade die feindliche Infanterie zu attackiren. Dieser theilte mit, daß seine Brigade nur aus den 1. Garde-Dragonern bestände und daß er sich, in Rücksicht auf die große Masse der geschlossenen und gänzlich intakten feindlichen Infanterie

Angriff der 1. Garde-Dragoner.

einen Erfolg nur dann versprechen könne, wenn ihm gestattet würde, den Moment zur Attacke selbständig zu wählen. General v. Voigts-Rhetz erwiderte: „Das Regiment soll auch nicht reussiren, aber wenn es den Feind nur zehn Minuten aufhält und fällt bis auf den letzten Mann, so hat es seinen Auftrag und seinen Beruf erfüllt."

Daß die 38. Brigade vor einer weiteren Verfolgung durch die Attacken unserer Kavallerie bewahrt blieb, ist in den „Untersuchungen" ausführlich dargelegt. Doch möchte ich mir zwei Bemerkungen erlauben. Von den 1. Garde-Dragonern attackirte die 5. und 3. Schwadron dicht links des Weges nach Bruville, die 1. dicht rechts desselben. Als Graf Brühl vor einigen Jahren seine Vorstudien zu seinem im Kasino der 1. Garde-Dragoner hängenden Gemälde der Attacke machte und deshalb wiederholt meine Meinung persönlich und schriftlich einholte, mußte ich mich mit dem Gegenstande nochmals befassen, wozu auch der Maler Rocholl in Düsseldorf Veranlassung wurde, von dem das bekannte Gemälde „Oberst v. Cranach mit der Fahne der 57er" herrührt. Ich bin deshalb gar nicht im Zweifel, daß die 1. Schwadron südlich des Weges attackirt hat. Uebrigens sind beide Gemälde hauptsächlich auf Grund meiner Angaben angefertigt worden, wie es auch mit den beiden Gemälden über den Kampf bei Beaune la Rolande geschehen ist.

Endlich attackirten die 4. und 5. Schwadron 4. Kürassiere mehr nordöstlich als es auf Plan 5 dargestellt ist, und es wäre meines Erachtens für die Kürassiere weit leichter gewesen dieselben Erfolge wie die 1. Garde-Dragoner zu erzielen, gegen die sich hauptsächlich das feindliche Feuer richtete. Allein während die Attacke der 1. Garde-Dragoner einen blitzartigen Eindruck machte, und nur von dem Willen beseelt war, unter allen Umständen zum Einhauen zu kommen, erscheint die Attacke der 4. Kürassiere schwerfällig und wenig energisch. Im andern Falle wäre der Erfolg unserer Reiterei größer gewesen, namentlich wenn die 4. Kürassiere sich besser in die ihr einmal aus den Umständen zugefallene Rolle des zweiten Treffens gefunden hätten.

Rückzug auf Thiaucourt. Von der Aufstellung der Brigade Bradier in der Gegend von Greyère Ferme und den Massen feindlicher Kavallerie eben dort wußte General v. Schwartzkoppen beim Erlassen seines Angriffsbefehls nichts. Welches immer die beabsichtigte Angriffsrichtung gewesen sein mag, so mußte sich bald nach dem Beginn des Angriffs dem General doch die Ueberzeugung aufdrängen, daß der feindliche rechte Flügel viel weiter nach Westen reiche, als er angenommen hatte. Das ergab der Schall des Feuers. War doch 6./16. bereits bis nach Mars la Tour zurückgegangen, als die Masse der Brigade sich in der Schlucht befand, und hat doch Avantageur Weißner, damals 5./16., 30 Patronen verschossen. Dieses heftige Feuergefecht in der Gegend von Greyère Ferme kann Schwartzkoppen also unmöglich entgangen sein. Wenn die Masse der 38. Brigade östlich der Straße nach Bruville schließlich so zusammengezwängt gewesen wäre, wie Heft 25 es zu beweisen sucht, und da feststeht, daß 5., 6./16. auf Befehl des Obersten von Brixen sich gegen Greyère Ferme gewandt haben, ohne daß Schwartzkoppen davon wußte, so müssen sich seiner doch schon bald nach dem Beginn des Angriffs lebhafte Besorgnisse um seinen linken Flügel bemächtigt haben. Wie dem sei, der General hatte den letzten Mann aus der Hand gegeben und besaß mithin keine Kräfte mehr, um auch den Feind bei Greyère Ferme in Schach zu halten; er konnte ebenfalls nicht mehr daran denken, Theilen der Brigade eine andere Richtung zu geben oder aus den fechtenden Truppen eine Reserve zu bilden. Die Gunst hatte sich damit bereits gegen ihn gekehrt. Als er darauf seinen Plan gescheitert sah, und von der 38. Brigade nur spärliche Reste in voller Auflösung zurückkehrten, da läßt sich wohl denken, daß Schwartzkoppen die Schlacht verloren gab, die er durch den ganzen Einsatz seiner Kräfte gewinnen wollte, und nun, in der Erkenntniß, daß er keinen Widerstand mehr leisten könne, auf Thiaucourt zurückgehen wollte. War es doch der General v. Voigts-Rhetz, der die Attacke der 1. Garde-Dragoner anordnete, ohne eine vorherige Benachrichtigung an den General v. Schwartzkoppen. Dieser wieder erinnerte sich der Direktive, welche der kommandirende General ihm vor der Schlacht ertheilt hatte und glaubte mit der Anordnung des Rückzuges auf Thiaucourt in ihrem Sinne zu handeln. Die hieraus entstehenden Folgen werden in dem Kapitel Rückzug auf Thiaucourt erörtert werden. Nunmehr gehe ich zur Betrachtung der bereits mehrfach erwähnten Gräberskizze des Heftes 25 über.

IX. Die Gräberskizze des Heftes 25 und der Tod des Oberstlieutenants v. Roell.

Außer der bereits mehrfach erwähnten Gräberskizze (Skizze 2) ist dem Heft 25 als Anlage eine Gräberliste beigegeben worden. Die erste rührt von einer Meßtischaufnahme aus 1871/72 und verzeichnet nach Heft 25 „einen großen Theil der damals noch vorhandenen Gräber mit voller Gewißheit". Die Gräberliste nebst der dazu gehörigen Gräberkarte stammen aus derselben Zeit. Ich habe beide Dokumente mit aufrichtiger Freude begrüßt. In der Geschichte kommt es weniger darauf an, wer Recht hat, als was Wahrheit ist. Während jedoch Heft 25 darin nur den Beweis erblickt, daß „die Brigade Wedell in der Richtung vorgegangen ist und in den Stellungen gekämpft hat, die der Plan 4 angiebt", sieht Scherff S. 2587 des „M.-W.-Bl." 1898 darin außerdem ein nahezu ausschlaggebendes Beweisstück für die Richtigkeit der Schilderung „des Kampfverlaufs auch im Einzelnen".

Auffassung Scherffs.

Eigener Befund.

Bevor beide Auffassungen näher geprüft werden, muß ich auf meine Angabe in den „Untersuchungen" (S. 143) hinweisen, nach der ich im November 1870 den Schauplatz des Heldenkampfes der 38. Brigade besichtigt habe. Die damals entworfene Gräberskizze besitze ich leider nicht mehr; nach meiner Erinnerung stimmt aber das Bild der Gräberskizze östlich der Straße Bruville—Mars la Tour mit meinem damaligen Eindruck überein, nur vermisse ich mehrere Gräber in der Gegend des südlichen Baumes. Dieses Gelände bis zur Schlucht und darüber hinaus machte auf mich im wahren Sinne des Wortes den Eindruck eines großen Kirchhofes. Hier erhob sich Kreuz an Kreuz auf ziemlich regelmäßig angelegten Grabhügeln. Ich folgerte daraus, daß der Feuerkampf gerade auf dem Punkt, wo ich mich bis zum beginnenden Rückzuge befunden habe — bei 9., 12./16. — am heftigsten gewesen war.

Nach Westen in Richtung der oben genannten Straße wurde der Kirchhof auffallend lichter und hörte an der Straße ganz auf; erst dicht westlich derselben waren wieder viele Gräber. Ich meine zwischen der Straße Mars la Tour—Bruville und dem Wege Greyère 2c. mehr als ein Dutzend, sämmtlich 16er, gezählt zu haben. Ich komme darauf bei 5., 6./16. zurück. Daraus schloß ich, daß der Kampf hier unblutiger verlaufen sei, was ja auch jetzt erwiesen ist, daß aber doch Theile der 16er zuletzt zu beiden Seiten der Straße Mars la Tour—Bruville gewesen sein müssen, und dieser Meinung bin ich noch heute. (Giebt doch Heft 25 selbst zu, daß die Meßtischaufnahme nur „einen großen Theil" der damaligen Gräber „mit voller Gewißheit" verzeichne. Das heißt, und dem pflichte ich bei: Die Gräber, welche die Skizze anführt, waren vorhanden, und lagen genau auf den Punkten der Meßtischaufnahme, aber außerdem haben vor dieser Aufnahme zahlreiche andere Gräber — als Ergänzung zum „großen Theil" ausgedrückt — bestanden, die später (1871/72) nicht mehr erkannt werden konnten. Vermuthlich hatten die Eigenthümer der Ländereien die Grabhügel schon eingeebnet, damit einem Zertreten der Felder durch Besuch der Angehörigen der Gefallenen vorgebeugt werde. Ich habe diese Beobachtung auf mehreren Schlachtfeldern gemacht.

Frontausdehnung.

Wer sich ein Urtheil über den Werth der Gräberskizze bilden will, muß sie stets mit dem „Auszuge aus der Gräberliste für den Bezirk Gorze, Mars la Tour und Bionville" vergleichen.

Skizze 2 bestätigt zunächst meine Angabe über die Ausdehnung der Angriffsfront. Sie mißt von Grab 176 bis Grab 121 über 2000 m. Da außerdem Heft 25 meine Angabe, nach der Premierlieutenant v. Warendorff mit ½ 1./57. (f. Plan 4, Heft 25) bis in die Nordwestecke der Tronviller Büsche gelangt ist, bestätigt, so erweitert sich die Ausdehnung auf 2500 m und bis zur 2./P. 10. auf mehr als 3000 m. Daß in dieser 3000 m breiten Front zum Theil recht erhebliche Lücken waren, daß die Angriffsbrigade an der einen Stelle kompakt ineinandergerieth, an anderen lose an der Grenze ihrer heroischen Angriffsleistung ankam, habe ich nicht bestritten. Alle diese Ermittelungen des Heftes 25 bekräftigen vielmehr wieder die Richtigkeit meiner „Untersuchungen", nach denen der einheitlich beabsichtigte Angriff der Brigade nicht einheitlich verlief und die Angriffsrichtungen von den einzelnen Theilen der Brigade nicht immer festgehalten wurden; daß die Brigade verzettelt auf beiden Flügeln, in der Mitte wieder in eine Masse zusammengedrängt war, wie es nicht geplant gewesen ist. Ober beabsichtigte General v. Schwartzkoppen „6 Glieder tief" den Nordrand der berühmten Schlucht mit der Mitte zu erreichen und doch wieder 3000 m breit entwickelt — mehr als der Ausdehnungsraum eines enkabrirten Armeekorps beträgt — an den Gegner zu kommen!

Die Massirung der Gräber zwischen den beiden Straßen nach Bruville erscheint nach dem Verlauf des Angriffs gemäß meinen „Untersuchungen" durchaus erklärlich. Doch bedarf sie einer näheren Betrachtung. Wenn eine Brigade siegreich im Angriff ist, sich also nur in einer Richtung nach vorwärts bewegt hat, so kann man aus der Lage der Todten mit Gewißheit die Angriffsrichtungen der einzelnen Truppentheile innerhalb des Brigadeverbandes feststellen, falls der Angriff der Brigade flügelweise und nicht treffenweise, sämmtliche Bataillone und Kompagnien nebeneinander, angesetzt war. Wer mit dem Beerdigen der Gefallenen zu thun hatte, weiß jedoch, daß die Leichen gesammelt und zum Theil sogar von weiter her zusammen getragen werden. Das Letzte verbietet sich bei Massen fast immer, aber es erfolgt auch in solchen Fällen ein Zusammentragen der Gefallenen, wodurch die Massengräber entstehen. Dadurch verliert das Bild an Treue, seine einzelnen Glieder verschieben sich unregelmäßig, denn zum planmäßigen Vertheilen ist keine Zeit. Deshalb kann in einem solchen Falle eine Gräberskizze nur noch für den Rahmen des taktischen Verbandes — hier also der 38. Brigade — im Allgemeinen maßgebend sein, nicht für die Richtungen und Stellungen der einzelnen Truppentheile innerhalb des Rahmens Geltung beanspruchen.

Wenn jedoch der Angriff mißlingt, und wie es hier der Fall war, die einzelnen Unterverbände der Truppen schon theilweise vor der Niederlage vermischt waren; wenn die Niederlage an der Grenze des Angriffs zugleich mit einer völligen Auflösung aller Unterverbände verknüpft war; und wenn nun die aufgelösten Verbände nun nach verschiedenen Richtungen zurückströmen, dann ist eine Gräberkarte für die Festlegung der Angriffsrichtungen der einzelnen Unterverbände werthlos und behält für die Richtung des Gesammtverbandes nur noch die Bedeutung eines Anhalts, der deshalb aber doch im Verein mit anderen guten Quellen

Irrthümlichkeit der Auffassung Scherffs.

bei objektiver, umsichtiger Untersuchung dankenswerthe Aufschlüsse zeitigen kann.

Die Gräberskizze des ganzen Geländes südlich der Schlucht gewährt nur für die Attackenrichtung der 1. Garde-Dragoner völlige Sicherheit. Da die Regimenter 16 und 57 in voller Auflösung untereinander gemischt waren, so verschwimmen dadurch natürlich auch ihre Angriffsrichtungen. Als Beweis dient z. B. Grab 119 mit 11 Mann beider Regimenter. An dieser Stelle ist beim Angriff kein 16er gewesen, Grab 141 enthielt neben einem Offizier der 16er, 1 Offizier 54 Mann der 57er. Nun behaupte ich, daß diese Stelle nur von Schützen-Theilen der 2. und 1./57., im Angriff passirt worden ist. Bezüglich 2./57. erscheint mir dies sogar zweifelhaft, doch um solche Kleinigkeiten möchte ich nicht streiten, und wieder sind nur einige 16er Schützen vom 9., 12./16. an den Stellen im Angriff gewesen, wo sich Grab 140 mit 21 16ern befindet, und Grab 139 mit 96 Mann der 16er (und 57er). Wenn hier keine Verwechselungen in der Bezeichnung vorliegen, was wahrscheinlich und deshalb zu berücksichtigen ist, so können diese Gräber nur aus der Vermengung beider Regimenter erklärt werden, nachdem ihre Reste hier doppelseitig umfaßt waren. Für die Ermittelung der Angriffsrichtungen sind sie werthlos. Die doppelseitige Umfassung, oder das konzentrische Zusammenstoßen der Franzosen an dieser Stelle ist übrigens von mir in den „Untersuchungen" zuerst festgestellt und beschrieben worden. Wie stark die bezügliche Darstellung im Heft 25 von meinen „Untersuchungen" beeinflußt worden ist, überlasse ich dem Leser zu beurtheilen. Der Punkt der Umfassung ist auf Plan 5 genau wiedergegeben. Aber diesen Punkt habe ich in den „Untersuchungen" ebenfalls zuerst öffentlich bezeichnet. Die Stelle des Grabes 149 mit 58 Mann 16er und 57er würde, da die Behauptung des Heftes 25 unrichtig ist, daß wir zuerst von Osten umfaßt worden sind,*) nicht beweisen, daß 57er auf dem Rückzuge dahin gelangen konnten. Dies war nur beim Angriff möglich. Die Lage dieses Grabes spricht daher für meine Angabe in den „Untersuchungen", nach/ den 2./57. links vom 9., 12./16. war, wenigstens mit starken Theilen, und daß die Kompagnie weit früher in die Richtung vom F./16. gelangt ist, als Heft 25 angiebt. Meine Ermittelung wird also auch in diesen Punkten zutreffen. Dasselbe gilt für meine Ermittelungen bezüglich 2./57. bei Grab 150 mit 50 Mann beider Regimenter. Mit diesen Ergebnissen der Gräberskizze kann ich also zufrieden sein.

Unvollständig- Die Gräberskizze ist aber auch sehr unvollständig: 5./16. hatte
keit der 18 Todte, 6./16. 26 Todte und 2 Offiziere. Die Gräber 174 und 176
Gräberskizze. enthalten aber nur je einen Mann von 5./16. und die Gräber 172, 173, 175 zusammen 15 Mann von 6./16. Hier weist also die

---

*) Siehe Anhang VI.

Meßtischaufnahme von 46 Gefallenen nur 17 Beerdigte nach). Nach diesen Darlegungen wird es überdies wohl kaum auf Widerspruch stoßen, wenn ich im Allgemeinen annehme, daß die in den Massengräbern bestatteten Gefallenen auf einem Raum von p. p. 100 m Radius aufgelesen worden sind, an einzelnen Stellen wahrscheinlich noch weiter. Um diese Entfernung erweiterte sich daher mindestens der Angriffsrahmen der 38. Brigade nach Westen und Osten auf Skizze 2 und Plan 4 des Heftes 25. Ueber den Werth der Gräber zur Beurtheilung des sogenannten Schluchtkampfes habe ich schon gesprochen. Sollte man in der Folge an amtlicher Stelle Gräberskizzen zur Feststellung der Geschehnisse benutzen, was sich durchaus empfiehlt, so muß es mit Umsicht, Vorsicht und reichlichen Erläuterungen geschehen. Im anderen Falle kann das Verfahren bei Kämpfen, die hin und her verliefen, zu großen Irrthümern verleiten.

In Anknüpfung an die Gräberskizze gehe ich zum Tode des Oberstlieutenants v. Roell über. Heft 25 schreibt im Anhang S. 100/101: „Ueber das Ende des Oberstlieutenants v. Roell widersprechen sich die Angaben." Demnach ist das Heft darüber im Zweifel, wo jener brave Stabsoffizier für sein Vaterland gefallen ist, trotzdem ich diesen Punkt nicht absichtslos in den „Zwei Brigaden" genau bezeichnet zu haben glaube. Meine Angabe bestand seit 1881 und wird im Anhang vom Freiherrn v. Schimmelmann im Großen und Ganzen bestätigt. Oberstlieutenant v. Roell ist in dem Raume zwischen den Nummern 141 und 142 der Gräberskizze gefallen,*) also wie Schimmelmann richtig sagt, — allerdings rst 1897 — unmittelbar auf dem südlichen Schluchtrande. Ich halte auch Schimmelmanns Angabe für zutreffend, daß daselbst „zwischen zahlreichen Todten des Regiments 16 einige wenige Gefallene des Regiments 57" gelegen haben; und seine weitere Mittheilung, die „57er seien erst auf dem Rückzuge" dorthin gelangt, erkenne ich, abgesehen von 2./57. als wahrscheinlich an. Das Aufbäumen und Niederstürzen des Pferdes Roells, das Sergeant Moebus gesehen haben will, habe ich in den „Untersuchungen" beschrieben. Es geschah aber einige Zeit vor dem Tode Roells, nämlich bald, nachdem Roell der Aufforderung Sannows abzusteigen, nachgekommen war. Roell war anfänglich etwa 10 Schritte rechts vom Kopfende des stark blutend mit dem Kopf nach Osten und ungefähr parallel mit der Schlucht auf der Erde liegenden Lieutenants v. Hövel niedergekniet. Den hier befindlichen Erdaufwurf mit Gesträuch schätzte ich wenigstens auf 150 m Frontbreite; er überragte das Halbbataillon 12., 9./16. beiderseitig und seine Schützen fanden dahinter zum Theil noch Deckung. Wenn Hövel Roell gesehen hat, so kann es nur bei unserem (Roells und Hoenigs) Heranreiten an den rechten Flügel von 12., 9./16. geschehen sein.**) Vom Augenblick

Roells Tod.

---
*) Siehe S. 84.
**) Siehe Anhang VI.

des Absteigens Roells war es Hövel unmöglich, Roell zu beobachten. Ich habe übrigens von Hövel den Eindruck gehabt, daß er durch den Blutverlust außerordentlich geschwächt war,*) denn als ich ihn anredete, vermochte er kaum zu sprechen und zeigte apathisch auf seine Wunde. Roell hat keinen Versuch gemacht, Hövel fortzuschaffen; ich bezweifle fast, daß Roell den Lieutenant v. Hövel beachtet hat. Er nahm wenigstens keine Notiz von ihm, sondern war mit seinem vollen Temperament nur mit dem Feinde und seinen Kompagnien beschäftigt. Der Oberstlieutenant Sannow befand sich links von seinem Adjutanten und hat seine Stellung erst in dem Augenblick aufgegeben, als Lieutenant v. Wolzogen heranritt; ich hatte Hövel direkt vor mir. Allein Roells Temperament war viel zu lebhaft, als daß er längere Zeit in der knieenden Stellung hätte verharren können. Er erhob sich bald und ging in dem Raum zwischen den Gräbern 141 und 140 hin und her; theils in Sorge um seine Fahne, theils in Sorge um 1. und 2./57., die damals bereits seinem Befehlsbereich entschlüpft waren. Da anfänglich die Sicht nach den Gebüschen von Tronville ziemlich frei war, so konnte Roell den Premierlieutenant v. Warendorff gut beobachten. „Sehen Sie blos", sagte er, „wie der Warendorff kokettirt; immer kerzengerade in seinen Schützen." Dann winkte Roell mit dem Degen Warendorff zu, nach links zu kommen, und rief wiederholt „Warendorff nach hier", obwohl er sich hätte sagen sollen, daß der Ruf nicht von dem entfernten Warendorff vernommen werden könne. Doch Aehnliches kann man in jedem Gefecht erleben. Aus dem Hin- und Hergehen Roells ist vielleicht bei den 16ern die Meinung entstanden, die Schultze mittheilt, daß „Oberstlieutenant v. Roell während des Kampfes an der Schlucht auf deren Südseite hinter der Feuerlinie der 16er mit gezogenem Degen entlang gegangen sei und nach dem Verbleib seines Bataillons gefragt habe." Die Meinung konnte sich wohl verbreiten, denn zwischen den angegebenen Gräbern lagen 16er Füsiliere, wäre nur der ominöse letzte Satz unterblieben! Roell brauchte nicht nach seinem Bataillon zu fragen. Er wußte genau, wo die Hauptgruppen desselben waren, vielleicht bis auf 2./57., doch hatte ich ihm gemeldet, sie sei links vom 12., 9./16. Seit 11., 9./57. in die Feuerlinie einrückten, war Warendorff nicht mehr zu sehen, dennoch winkte und rief Roell Warendorff weiter zu. Beim Eintreffen des Lieutenants v. Wolzogen stand Roell rechts von ihm, Sannow trat gerade vor Wolzogen, den Rücken dem Feinde zugekehrt. Jetzt erst begannen 12., 9./16. auf Sannows Befehl den Rückzug, Roell konnte noch sagen: „Bringen Sie meinen Adjutanten zurück," dann stürzte er, wie mir schien, lautlos nieder Hövels Angabe, nach der Sannow und Roell von vorn zu ihm gekommen wären, ist mir unbegreiflich. Die Entfernungen sprechen bereits dagegen.

---

*) Siehe Anhang VI.

Er irrt überdies hinsichtlich des Punktes, wo er verwundet lag.*) Dasselbe geht aus seinen Ausführungen deutlich hervor.*) Beide Kommandeure, Sannow und Roell, haben sich nie vom 12., 9./16. entfernt. Jedenfalls bin ich, seit wir (Roell und Hoenig) hinter 12., 9./16. angelangt waren, ganz in der Nähe meines Kommandeurs geblieben.**) Vor 27 Jahren hat über diese Dinge völlige Einhelligkeit zwischen Hövel und mir bestanden.

Uebrigens ließen die Grabstätten der Gefallenen an manchen Punkten zu wünschen übrig. Während die Gräber auf den niedriger gelegenen Theilen des Schlachtfeldes eine hinreichende Tiefe hatten, war es auf den Höhen mit steinigem Untergrunde nicht der Fall. Dort ruhten die Leichen an einzelnen Stellen mehr auf der Erde als in der Erde. Man hatte sie zwar mit einer starken Erdschicht überdeckt, allein der anhaltende Regen im Herbst 1870 spülte die Aufschüttungen weg. Im Juni 1871 erfuhr das Regiment, dem Roell angehört hatte, daß die Leiche fast völlig frei liege. Erst in Folge dessen bestattete der Bruder des Gefallenen die Leiche von Neuem an der Stelle, wo sie seitdem ruht. An anderen Punkten stießen die Bauern, wie mir mitgetheilt worden ist, beim Umpflügen der Aecker vielfach auf Skelette; ihre Vorstellungen waren einer der Gründe, daß die französische Regierung 1876 die Exhumirung bewirkte.

X. Rückzug auf Thiaucourt.

Zu meiner Ueberraschung beehrte mich im Jahre 1882 in Cleve der Oberstlieutenant von Marées vom Generalstabe mit seinem Besuch. Ich kannte den Herrn bis dahin nicht persönlich. Anfänglich schützte er eine persönliche Angelegenheit als Motiv seiner weiten Reise von Berlin vor, am Abend ließ er jedoch nach seinen eigenen Worten „die Maske fallen". Er sei wegen der „Zwei Brigaden" gekommen, die im militärischen Berlin ein ungeheures Aufsehen machten. Ich hätte den Sonderabdruck in Buchform mit einer Widmung dem Feldmarschall Moltke geschickt. Das sei nicht klug gewesen, weil ich hätte wissen müssen, daß

<small>Anfängliche Stellung-nahme zum Rückzugs-befehl.</small>

---

*) Siehe Anhang VI.
**) Unter dem 30. August 1870 übersandte mir das Regimentskommando aus Semécourt meine Brieftasche. Das Schreiben besagte, sie sei bei der Leiche des Oberstlieutenants v. Roell gefunden worden. Daraus sowie aus dem Bande des Militär-Ehrenzeichens und den Notizen schließe es, daß sie mir gehöre. Die letzte Eintragung war der Zeitpunkt des Eintretens in die Schlacht. Von Thiaucourt meldete ich um Oberst v. Cranach schriftlich meine Verwundung und bezeichnete auf die Meldekarte die Stelle, an der Oberstlieutenant v. Roell gefallen sei. Die Beförderung der Meldekarte veranlaßte Premierlieutenant v. Pentz. Sie ist wie die gleichen Meldungen der Herrn v. Bernewitz und v. Borcke angekommen.

der Generalstab Schritte gethan habe, den Weiterdruck, nämlich in der „Deutschen Heereszeitung", in der die Arbeit zuerst erschienen war, zu verhindern. Das war mir freilich unbekannt geblieben.*) Der damalige Generalstabsoffizier der 19. Division, v. Scherff, so führte Marées weiter aus, sei zu einem Bericht aufgefordert worden, allein Scherffs und meine Angaben seien vielfach unvereinbar. Er (Marées) habe gerathen, möglichst schnell und gründlich amtlich auf die „Zwei Brigaden" antworten zu lassen. Noch lebten die Hauptheilnehmer; das müsse ausgenutzt werden. Mit jedem Jahre verlöre eine Entgegnung an Bedeutung. Ob diese Kompagnie hier, jene dort gewesen wäre, habe wenig Werth. Man verschreibe viele Bogen und erhalte doch keine volle Klarheit. Anders stehe es mit dem Befehl zum „Rückzuge auf Thiaucourt". Schwartzkoppen sei todt, Scherffs Bericht enthalte darüber nichts, das Generalstabswerk auch nicht. Er (Marées) habe das 3. bis 16. Heft des Generalstabswerkes redigirt, er könne bekräftigen, daß ein solcher Befehl auch nicht in den Truppenberichten erwähnt sei. Er habe ebenfalls mit dem derzeitigen Major v. Kalbacher vom Kriegsministerium, am 16. August 1870 Adjutant der 38. Brigade, wiederholt über den Punkt gesprochen, denn aus den Fingern lasse sich so etwas nicht saugen, allein dieser habe immer bestritten, daß ein derartiger Befehl von der 38. Brigade ertheilt worden sei. Es wäre deshalb doch wünschenswerth zu erfahren, ob ich für meine Behauptung eine gute Unterlage habe. Ich unterbreitete dem Oberstlieutenant v. Marées die bezügliche Stelle in meiner Winterarbeit vom 19. Dezember 1872. In dieser ist vom Regimentskommandeur an den Rand geschrieben „ein Adjutant der Division". Oberstlieutenant v. Marées erklärte das für ein Dokument und fragte, ob er die Arbeit mit nach Berlin nehmen könne. Ich willigte ein und erhielt sie erst nach 4 Wochen zurück.

Der General v. Scherff schreibt in der Nummer 99 des „Militär-Wochen-Blatt" 1898, ihm sei 1882 eine von ihm beabsichtigte Entgegnung von jener Zeitschrift versagt worden, weil man sich seitens des Generalstabes „in keine Polemik einzulassen" gewillt sei. Der Grund, weshalb der Generalstab damals eine Polemik durchaus vermeiden wollte, dürfte hiermit aufgedeckt sein.

Marées und Scherff waren, nach des Ersteren Angabe, intime Freunde. Ob Marées im Auftrage eines Andern zu mir kam, ob er auf diesem Wege die schriftlich wiederholt angebotene Vermittelung zwischen Scherff und mir herbeiführen wollte, hat für mich keinen Werth; um so weniger, als ich später Herrn v. Marées Unzuverlässigkeit in drastischer Weise kennen lernte. Auffallend war mir damals aber das unaufhörliche Drängen des Oberstlieutenants v. Marées, doch lehnte ich die Vermittelung ab.

---

*) Erst neuerdings ist es mir bestätigt worden.

Nachdem der Oberst v. Scherff 1882 seinen ihm aufgetragenen Bericht eingesandt hatte, wurde, wie ich hörte, eine Berichtigung von 6 Zeilen aufgesetzt, die meine Angabe auf Grund amtlicher Feststellung im „Militär-Wochen-Blatt" als unwahr erklären sollte. Allein dagegen erhoben sich Stimmen im Generalstabe. Man sagte, bei Ligny sind Flüchtlinge ohne Befehl bis an den Rhein gelaufen. Das kann bei losen Truppen vorkommen, Hoenig aber behauptet, daß ein Befehl zum Rückzuge nach dem mehr als 2 Meilen entfernten Thiancourt erlassen worden sei. Einen solchen Befehl konnte kein Bataillonskommandeur und kein Regimentskommandeur ertheilen. Ist er ergangen, dann mußte er von der höheren Führung herrühren, und das wäre das Zugeständniß einer verlorenen Schlacht. Es ist klug zu schweigen, denn man kann nicht wissen, was durch die Berichtigung herauskommt.

Als ich die „Zwei Brigaden" veröffentlichte, lebten von den Hauptbetheiligten noch die Generale v. Wedell, v. Cranach), v. Zannow, der inzwischen geadelt worden war; der Brigadeadjutant, der den Befehl über das Schlachtfeld ausgerufen hatte, Major v. Malbacher; der Generalstabsoffizier der 19. Division Oberst v. Scherff, der Generalstabschef des 10. Korps General v. Caprivi, der dritte Adjutant des Generalkommandos 10. Korps jetziger General v. Lessing. Eine Entgegnung, auf die ich wartete, weil meines Erachtens das Wichtigste keine Aufnahme im Generalstabswerk gefunden hatte, unterblieb; Niemand rührte sich öffentlich. Der General v. Moltke scheint der Sache aber doch nach seiner Weise nachgespürt zu haben, wenigstens äußerte sich in dem Sinne der General der Infanterie v. Cranach 1881 nach einem Diner, zu dem ich geladen war. Er (Moltke) habe sich von der Wahrheit meiner Angabe überzeugt; das möge mir nach so vielen Anfeindungen als Genugthuung dienen. Meine Frage, wer hat den General aufgeklärt, beantwortete Cranach mit den Worten, das habe ich gethan. Uebrigens, fuhr er fort, hat auch der Prinz Friedrich Karl sich für die Rückzugsfrage besonders interessirt. Er ist nun aber in großer Verlegenheit, denn er will mich mit der Fahne in der Hand malen lassen. Das gehe nicht wohl an, wenn der Rückzugsbefehl erlassen worden sei. Darüber ist der verdiente Prinz gestorben.

Der erste, der öffentlich auf die Rückzugsangelegenheit einging, war der General v. Scherff (1894). Ich habe in einer Anmerkung S. 138 der „Untersuchungen" geschrieben: „Den Befehl zu diesem Rückzuge hatte General v. Schwartzkoppen erlassen, nicht der General v. Wedell. Der Ueberbringer war der Lieutenant v. Bernuth I." Diese Angabe rührt vom damaligen Lieutenant Hummell, Adjutant des Obersten v. Cranach. Da beide Stäbe — Wedell und Cranach — anfänglich zusammen waren und während des Angriffs noch längere Zeit zusammen blieben, so konnte ich Hummells Angabe als zuverlässig ansehen. Ist er doch dagegen auch niemals vorstellig geworden. Leider

Scherffs Angabe in den Kriegslehren.

ist Hummell inzwischen gestorben. Wann Wedell und Cranach sich nach dem Scheitern des Angriffs getrennt haben, vermochte ich nicht genau zu ermitteln. Als Kalbacher die Angriffsfront entlang jagte, waren sie aber nicht mehr zusammen. Scherff sagt nun in seinen „Kriegslehren" II, 254/55: „Allerdings steht aber fest, daß als General v. Schwartzkoppen mit gesammelten Mannschaften der Brigade die große Straße Metz—Verdun schon ein ziemliches Wegstück nach Süden überschritten hatte, ein im Stabe unbekannter (also auch nicht zum Stabe des 10. Generalkommandos gehöriger!) Ordonnanzoffizier mit dem Rufe: „Der Rückzug geht auf Thiaucourt"! am Stabe der Division vorbeijagte!"

Die Richtigkeit dieser Angabe vorausgesetzt, fällt doch auf, daß dieser Ordonnanzoffizier unbekannt war, und derselbe hat hiernach weder der 19. Division noch dem Generalkommando angehört. Nun hatten damals aber nur die Stäbe der Divisionen und des Generalkommandos im 10. Armeekorps Ordonnanzoffiziere. Welchem Verbande könnte also dieser unbekannte Ordonnanzoffizier angehört haben? Ich weiß es nicht, es sei denn, er wäre von der 20. Division gewesen. Diese hatte jedoch keine Niederlage erlitten. Worin hätte bei ihr das Motiv zum Rückzuge auf Thiaucourt liegen sollen? Das weiß ich wiederum nicht.

Ich selbst habe den Rückzugsbefehl „nach" Thiaucourt vom Lieutenant v. Kalbacher über das Schlachtfeld ausrufen hören; ich nannte jedoch in meiner Winterarbeit den Namen absichtlich nicht. Unter „Ueberbringer" verstand ich, daß ein anderer Adjutant den Rückzugsbefehl an den General v. Wedell ausgerichtet habe, bevor dieser den Befehl ausführen ließ. Dieser Ueberbringer war nach einer Randbemerkung des Regimentskommandeurs zu meiner Winterarbeit ein „Adjutant der Division." Da der Regimentskommandeur inzwischen gewechselt hatte, so konnte er dies nur vom Lieutenant Hummell erfahren haben. Dadurch ist die Thatsache glaubwürdig bestätigt, daß der Befehl vom General v. Schwartzkoppen erlassen wurde, zweifelhaft erscheint nur, welcher von beiden Divisionsadjutanten den Befehl an General v. Wedell überbracht hat. Nach der Angabe Hilfens (Siehe Anhang V) ist aber der Rückzugsbefehl nicht nur vom Lieutenant v. Bermuth I. sondern auch vom Rittmeister Eggeling ausgerufen worden, also von den beiden Adjutanten der Division.

Nach Scherff hätte General v. Schwartzkoppen bereits nördlich der genannten großen Straße Mannschaften gesammelt haben müssen. Das bestreite ich. Da ist Schwartzkoppen nicht gewesen. Allein selbst Scherffs Angabe als zutreffend vorausgesetzt, spräche das Sammeln Schwatzkoppens doch noch nicht dagegen, daß er im damaligen Zeitpunkt die Absicht gehabt habe, „auf Thiaucourt" zurückzugehen; im Gegentheil würde so frühzeitiges Sammeln durch den Divisionskommandeur selbst diese Absicht eher bestätigen, denn auf diese Weise konnte er wieder frühzeitig Truppen in die Hand bekommen.

Mit diesen Ausführungen Scherffs ist also in der Hauptfrage nichts bewiesen. Sie ermangeln der Gründlichkeit. Die Sache gewann einen ganz anderen Charakter, als Oberst Schumann 1895 mit seinen „Erlebnissen", und Oberst Cardinal v. Widdern mit dem zweiten Bande seiner „kritischen Tage" hervortraten.

Trotz der eingehenden Angaben in diesen beiden zeitgenössischen Heft 25 und Quellen, auf die ich später zurückkomme, und die mit Scherffs vor- der Rückzugs-stehender Ausführung unvereinbar sind, auf die Scherff auch kein Wort befehl. entgegnet hat, geht Heft 25 über die Hauptermittelung meiner „Untersuchungen" mit auffallender Leichtigkeit fort und nimmt Scherffs Darlegung als geschichtlich an. Im Anhang S. 101 des Heftes heißt es nämlich: „Nur allein in der Zeit, wo Major v. Scherff mit dem Sammeln der Trümmer nördlich der großen Straße beschäftigt war, hat sich der General v. Schwartzkoppen von seinem Generalstabsoffizier getrennt." In den „Kriegslehren" sagt aber Scherff, daß er dies schon vorher bei seinem Ritt nach Mars la Tour gethan, und in der Nummern 99 des „M.-W.-Bl." 1898 außerdem, daß er allein der 38. Brigade bei ihrem Angriff nachgeritten sei. Das wären schon 3 „Trennungen", vielleicht kämen bei weiterem Nachspüren noch mehr heraus. Ich kannte meinen Generalstabsoffizier sehr gut. Nördlich der Straße habe ich nur Premierlieutenant Neumeister gesehen, und erst viel später Scherff weit südlich der Straße Mars la Tour — Vionville, beinahe an der Straße Mars la Tour — Tronville. Er war auch in diesem Zeitpunkte vom General v. Schwartzkoppen getrennt und kam aus der Richtung der Batterien II./10., 2./10., die an dieser Straße wieder aufgefahren waren. Er hatte einige Infanteristen hinter sich.

„Das in den „Kritischen Tagen" berichtete Zusammentreffen eines Korpsadjutanten", fährt Heft 25 fort, „mit dem General v. Schwartzkoppen kann daher, da der Divisionskommandeur ganz allein gewesen sein soll, auch nur in dieser Zeit südlich der großen Straße stattgefunden haben. Der dem General v. Schwartzkoppen zu einer Zeit, wo er gesammelten Abtheilungen der Brigade bereits die Richtung auf Tronville gegeben hatte, in den Mund gelegte Ausspruch: „Rückzug auf Thiaucourt" muß daher auf einem Versprechen oder Verhören beruhen, denn die Maßnahmen des Generals v. Schwartzkoppen zeugen wider diesen Ausspruch."

Bei dem unvollständigen Quellennachweis des Heftes 25 Lessings muß man erst die „Kritischen Tage" durchstudiren, weil weder der Angaben in Band noch die Seitenzahl angeführt sind. Bei Scherffs „Kriegslehren" den „Kritischen hat dasselbe Heft in derselben Sache dagegen Band und Seitenzahl Tagen." den Lesern angegeben. Schlägt man die „Kritischen Tage" nach, so findet sich II, 227 folgendes: „Nachdem ..... und kam ..

mitten .... in die Trümmer der 38. Brigade.*) Dabei traf ich den General v. Schwartzkoppen*) und fragte ihn, ob er mir sagen könne, wo der kommandirende General sei. Als er das verneinte, fragte ich ihn, da er allein war, ob ich vielleicht für ihn einen Auftrag ausrichten könne, worauf er mich ersuchte, den Befehl: „Rückzug auf Thiaucourt" weiter zu verbreiten. Glücklicherweise kam gleich darauf der Oberstlieutenant v. Caprivi, an den ich nun heranritt und mich mit meiner Schaar endlich zur Stelle melden konnte. Er griff sofort ein und ordnete, ebenso wie der General v. Voigts-Rhetz, der gleich darauf erschien, an, daß die zurückfluthende Mannschaft bei Tronville gesammelt wurde."

Die Niederschrift rührt vom damaligen dritten Adjutanten des Generalkommandos 10. Korps, Premierlieutenant v. Lessing, her. Jede Quellenauskunft erhält erst Werth und Bedeutung durch die Eigenschaften der Persönlichkeit, die sie ertheilt. Lessing hat immer den Ruf eines besonnenen, ruhigen, vorurtheilslosen, zuverlässigen, durchaus wahrheitsliebenden Mannes genossen. Er ist viel zu gewissenhaft, um eine bestimmte Angabe zu machen, sobald die Möglichkeit eines Mißverständnisses, eines Irrthums oder eines Verhörens oder Versprechens besteht. In solchem Falle würde Lessing, wie ich ihn kenne, sagen, ich bin unsicher, ich kann keine Auskunft geben. Auffallenderweise hat Heft 25 verschmäht, den General v. Lessing um nähere Auskunft über seine Niederschrift anzugehen, während es nach dem Anhang in anderen wenig wichtigen Fragen den Weg bis zum Musketier nicht scheute. Cardinal v. Widderns Darlegung stimmt wörtlich mit meinen Abschriften, die mir Lessing gestattete, überein. Ich füge jedoch aus denselben noch folgendes hinzu:

„Als Kraatz sich bei Tronville bei Voigts meldete, kam zur Sprache, wohin eventuell der Rückzug zu nehmen sei, ob auf Thiancourt oder auf Gorze. Man war einig auf Thiancourt. Als später Schwartzkoppen auf dem Schlachtfelde erschien, sagte Caprivi dem Hauptmann**) v. Scherff, ein nöthig werdender Rückzug gehe auf Thiancourt. Der Befehl Schwartzkoppens: Rückzug auf Thiancourt ist nur durch den Eindruck zu erklären, den die Katastrophe auf ihn und seine Umgebung machte. Denn nicht die Schlacht war verloren, sondern nur der Angriff der 38. Brigade gescheitert, was in allen Schlachten vorkommt. Außerdem konnten die zurückströmenden Trümmer in der Verfassung, in der sie waren, nicht zwei Meilen marschiren, sie mußten hinter der nächsten Deckung gesammelt werden. Ganz konnte der irrthümliche Befehl nicht

---

*) Da mir diese Angabe einer nähern Erläuterung zu bedürfen schien, wandte ich mich neuerdings an den General v. Lessing und erhielt am 10. November 1898 die Auskunft, das Zusammentreffen mit Schwartzkoppen habe südlich der Straße Vionville — Mars la Tour stattgefunden.
**) Im Original steht Major.

mehr inhibirt werden. Alle Offiziere des Stabes des 10. Korps betheiligten sich am Sammeln, die Eskadron Schlick, 13. Ulanen, hatte nicht den Auftrag, den Rückzug zu decken, sondern die Mannschaften auf Tronville zu dirigiren."

Also war auch der damalige Generalstabsoffizier v. Scherff vor dem Beginn des Angriffs über die Rückzugsrichtung unterrichtet worden und zwar durch Caprivi. In den „Kriegslehren" ist darüber nichts zu finden. Ferner konnten alle Mannschaften nicht mehr am Rückzuge auf (nach) Thiancourt verhindert werden; endlich sagt Lessing, die Ertheilung des Rückzugsbefehls sei durch Schwartzkoppen erfolgt und erklärt ihn durch den moralischen Eindruck der Katastrophe auf Schwartzkoppen und seine Umgebung. **Von keiner Seite wird, wie sich zeigen soll, erwähnt, daß der General v. Wedell — Befehlshaber der 38. Brigade — vor dem Angriff vom Generalkommando, oder vom General v. Voigts-Rhetz oder vom Oberstlieutenant v. Caprivi oder von irgend einem anderen Mitgliede aus dem Stabe des Generals v. Voigts-Rhetz eine Mittheilung über die Rückzugsrichtung erhalten hat.**

Angesichts der eigenthümlichen durch den Generalstab erfolgten Ablehnung der Quelle Lessing, hielt ich es für geboten, nochmals die Güte des Generals v. Lessing in Anspruch zu nehmen. Er antwortete unter dem 21. November 1898: „Der General v. Schwartzkoppen sagte zu mir klar und deutlich: „Bitte, verbreiten Sie weiter, daß der Rückzug auf Thiancourt geht." Ich verließ ihn, hatte aber noch Niemandem den Befehl übermittelt, als ich von fern den Oberstlieutenant v. Caprivi sah, auf ihn zuritt, mich bei ihm meldete und zugleich sagte, welchen Auftrag ich vom General v. Schwartzkoppen erhalten hätte. Er entgegnete heftig: „Nein, nicht Rückzug auf Thiancourt, sondern Sammeln bei Tronville", und war es augenscheinlich, daß er schon vorher gegen denselben Befehl vielfach vorgegangen war. Er beauftragte mich, ebenso wie er es anderen Offizieren des Generalkommandos*) befohlen hatte, die zurückkommenden Trümmer der 38. Infanteriebrigade mit auf Tronville zu sammeln, was ich denn auch gethan habe. Daraus geht hervor, daß weder ich mich verhört, noch der General v. Schwartzkoppen sich mir gegenüber versprochen hat, denn im letzteren Falle hätte der „Rückzug auf Thiancourt" nicht schon verbreitet sein können."

Oberst Schaumann schreibt in seinen „Erlebnissen" S. 203, daß, *Schaumanns* als er gesehen, wie die zurückkommende Infanterie die Richtung auf die *Angaben in* Ostseite von Mars la Tour eingeschlagen, er zum General v. Schwartz- *den* koppen geritten sei. Schaumann fragte Schwartzkoppen: „Excellenz, wo *„Erlebnissen".*

---

*) Es müßte jetzt aber doch dem Generalstab daran gelegen sein, sich selbst Klarheit zu verschaffen. Fast sämmtliche Offiziere des Generalkommandos 10. Korps leben noch.

ist unsere Infanterie?" Schwarzkoppen antwortete mit „einer von Wehmuth erstickten Stimme":*) „Unsere Infanterie — die liegt im Walde!"
„Verwundert über diese mir noch doppelsinnig erscheinende Antwort", so schreibt Schaumann, „wollte ich weiter fragen, unterließ es aber, als unser Generalstabsoffizier, Hauptmann v. Scherff, mir zuwinkte, zu schweigen und zu ihm heranzukommen. Als ich das that, flüsterte er mir zu: „Wir sind geschlagen, decken Sie unseren Rückzug."

Hier ist kein Wort, das nicht die volle Wahrheit des Schlachtfeldes spräche; und doch hat Scherff, was man nicht erwarten konnte, meines Wissens öffentlich keine Silbe entgegnet. Wenn Schwarzkoppen — Scherff nur bei Tronville hätten sammeln wollen, so wären die Worte „decken Sie unseren Rückzug" völlig unverständlich. Der Katzensprung wäre doch kein Rückzug gewesen, der zu decken war! Also auch das spricht dafür, daß der „Stab der 19. Division" der Vermittler des Rückzugsbefehls an den General v. Wedell gewesen ist, daß Schwarzkoppen einen weiteren Rückzug beabsichtigte.

Hören wir Schaumann weiter: „Bald darauf", schreibt er S. 201, „erschien eine berittene Ordonnanz und zeigte mir eine Brieftasche, in welcher von der Hand des Generalmajors v. Wedell geschrieben stand:
„Der Rückzug ist auf Thiancourt.   Georg v. Wedell."
Diese Botschaft versetzte mich in eine große Verlegenheit, weil ich nicht wußte, ob dieselbe ein Befehl oder nur eine Benachrichtigung sein sollte" . . . .

---

*) Lessing und Schaumann haben ohne vorheriges Benehmen unter sich ihre Eindrücke niedergeschrieben. Ihre Angaben widersprachen direkt den Ausführungen Scherffs im „M.-W.-Bl." № 101, 1898. Er schreibt daselbst: „Noch während des Sammelns getröstete man sich im Stabe der Division mit dem Ausspruch, daß „wenn wir auch einmal eine Bataille verloren, das doch nicht das letzte Wort gewesen sei." Was heißt in einem solchen Falle „Stab"? Wer ist darunter gemeint? Wer that den „Ausspruch"? Im Uebrigen spricht die „verlorene Bataille" doch wieder für den Rückzugsbefehl, während wohl anzunehmen ist, daß jeder Offizier von dem Sinne des Ausspruchs beseelt gewesen ist. Zum Beweise verweise ich auf die Ansprache des Lieutenants de Möge in meinen „Untersuchungen", S. 141/142. Ferner sagt Scherff, Schwarzkoppen habe den „kleinen Schritt bis zum Brunnen von Puxieu noch weiter zurückzuthun" verhindert und durch dieses feste Vertrauen „auf ein besseres Morgen" die ernste und wehmüthige keineswegs verzagte Stimmung der Truppe wesentlich wieder gehoben." Ich überlasse jedem Kriegspraktiker zu beurtheilen, wie eine Truppe unmittelbar nach solcher Katastrophe ist. Die Offiziere richten durch ihre moralische Kraft die erst wieder auf und jede Minute Ruhe mehr, die ihnen gelassen wird, fördert diese Thätigkeit. Ich bezweifle, daß Schwarzkoppens Ueberlegung den Truppen zum Bewußtsein gekommen ist, damit fällt der schöne Satz in sich zusammen. Im Uebrigen hat nach meinen sonstigen Ermittelungen Schwarzkoppens von „Wehmuth erstickte Stimme" recht lange angehalten. Ich habe gehört, Schwarzkoppen sei am Abend des 16. ein gebrochener Mann gewesen. Ich habe ferner gehört, daß er wegen des Rückzugsbefehls mit dem kommandirenden General in Konflikt gekommen sei. Näheres wird später bekannt werden.

Schaumann ritt darauf nach der zwischen Tronville und Purieux gelegenen Höhe. Dort traf er den kommandirenden General v. Voigts-Rhetz, nur von einem Berittenen der Stabswache begleitet und meldete ihm, S. 205 der „Erlebnisse": „Excellenz, mit zwei Batterien stehe ich auf jener Höhe auf dem linken Flügel der Korpsartillerie und erhalte soeben den Befehl, der Rückzug ist auf Thiancourt." „Wer hat das befohlen?" unterbrach mich der General, und als ich hierauf entgegnete: „Der Befehl war geschrieben von dem General v. Wedell, dürfte aber wohl von dem General v. Schwartzkoppen, der sich bei der 38. Brigade befindet, ausgehen", sprach er in seiner schlichten und ruhigen Weise etwa, wie folgt: „Was will der General v. Schwartzkoppen! Ich habe ihm heute früh gesagt: Wenn die Sache schief geht, so ist der Rückzug auf Thiancourt. Die Sache geht aber nicht schief. Bitte, bleiben Sie in ihrer Stellung, womöglich bis zum Dunkelwerden und schicken Sie, da ich leider augenblicklich keinen Adjutanten zur Verfügung habe, so viel Berittene, als Sie entbehren können, in die Richtung auf Thiancourt ab, die jedem Truppentheil der 19. Division in meinem Namen befehlen, sofort zu ihren Batterien zurückzukehren."

Wie verhält sich hierzu Scherff's Angabe über den „unbekannten" Ordonnanzoffizier? Der kommandirende General sprach nur von Truppentheilen „der 19. Division". Was hätte bei ihr ein „unbekannter" Ordonnanzoffizier der 20. Division zu thun gehabt? Die anderen Ordonnanzoffiziere konnten aber dem Stabe der 19. Division nicht unbekannt sein.

Wer den genialen General gekannt hat, erfreut sich an diesem treuen Bilde seines Wesens. Lessing giebt an, Voigts habe vor dem Angriff die Rückzugsrichtung im Unglücksfalle auf Thiancourt zu nehmen bestimmt, für Kraatz und Schwartzkoppen; nach Schaumann hat Voigts dies für Schwartzkoppen heute früh gethan. Die eine Angabe schließt die andere nicht aus, beide Angaben werden richtig sein, weil Voigts den General v. Kraatz erst vor dem Angriff sprach und ihm selbstredend eine Direktive für einen Unglücksfall ertheilen mußte. Daß Voigts die Direktive dem General v. Schwartzkoppen wiederholte, erscheint natürlich. *Ergebniß der Quellen Lessing und Schaumann.*

Schaumann war wieder wegen der vorher vom Hauptmann v. Scherff erhaltenen Worte: „Decken Sie unseren Rückzug" zu der Auffassung berechtigt, der Rückzugsbefehl müsse vom General v. Schwartzkoppen ausgegangen sein. War er doch mit dem General v. Wedell nicht in andere Berührung gekommen als durch die erwähnte Ordonnanz. Diese beschreibt Schaumann S. 216 näher als Gefreiter des Dragonerregiments Nr. 9. Da ich mit dem Brigadestab in Sommer- und Winterfeldzuge viel in Berührung kommen mußte und die Ordonnanzen des Stabes kannte, so kann ich Schaumanns Beschreibung als richtig bestätigen.

Das Ergebniß ist, Schaumann hat den Rückzugsbefehl von zwei Seiten erhalten, von der Division (Scherff) und der Brigade (Dragonerordonnanz), und erst der kommandirende General (bezüglich Caprivi) hat nach Schaumann und Leissing die Ausführung verhindert. Nach beiden Quellen, so werden wir sehen, gelang es nicht, die irrthümliche Maßnahme ganz abzustellen. Voigts wieder hat durch Schaumann Kenntniß von dem fälschlicherweise ertheilten Rückzugsbefehl erhalten, Caprivi durch Leissing.

Angabe Bernuths. Kalbachers Mitt. Heft 25 giebt im Anhang S. 160 an: „Der zweite Divisionsadjutant, Premierlieutenant v. Bernuth I., stellt mit Bestimmtheit in Abrede, den Befehl: „Rückzug auf Thiaucourt" dem General v. Wedell überbracht zu haben und fügt hinzu: „General v. Schwartzkoppen befahl, daß die zurückströmenden Reste bei Tronville zu sammeln seien. Später griff er persönlich ein und sammelte zwischen den Straßen von Mars la Tour nach Tronville und Les Baraques Mannschaften. Dort erst ertönte der Ruf: „Rückzug auf Thiaucourt"! Bernuths Angaben widerlegen aber doch nichts, weil sie zu unbestimmt sind. Er hat sie überdies erst nach 27 Jahren niedergeschrieben. Wichtig ist immerhin, daß Schwartzkoppen zwischen den Straßen von Mars la Tour nach Tronville und nach Les Baraques Mannschaften gesammelt habe, während das nach Scherff schon nördlich der großen Straße Mars la Tour—Bionville von Schwartzkoppen geschehen wäre, denn das war bereits **außerhalb des Schlachtfeldes**. Die zurückströmenden Reste hatten den Befehl zum „Rückzuge **nach** (nicht auf) Thiaucourt" bereits in dem Raume südlich des südlichen Baumes erhalten. Lieutenant v. Kalbacher war etwa vom Grab 111 aus zuerst in Richtung dieses Baumes gejagt, hatte dann im großen Bogen gewendet und kehrte etwa über die Stelle des Grabes 120 zum General v. Wedell zurück. Und der Befehl ist in diesem Raume von Hunderten gehört und befolgt worden. Kalbacher jagte an mir mit diesem Rufe nördlich des Grabes 120 vorbei. Ich sehe ihn noch auf seinem hochhalsigen Schimmel daherstürmen. Welcher Divisionsadjutant mit der Randbemerkung meiner Winterarbeit gemeint ist, dürfte klar sein; ich verweise auf S. 105 und auf Anhang V.

Nun hatte inzwischen der Regimentskommandeur gewechselt. Der neue Kommandeur konnte diese Einzelheit also nur durch angestellte Nachfrage festgestellt haben. Und so war es. Da ihm nämlich die Sache unwahrscheinlich vorkam, wandte er sich an den Regimentsadjutanten des Schlachttages, Lieutenant Hummell; dieser gab ihm die gewünschte Aufklärung. Als ich die „Zwei Brigaden" herausgab, hoffte ich, die Ueberbringer des Befehls würden das Wort nehmen, es geschah nicht. Hummell hat mit mir vor Abgabe meiner Winterarbeit nicht darüber gesprochen; erst als ich die Winterarbeit zurückerhielt, sagte er mir, wie der Regimentskommandeur zu der wichtigen Bemerkung gekommen sei, und hierbei erfuhr ich, daß er (und Cranach) den Ruf Kalbachers gehört, sonst aber keinen Befehl empfangen haben. „Cranach war außer sich", bemerkte Hummell. „Das setzt dem Unsinn die Krone auf", habe er geäußert und darauf: „Blödsinn, das geht nicht, das thue ich nicht!" Der Ruf Kalbachers ist die Ursache mehrerer Glücksumstände geworden. Da Oberstlieutenant v. Medem (F./57.) in jenem Zeitpunkt in der Nähe Cranachs war, so sagte Cranach ihm, er möge hinter der Ecke der Tronviller Büsche möglichst die Füsiliere festhalten und auf seine weiteren Befehle warten; er (Cranach) selbst trabte darauf in die Richtung vom I./57., um auch dessen Mannschaften möglichst frühzeitig zu sammeln und den Rückzug nach Thiaucourt zu verhindern. Hierbei sei Cranach nach Hummell zufällig der Fahne vom I./57. ansichtig geworden; Cranach habe sie ergriffen, hoch emporgehoben und dadurch hätten sich von selbst Mannschaften beider Regimenter bei ihm gesammelt. Dies sei noch nördlich der Straße Vionville—Mars la Tour gewesen, etwa 800 m östlich letzteren Orts. Dadurch seien beträchtliche Theile der 57er verhältnißmäßig früh wieder zusammen gekommen und von einem weiteren Rückzuge abgehalten worden. Siehe S. 85.

Hiernach ist wohl zweifellos, daß der General v. Wedell nur durch Schwartzkoppen über die Rückzugsrichtung unterrichtet gewesen sein kann. Ungewiß ist, durch wen Schwartzkoppen ihm nach dem abgeschlagenen Angriff einen diesbezüglichen besonderen Befehl geschickt hat. Wie hat Wedell die Rückzugs= richtung erfahren?

Die Angabe des zweiten Divisionsadjutanten (Bernuth) widerlegt übrigens nicht, ob der erste Divisionsadjutant einen Befehl zum „Rückzuge auf Thiaucourt" an den General v. Wedell ausgerichtet hat. Siehe die Randbemerkung des Regimentskommandeurs sowie Anhang V.

Jedenfalls steht fest, General v. Wedell hat den Befehl zum Rückzuge zweifach ausrichten lassen: Durch die Dragonerordonnanz schriftlich, durch seinen Adjutanten, Lieutenant v. Kalbacher, mündlich. Hierbei ist nun noch vielleicht aus Mißverständniß, vielleicht aus Aufregung aus „auf" Thiaucourt „nach" Thiaucourt geworden. Die armen sich zurückschleppenden Teufel antworteten deshalb: Nach Thiaucourt zurück, wir können ja nicht mehr. Und das ist sehr begreiflich, wußten sie doch nicht, daß dahin ein kürzerer Weg führt, als der anstrengende Marsch dieses Tages über St.=Hilaire, den sie wohl im Gedächtniß hatten. Thatsache ist wieder, daß Flüchtlinge während der Nacht in Thiaucourt und am Abend in St.=Hilaire angekommen sind. Ueberbringen des Befehls an die Truppen.

Der Annahme, der General v. Wedell sei die Quelle des Mißverständnisses, widerspricht nun aber die Niederschrift Lessings, nach der Schwartzkoppen ihn ersuchte, „Rückzug auf Thiaucourt zu verbreiten." Und das war südlich der Straße Vionville—Mars la Tour.

Bis die Mannschaften, nachdem sie den Ruf „Rückzug nach Thiaucourt" gehört hatten, in den Raum zwischen den Straßen Mars la Tour—Tronville und Mars la Tour—Les Baraques gelangt waren, wo nach Bernuth Schwartzkoppen Mannschaften sammelte, kann der General v. Schwartzkoppen sehr wohl von den Maßnahmen des Generals v. Voigts=Rhetz Kenntniß erhalten haben, der nach Schaumanns Be= Schaumanns Maßnahmen zum Sammeln.

schreibung damals in der Nähe Schwartzkoppens gewesen sein muß und den Rückzug „nach" oder „auf" Thiancourt einstellen ließ. Daß der Rückzug dahin damals aber längst im Gange war, lehren wieder Schaumanns weitere Ausführungen, nach denen er „einige Minuten später 3 Unteroffiziere und 3 Trompeter zu gleichen Theilen auf Purieux und Les Baraques mit der Anweisung vorgehen ließ, über diese Orte hinaus bis auf die dahinter liegenden Höhen vorzutraben und wenn von diesen aus nichts von unseren Truppen zu sehen wäre, zurückzukehren." (S. 216). Wenn Schaumann fortfährt: „Unbegreiflich ist es mir aber, daß sie nur noch 3 schwache Züge — vielleicht die Ueberreste von 3 Kompagnien — erreichten und von den Generalen v. Schwartzkoppen und v. Wedell nichts bemerkt haben", so erhellt daraus, daß nach seiner Meinung bereits viel mehr Mannschaften in den angegebenen Richtungen zurückgegangen waren, was wiederum ein Beweis für die Richtigkeit meiner in den „Untersuchungen" gemachten Angabe über den Zeitpunkt des Rufes „Rückzug nach Thiancourt" ist. Nach meinem Ermessen ist übrigens die von Schaumann angegebene Ziffer groß genug. Denn sie betrug nach S. 205 seiner „Erlebnisse" etwa 200 Mann unter 2 jungen Offizieren und einem Sergeanten. Sollte es unmöglich sein, diese beiden Offiziere zu ermitteln?

Wiederum kann Bernuths Angabe, daß erst zwischen den Straßen von Mars la Tour nach Les Baraques und Tronville der Ruf ertönte: „Rückzug auf Thiancourt" mit obigen Ausführungen Schaumanns sehr leicht in Einklang gebracht werden; anzunehmen ist wenigstens, daß Offiziere und Mannschaften zur Antwort gegeben haben können, als sie nun nach Tronville geschickt wurden, sie sollten nach Thiancourt, ebenso daß Schwartzkoppen befahl, die Reste bei Tronville zu sammeln und er selbst dabei thätig eingriff. Die Maßnahmen Schwartzkoppens sprechen also durchaus nicht gegen den Befehl „Rückzug auf oder nach Thiancourt," wie Heft 25 im Anhang S. 101 meint. Nur muß die Reihenfolge der Ereignisse klar gelegt und festgehalten werden.

Blick hinter die Armee. Nun wollen wir einen Blick „hinter die Armee" werfen, um zu ermitteln, was sich daraus herleiten läßt.

Der Befehl: „Rückzug nach Thiancourt" war die Veranlassung, daß sich eine ganze Anzahl Verwundete — Offiziere und Mannschaften — dorthin bringen ließen. Premierlieutenant v. Borke (4./57.), Premierlieutenant v. Kerée (9./57.), Hauptmann v. Bernewitz (3./57.) und Lieutenant Hoenig (Adjutant I./57.) kamen hierbei gemeinschaftlich auf einen Wagen. Als derselbe auf der Straße über Purieux zum Abfahren bereit hielt, gesellte sich zu uns ein Offizier des Beurlaubtenstandes des 16. Regiments und blieb bei uns, weil dem „Befehle gemäß der Rückzug nach Thiancourt gehe". Die Angelegenheit machte einen üblen Eindruck. Ich gebe nun dem Hauptmann v. Bernewitz das Wort. Derselbe schreibt darüber unter dem 19. 12. 81 an mich: „Was nun den betreffenden Herrn anbetrifft, welcher am 17. August mit uns in Thiaucourt anlangte, so kann ich nicht angeben, ob an. Herr ein Reserve- oder Landwehroffizier gewesen, ebenso wenig weiß ich, (?!) von welchem Regimente derselbe war. Der Herr hatte einen Streifschuß auf die Helmschiene erhalten und hatte in Folge dessen die letztere die linke Augenbraue ein wenig verletzt.

Da wiederholte Anfragen, „was er zu thun gedenke, und ob er nicht seinen Truppentheil aufsuchen wolle", wirkungslos blieben, so wandte ich mich an den Premierlieutenant v. Pentz (Etappe in Thiaucourt) und veranlaßte solchen, den betreffenden Herrn zu stellen. v. Pentz redete an. Offizier ungefähr mit den Worten an: „Mein Herr, ich habe den Auftrag Sie zu veranlassen die Versprengten zu sammeln und solche den Regimentern wieder zuzuführen." Als wir nämlich am 17. gegen 11 Uhr vormittags Thiaucourt erreichten, bemerkten wir daselbst, ohne darüber erstaunt zu sein, eine ganze Anzahl Mannschaften beider Regimenter namentlich 16er, übrigens auch 2 Rappen-Gespanne Artillerie 10, und einen Trupp 4. Küraffiere. Sie waren schneller gewesen als wir. Meine Frage, wie sie hierher gekommen, beantworteten die Leute damit, der Rückzug nach Thiaucourt sei ihnen befohlen worden.

Nach dem Tagebuch des Hauptmanns der Landwehr Peipers zählte 3./57. am Morgen des 17. August: 2 Offiziere, 6 Unteroffiziere, 1 Lazarethgehilfen, 92 Mann; am 18. August dagegen schon 128 Mann. Dies kann ungefähr als Maßstab für die Ziffer der Versprengten dienen.

Ein anderes Bild.

Daß der Rückzugsbefehl nicht vom General v. Wedell ausgehen konnte und daß der General v. Voigts-Rhetz denselben nicht erlassen hat, glaube ich nachgewiesen zu haben. Nun wird sich aber auch zeigen, daß derselbe Befehl nach St. Hilaire gelangte. II./57. war bekanntlich in St. Hilaire mit den sämmtlichen Trains der 19. Division, des Stabes des Generalkommandos, sowie der Garde-Dragonerbrigade zurückgeblieben. Abends zwischen 9 und 10 Uhr ließ Major v. Wehren dieselben unter dem Schutze von II./57. und den ihm verbliebenen 2. Garde-Dragonern nach Thiaucourt zurückgehen, woselbst die Kolonne Nachts zwischen 3 und 4 Uhr eintraf und vom Generalkommando einen doppelten Befehl erhielt, auf das Schlachtfeld umzukehren. Der Lieutenant Kropp, damals Adjutant von II./57, dem ich diese Mittheilung verdanke, schreibt unter dem 12. 10. 81: „Auf wessen Befehl dieser Rückmarsch erfolgte, vermag ich nicht anzugeben." Der Major v. Wehren war nicht der Mann, so etwas ohne Auftrag anzuordnen. In meiner Winterarbeit vom Jahre 1872 heißt es bereits, er sei „auf Befehl" um 9³/₄ Uhr abends nach Thiaucourt zurückmarschirt. Um sicher zu sein, wandte ich mich an den Obersten v. Wehren und erhielt unter dem 29. 11. 84 die Auskunft, er habe den schriftlichen Rückzugsbefehl durch eine Dragonerordonnanz empfangen. Er habe jedoch noch längere

8*

Zeit mit dem Abmarsch gezögert, bis die Vorposten eingezogen gewesen wären. Während dessen seien Flüchtlinge der 16er und 57er eingetroffen, die sämmtlich gemeldet hätten, die Schlacht sei verloren. Ich mache es mir zum Vorwurf, daß ich unterlassen habe, mir vom späteren Obersten v. Wehren, mit dem ich verkehrte, rechtzeitig eine schriftliche Auskunft darüber zu erbitten, ob die Ordonnanz vom General v. Schwartzkoppen oder vom General v. Wedell abgeschickt worden war. Als ich es in Folge der Korrespondenz mit Scherff that, erhielt ich als Antwort die Todesnachricht Wehrens. Zwar erinnere ich mich, daß Wehren mir wiederholt den Namen Schwartzkoppen angegeben hat, allein ich besitze es nicht schriftlich und Angaben nach der Erinnerung sind in solchen Angelegenheiten nicht beweiskräftig. Es kann sich indessen nur um einen der beiden Generale handeln. Hätte General v. Wedell den Befehl abgesandt, so könnte es nur auf Veranlassung Schwartzkoppens geschehen sein, denn Major v. Wehren war von Letzterem bei St. Hilaire zurückgelassen worden, General v. Wedell durfte jedenfalls hinsichtlich desselben nichts ohne Wissen Schwartzkoppens anordnen. Uebrigens muß aus dem Berichte, der doch wohl vom Major v. Wehren in den Generalstab gelangt ist, die Quelle des Befehls ermittelt werden können. Dies vorausgesetzt, kann bei der großen Bedeutung der Angelegenheit der Generalstab sich der Aufgabe nicht mehr entziehen, den Urheber des Befehls zu veröffentlichen. Wie die Zeitangaben meiner Quellen lehren, hätte ich schon manches zur Frage des Rückzuges bei den Renauflagen der „Untersuchungen" beibringen können. Ich unterließ es wegen der mit dem General v. Scherff geführten Korrespondenz aus Rücksicht auf Scherff. Wohin solche Rücksichtnahme führt, habe ich inzwischen erfahren. Trotzdem in Schaumann und Lessing wichtige Kronzeugen in der Sache auftraten, schwieg ich ebenfalls. Und die Zeit wird noch andere Aufschlüsse hierüber bringen, von denen die Verfasser des Heftes 25 keine Ahnung zu haben scheinen.

Ergebniß. In der Art, wie es hier geschehen, hätte Heft 25 das charakteristische Ereigniß des Tages analysiren müssen; ob man nun meine Analyse billigen mag oder verwerfen. Und so gelange ich zu dem Schluß, daß General v. Schwartzkoppen den Rückzug auf Thiancourt veranlaßt hat, daß General v. Wedell nur ausführendes Organ war und die Ausführung zweifach bewirkte. Scherff hat meines Wissens auf Lessings Angaben in den „Kritischen Tagen" ebenfalls nichts entgegnet. Um so überraschender wirkt sein Satz in Nummer 101 des „M.-W.-Bl.": „Was die Einzelschrift noch weiter über den angeblichen Befehl des Generals v. Schwartzkoppen zum „Rückzug auf Thiancourt" beibringt, ... bestätigt einestheils, was von mir in den „Kriegslehren" in gleichem Sinne (sic!) berührt (sic!) worden ist, schafft anderntheils über seither noch zweifelhafte Punkte das wünschenswerth vollste Licht." Mit Verlaub, so schafft man denn doch nicht die widersprechenden ausführlichen Angaben Schaumanns, Lessings, Hoenigs, Kropps, Wehrens, Hummells aus der Welt, von denen jeder unbeeinflußt vom Anderen geschrieben hat. Und „vollstes Licht" zu schaffen, hat Heft 25, wie ich nachgewiesen, hier gerade unterlassen. Ich kann mich wenigstens der Ueberzeugung nicht verschließen, daß Schwartzkoppen erst in Folge Eingreifens Voigts-Rhetz und Caprivis die Rückzugsbewegung auf Thiaucourt eingestellt hat; doch überlasse ich es jedem Leser, sich darüber angesichts dieser Darlegungen ein Urtheil zu bilden.

Uebrigens habe ich in Erfahrung gebracht, daß General v. Schwartzkoppen beim Ausbruch des Krieges seinem Stabe ans Herz gelegt habe, er erwarte, daß Niemand über unliebsame Dinge, die im Kriege unvermeidlich wären, etwas verlauten lasse. Das sei kameradschaftliche Pflicht. Die Folge ist gewesen, daß die Offiziere des Stabes sich in Spezialfällen die Hand gegeben haben, zu schweigen. Ich habe das bei der Frage über die Veranlassung des Gerüchts von der Räumung Beaunes feststellen können und besitze darüber das Dokument. Trotzdem habe ich nachträglich ermittelt, daß das Gerücht, Beaune ist verloren, vom damaligen Brigadeadjutanten, Lieutenant Hummell, ausgegangen ist.

Mir scheint auch, wenn alles das von Seite des Stabes der 19. Division geschehen ist, was Scherff in seinen „Kriegslehren" angiebt, was Heft 25 daraus übernommen hat und was Scherff in den Nummern 99—101 des „M.-W.-Bl." 1898 aufzählt, betreffe es nun die Befehlsgabe Schwartzkoppens, die Befehlsübermittelung oder die Sammelthätigkeit Schwartzkoppens und Scherffs, alsdann von einem „Stabe" niemals gesprochen werden darf, denn der Stab hätte nur sekundenweise vereint sein können, sonst immer wegen seiner vielseitigen Thätigkeit getrennt sein müssen.

Nebenbei sei bemerkt, daß kein amtlicher Truppenbericht ein Wort über den Rückzug auf oder nach Thiaucourt enthält. Wiederum ein Beweis, wie groß die instinktive Einmüthigkeit im Verschweigen und Unterdrücken gerade der wichtigsten Geschehnisse ist, sobald diese unliebsamer Natur sind. Wiederum aber auch eine Mahnung, wie nöthig es ist, der amtlichen Geschichtsschreibung nachzuhelfen. Wenn die Angelegenheit in den „Zwei Brigaden" nicht veröffentlicht worden wäre, wenn Schaumann und Lessing nicht zu Worte gekommen wären, was doch nicht unmöglich war, dann hätte bisherau Niemand etwas davon erfahren. Kriegsgeschichte soll nicht allein wahr sein, sondern auch vollständig. Daß beiden Anforderungen vollkommen zu genügen, nur in seltenen Glücksfällen gelingt, wissen Kenner. Deshalb können Forschungen kaum gründlich genug sein.

XI. Quellenforschung, Quellenbeurtheilung und Quellenbenutzung in Heft 25.

Beginn der neuen Forschungen des Heftes 25. Als ich im Archiv des Generalstabes arbeitete, lag eines Morgens ein Aktenstück auf meinem Tisch. Ich konnte natürlich nur annehmen, daß es für mich bestimmt sei. Es war aber durch eine Verwechselung eines Beamten auf meinen Tisch gekommen, wie mir später Oberstlieutenant v. Lezczynski unter vielen Entschuldigungen bethenerte. Das Aktenstück enthielt: Die seiner Zeit von mir an Moltke eingesandten „Zwei Brigaden"; den Bericht des Obersten v. Scherff vom Jahre 1882, endlich einen Brief des genannten Freiherrn v. Schimmelmann und einen des Lieutenants Meißner. Der Inhalt war mir bis auf die beiden Briefe nicht neu. Da dieselben im Archiv Jedem zugänglich sind, so möchte ich unzutreffenden Deutungen vorbeugen. Ich kam, so ist wenigstens mein Eindruck, besonders durch Herrn v. Schimmelmann schlecht weg. Die Stelle, meine alten Regimentskameraden ließen mich ruhig gewähren, weil ich seit meiner schweren Verwundung nur noch ihr Mitleid erregte, hat sich mir eingeprägt und muß hier sinngemäß wiedergegeben werden. Im Uebrigen handelten beide Briefe über die „Zwei Brigaden". Meißner spricht die Ansicht aus, die Truppenvertheilung der 38. Brigade sei auf dem Plan 2 in der Geschichte der 57er richtiger dargestellt, als in der Geschichte der 16er und meiner Skizze der „Zwei Brigaden". Dies war im Jahre 1893. Das Datum der Briefe habe ich mir nicht gemerkt.

Die neuen Forschungen, von denen das Vorwort des Heftes 25 erzählt, hatten also 1893 noch nicht begonnen. Halten wir das als den einen Markstein fest.

Während der Herausgabe der vierten Auflage der „Untersuchungen" (1894) war ich vom „Volkskrieg an der Loire" völlig in Anspruch genommen. Ich unternahm für eine nochmals nöthig werdende Auflage im Frühjahr 1895 eine Besichtigung zahlreicher Schlachtfelder, darunter namentlich Mars la Tour und St. Privat. Da gewann ich die Ueberzeugung, daß beide Schlachten einer gründlichen Berichtigung bedürfen. Nach meiner Rückkehr theilte ich dem Dr. Joeche mit, ich würde sobald ich könnte, Vionville und St. Privat herausgeben, worauf er freudig einging. Inzwischen hatte ich mit dem Sammeln neuen Stoffes begonnen. Als Beweis mag neben den bereits angeführten Briefen aus dem Jahre 1895 der im Anhang abgedruckte Bericht des Lieutenants Opderbeck und folgende Stelle aus einem Schreiben des Generals v. Lessing dienen:

„Berlin, 15. Juni 1896.

Als Sie mir neulich erzählten, Sie wollten Vionville schreiben, habe ich mich sehr gefreut, denke ich doch, daß die Aufgabe in den besten Händen liegt, dem 10. Korps und seinen Truppen zu ihrem Recht zu verhelfen . . . ." Folgt die Aufzählung der angeschlossenen, reichen und vielseitigen Quellen.

Die Ausführung meiner Absichten verzögerte sich, weil ich möglichst lückenlose Kriegsgeschichte schreiben will. Einzelne Lücken können jedoch vorläufig noch nicht geschlossen werden.

Eines Tages empfing mich einer meiner hiesigen Freunde mit den Worten: „Du, man will Dir an den Kittel." Darauf erzählte er mir, ... sei bei ihm gewesen; der habe ihm das verrathen. Die pikanten Einzelheiten übergehe ich.

Es währte nicht lange, da erfuhr ich von anderer Seite von Nachforschungen des Generalstabes bei verschiedenen Theilnehmern an dem Heldenkampfe der 38. Brigade. Und noch später wurde ich darüber wieder von anderer Seite durch einen Brief aufgeklärt, dessen hierhin gehöriger Theil wörtlich folgen mag:

„Vor ungefähr 10 Tagen bekam ich vom Hauptmann v. Bussow, kommandirt zur kriegsgeschichtlichen Abtheilung des Gr. Generalstabs, eine Anfrage betreffs zweifelhafter Punkte über die Schlacht von Mars la Tour. Der Generalstab wolle eine neue Beschreibung herausgeben. Beigefügt waren die Anfragen und betreffenden Antworten von (die 5 Namen bleiben absichtlich fort). Mit Deiner Schilderung in den „Zwei Brigaden" differirten die Angaben derselben nur in Bezug auf ein sprungweises Vorgehen und in Bezug auf das Vorgehen des Halbbataillons 9., 11./57. Von wem noch weitere Aufklärungen eingeholt sind, weiß ich nicht. Nach 27 Jahren noch solche zu geben, besonders in Bezug darauf, wo Hecken, Gebüsch, einzelne Büsche vorhanden gewesen sind, ist doch recht schwierig; ob die Pioniere rechts von der Korpsartillerie-Aufstellung vorübergegangen sind, die Endpunkte des dies-seitigen Vordringens, das Auseinanderhalten von I./57. und und F./16., die Lage der Hecke scheinen nicht zweifelfreie Punkte zu sein. Ist man nicht an Dich, als die lauterste Quelle, herangetreten! Das Gegentheil würde ich bedauern, Leszczynski dazu! —
13. X. 97."

Dies ist der andere Markstein für die Forschungszeit des Heftes 25. | Forschungs-
Ich brauche dieser Darlegung nur Weniges hinzuzufügen. Am | methode des
meisten fällt wohl dem Leser der Unterschied zwischen der Kritik Scherffs | Heftes 25.
in den Nummern 99—101 des „Militär-Wochen-Blatts", nach welcher nur wenig von den „Zwei Brigaden" in Folge der Forschungen des Heftes 25 übrig bleibe und diesem kritischen Urtheil eines uninteressirten, durchaus zuverlässigen Offiziers auf, der ausdrücklich betont, „mit Deiner Schilderung in den „Zwei Brigaden" differirten die Angaben nur u. s. w."

Ferner erscheint es eigenthümlich, daß die Anfragen bei Anderen, sowie deren Antworten dem Ermittelungsverfahren beigefügt wurden. Dadurch können Antworten bedeutend beeinflußt werden, und man wird dies bei den nach 27 Jahren erzielten Auskünften unter Beachtung der S. 93 berührten Anpassungsfähigkeit des Gedächtnisses berücksichtigen müssen.

Alsdann ergiebt sich aus dem Schreiben des Hauptmanns v. Bussow, wie die Topographie des Schlachtfeldes der 38. Brigade entstanden ist. Wie Heft 25 auf Grund solcher Ermittelungen behaupten kann, die Topographie des Schlachtfeldes habe sich nur wenig — man bedenke bei Hecken, Gebüschen, einzelnen Büschen — verändert, darüber werde ich wohl nicht allein in einiger Sorge sein. Ich kann mich heute auf die zahlreichen topographischen Unterschiede zwischen jetzt und vor 27 Jahren nicht einlassen; nur einiges Markante will ich aufführen: 1. Das Gehölz von Tronville ist bis zur französischen Grenze, die mitten hindurch geht, deutscherseits stark ausgeforstet. 2. Die ehemaligen hohen Pappeln an der Straße Mars la Tour—Vionville, welche damals der französischen Artillerie einen so dankbaren Anhalt für die Ermittelung der Entfernungen boten, sind beseitigt. Die Straße hebt sich jetzt, von der Höhe von Brüville aus gesehen, kaum noch ab. 3. Die ehemals so hinderlichen Drahteinfriedigungen der Koppeln sind verschwunden. 4. Die damals kaum sichtbaren Pappeln in der Schlucht, südlich Greyère 2c., sind zu das ganze Kampffeld hochüberragenden mächtigen Bäumen ausgewachsen. 5. Zahlreiche neue Hecken sind an dem östlichen Wege von Mars la Tour nach Brüville entstanden und haben das Angriffsfeld stark verändert. Andere Hecken sind wieder verschwunden u. s. w. Ich habe darüber nichts im Heft 25 gefunden. Ueberdies herrschte im Jahre 1870 bis Mitte August in fast ganz Frankreich eine außergewöhnliche Dürre. Es hieß sogar, die Besorgniß vor einer Hungersnoth sei eines der Kriegsmotive gewesen. Wie dem sei, die lothringische Hochfläche hat nur eine dünne Humusschicht, die bei anhaltender Dürre den Charakter von Kalkstaub annimmt. Deshalb sahen wir nach der Schlacht weiß wie Müller aus. Die Geschosse rikoschettirten auf dem fast zu Tage tretenden Steinuntergrund wie Mäuse-Schwärme; der Kalkstaub vermischte sich in Folge der Truppenbewegungen und der drückenden Hitze mit dem Pulverrauch nach kurzer Zeit zu einem undurchdringbaren weißen Schleier. Wer zu Fuß war, vermochte deshalb bald nichts mehr zu beobachten. Staub und Rauch klebten am Boden, aber die Berittenen konnten über den Schleier hinwegsehen und daher haben die Beobachtungen des Oberstlieutenants Schaumann eine große Bedeutung. Wie denn die Beobachtungen der Artilleristen in der Regel weit richtiger sind, als die der im heftigen Feuergefecht befindlichen Infanterie. Erstere können leichter die Ruhe bewahren und sind — wenigstens war das damals der Fall — mehr auf genaues Beobachten erzogen.

Quellen- Im Anhang und im Text ist nirgends gesagt, daß Heft 25 die
beurtheilung. Ermittelungen, auf denen seine Darstellung beruht, erst 27 Jahre nach

den Ereignissen angestellt hat, während bei den dienstlichen Berichten die Angaben über den Zeitpunkt ihres Entstehens nicht unterlassen wurden. Diese Methode ist doch sehr auffallend. Hält es schon schwer auf Grund von Berichten aus der Zeit der Ereignisse nur den großen Zug der Begebenheiten festzustellen, so läßt sich hiernach der Werth der Aussagen über Einzelheiten, die fast ausschließlich nach der Erinnerung der Befragten natürlich aber mit bestem Wissen, ertheilt wurden, ermessen. Hinzu kommt, daß in Folge meiner „Untersuchungen" Parteiungen entstanden sind. Für mich ist in dieser Hinsicht eine Ansprache des Obersten Manthey an das Offizierkorps der 16er sehr lehrreich gewesen. Heft 25 schreibt, im Jahre 1885 vom 16. Regiment angestellte Nachforschungen, die es aber nicht mittheilt, haben ergeben, daß 9., 12./16. am Ende des Angriffs auf der Schluchtsohle gewesen seien. 1885 war jedoch der Hauptzeuge, Hauptmann Ohly, längst gestorben; im Uebrigen sind mir die Nachforschungen von 1885 ebenfalls nicht unbekannt geblieben. Auch ich pflege seit vielen Jahren eine Ermittelungskorrespondenz, allein die derart gewonnenen Angaben benutzte ich bei reinen taktischen Dingen nur als Anhalte und Vergleiche mit den dienstlichen Berichten. Ueberdies lassen der Anhang und der Text an mehreren Stellen die erforderliche Quellenprüfung vermissen. Im anderen Falle hätten einzelne Erhebungen nicht gedruckt werden dürfen. Ich habe davon bereits bei den Auskünften Schultzes über den Schluchtkampf Proben gegeben*), ebenso bei Hillens Auskunft über das Vorgehen vom 9., 44./57. links an Sannow vorbei..**) Dahin gehört auch das Folgende S. 84 vom Lieutenant Pilger: „Mit enthüllten Fahnen unter den Klängen des „Heil Dir im Siegerkranz" und „Ich bin ein Preuße" geht es klopfenden Herzens voll Begeisterung dem Feinde entgegen." Und endlich S. 48/49: „Nach unserem letzten von der Hecke aus erfolgenden Sprunge kamen die Franzosen in drei sich folgenden Linien die jenseitige Höhe herunter. Aus allen drei Linien wurde gefeuert, meist mit Kolben in Hüfthöhe. Als die vorderste Linie in den Grund hinabtauchte, kam der Befehl zum Rückzuge." Daß 3 sich hintereinanderfolgende Linien gleichzeitig von der Hüfte aus gefeuert haben, erscheint unmöglich. Die Franzosen hätten sich derart selbst zusammen geschossen. Und das soll Hillen in diesem undurchdringlichen Pulverdampf vom Süden der Schlucht aus gesehen haben!? Auch bestreite ich, daß 9., 11./57. Befehl zum Rückzuge***) erhalten haben. Kompagnieführer und Adjutant waren längst verwundet und außer Thätigkeit gesetzt, der Regimentsadjutant hat den Obersten v. Granach nicht verlassen. Wer sollte den Befehl ertheilt haben? Nein, diese beiden Kompagnien wurden zurückgeworfen, auf Befehl sind sie nicht zurückgegangen.

*) Siehe S. 81/82.
**) Siehe S. 76/77.
***) Anhang V.

Quellenwerth auf deutscher Seite. Aus den zahlreichen im Anhang angeführten Quellen kann ich über taktische Begebenheiten nur wenigen Bedeutung beimessen: 1. Dem während der Belagerung von Metz für die „Kreuzzeitung" bestimmten Bericht des Lieutenants Dziobek; 2. dem Tagebuch des Herrn v. Schimmelmann, endlich den „Aufzeichnungen", „Erinnerungen" oder „Briefen" des Hauptmanns Schultze.

Von den Schriftstellern, welche sich mit Mars la Tour beschäftigt haben, sind keine Auskünfte eingezogen worden, und doch zeitigt die Kriegsgeschichte so viel Ueberraschungen, daß sich bei ihnen am Ende Umfragen verlohnt hätten. In wie vielen Punkten hat Heft 25 z. B. das Generalstabswerk dementiren müssen. Die Darstellung im Generalstabswerk und im Heft 25 ist aber doch auf Grund derselben amtlichen Quellen erfolgt und nun vergleiche man den Plan 5 B des Generalstabswerkes und die Pläne 4 und 5 des Heftes 25. Ich habe, wie Jedermann weiß, für die „Untersuchungen" das Archiv des Generalstabes nicht benutzt. Ich habe aus den Ereignissen heraus, aus eigener Anschauung als Augenzeuge geschrieben. Nach den Quellenforschungen des Heftes 25 muß der Leser dagegen zu der Auffassung gelangen, daß ich kein Augenzeuge bin; mein Name scheint geflissentlich vermieden worden zu sein. Damit darüber aber keine unzutreffenden Deutungen entstehen, muß ich bemerken, daß Oberst v. Cranach mir von Schloß Bun schon am 3. Oktober 1870 auf wiederholte Empfehlung Sannows das Eiserne Kreuz übersandte; daß seit meiner Verabschiedung mir bei der Wiederkehr des 16. August fast regelmäßig ein Telegramm zuging. Das aus dem Jahre 1880 lautet: „Wesel, den 16. August, 4 Uhr nachmittags: Unserem Fritz den herzlichsten Gruß zum heutigen Tage. Die alten Kameraden." Für andere derartige Zeichen ist die Zeit noch nicht gekommen. Ich habe diese hauptsächlich nur wegen des Briefes des Herrn v. Schimmelmann, der dem Generalstabsarchiv einverleibt ist, erwähnt.

Die mir neuerdings aus den verschiedensten Kreisen zugegangenen Briefe und Aeußerungen darf ich nicht ganz unterdrücken. In einem Briefe heißt es z. B.:

„Daß die Arbeit des großen Generalstabes hauptsächlich gegen Ihre Darstellung dieser Aktion gerichtet ist, erhellt schon aus der völligen Ignorirung Ihrer Schrift und Ihres Namens, woraus die mindestens unfreundlichen Gefühle zu ersehen sind, die . . . . . gegen Sie hegt. Eine ganze Menge Offiziere des 16. Regiments werden genannt. Sie aber, der Sie eine in Offizierkreisen Aufsehen erregt habende Abhandlung über den Verlauf dieses Kampfes geschrieben haben und bei Letzterem erheblich verwundet wurden, mit keiner Silbe. Der Generalstab sagt, der Angriff sei nahe daran gewesen, zu gelingen. Ich sollte meinen, diese Behauptung sei grundfalsch . . . . . Die Regimenter 16 und 57 sind, auch nach der Beschreibung des Generalstabes, auf der jenseitigen Schluchthöhe in einem so ungeordneten Zustande angekommen, daß sie undirigirbar waren und daß sie zerschellen mußten, sintemal alle Mannschaften verausgabt waren und von einer Reserve . . . . keine Rede war. Es war eben Alles auf eine Karte gesetzt." . . . .

Nach Mittheilung des Oberstlieutenants v. Marées, ist, wie schon gesagt, Scherff der Verfasser der Darstellung des Angriffs der 38. Brigade auf die Bruviller Höhen; Marées hat nach eigener Angabe daran nur redaktionelle Aenderungen vorgenommen. Scherff habe auch die Aufmarschskizze und Angriffsskizze, sowie der Plan 5 B. des Generalstabswerkes zur Korrektur vorgelegen. Nun machten sich schon, dies bestätigt auch Cardinal v. Widdern, in den „Kritischen Tagen", II während des Krieges Bedenken gegen den Angriff der 38. Brigade geltend, die Scherff wohl nicht ganz unbekannt geblieben sind. Seine Darstellung im Generalstabswerk wird man deshalb nicht mehr als ganz unbefangen, sondern zugleich als vom Standpunkt einer Rechtfertigung aus verfaßt betrachten dürfen, ebenso wie die Vertretung des Verhaltens Schwartzkoppens. Immer wieder muß die Frage gestellt werden, wie konnten die Planskizze des Generalstabswerks I, 607 und der Plan 5 B ebenda entstehen, wenn derselbe Scherff die Skizze aus dem Jahre 1882 für richtig hält? Größere Widersprüche sind doch kaum denkbar. Der nächste ins Einzelne gehende Plan (seit dem Generalstabswerk) ist in der Geschichte der 16er (1880). Darin erscheinen die Angriffsrichtungen der Regimenter 16 und 57 noch deutlicher als auf Plan 5 B und die beiden Regimenter ganz scharf als 2 Kampfgruppen: Regiment 16 nach Norden mit 2 Bataillonen sogar westlich der Straße Mars la Tour—Bruville, Regiment 57 nach Nordosten. Am Ende des Angriffs stehen beide Regimenter 240 m nördlich der Schlucht, in gleichen Theilen zu beiden Seiten der Straße Mars la Tour—Bruville, ganz im Sinne „der braven Stürmer" und des Planes 5 B des Generalstabswerkes. Und gemäß dem Vorwort ist diese Truppendarstellung auf Grund „der amtlichen Berichte der 16er und nach Mittheilungen der Offiziere", also der Theilnehmer an der Schlacht erfolgt! Wie war das möglich, muß wieder gefragt werden? Was konnte ich nun wohl besseres thun, als diese amtlichen Quellen als geschichtlich zuverlässig betrachten, soweit sie die 16er betreffen. Wenn die amtlichen Darstellungen mich getäuscht haben, wenn also der Plan 4 des Heftes 25 richtig wäre, so wäre ich doch das Opfer zweier amtlicher Werke, die das Vertrauen nicht verdienten, welches ich ihnen entgegenbrachte. Ich halte aber auch den Plan 4 des Heftes 25 in Bezug auf den Angriffsraum nicht für richtig. Die Geschichte der 16er sagt darüber S. 269: „Nur die an der Nordlisiere entlang gehende 7. und 8. Compagnie nahmen bald, durch die Richtung, von der das Feuer kam, veranlaßt, die Front nach Norden und gingen am Waschhause vorbei in dem Grund vor, welcher sich nördlich des Orts entlang zieht", und weiter: „Eine weithin sichtbare, an der Straße Bruville—Mars la Tour aufgefahrene Mitrailleusen-Batterie bezeichnete

Oberst v. Briren als Point de vue, nur die 5. und 6. Compagnie auf dem linken Flügel wurden . . . . auf Greyère-Ferme dirigirt." Während ich also in Bezug auf die 16er ihrer eigenen amtlichen Angabe folgte, stieß ich die Truppendarstellung des Planes 5 B des Generalstabswerkes und des Planes der 16er hinsichtlich der 57er völlig um und habe damit im Allgemeinen das Richtige festgestellt. Dieser Einfluß auf den Plan 2 der im Jahre 1883 erschienenen Geschichte der 57er ist deutlich wahrnehmbar. Die Einzelheiten der fünf Planskizzen mit einander zu vergleichen, überlasse ich dem Leser. Daß ich übrigens im Laufe der Zeit die Richtigkeit des Planes 5 B im Generalstabswerk und des Planes der 16er Geschichte anzweifelte, beweist ein an den Hauptmann v. Haeften (am 16. 8. 70 bei 8./16.) gerichtetes Schreiben. Derselbe antwortete unter dem 19. 1. 90: „Was nun etwaige Aenderungen bei einer Neuauflage Ihres Buches „Zwei Brigaden" betrifft, so glaube ich schwerlich einen bemerkenswerthen Beitrag hierzu liefern zu können. Wer als Lieutenant in der Truppe steht, sieht von dem ganzen Hergange des Gefechts wenig, so kann Ihnen mein Zeugniß kaum nützen. Ob die 7. Kompagnie 16er rechts oder links von der 8. Kompagnie gewesen, erscheint mir z. B. recht unbedeutend."*) Die Hauptsache ist, daß Herr v. Haeften gegen meine Angriffsrichtung damals nichts einzuwenden hatte. Er aber hätte dazu doch zuerst in der Lage sein können; somit bleibe ich dabei, daß 7., 8./16. am Ende des Angriffs links der Straße Mars la Tour—Bruville gewesen sind.*) Die Annahme im Heft 25 S. 72, die Masse der Brigade sei am Ende des Angriffs ganz östlich der Straße nach Bruville gewesen, fußt nur auf den Mittheilungen von zwei Offizieren 7./16. und dem Gefechtsbericht dieser Kompagnie. Diese Offiziere „in der Truppe" werden aber doch wohl kaum besser den Hergang des Gefechts übersehen haben, als Herr v. Haeften, der an derselben Stelle gewesen ist.

In einer Note schreibt Heft 25 S. 25: „Die in der „Deutschen Heereszeitung" 1895, S. 108 aufgestellte Behauptung, „Oberstlieutenant v. Caprivi habe sich veranlaßt gesehen, die Niederschriften über den 16. August beim Generalkommando 10. Korps zu verbrennen, weil sie unlösliche Widersprüche enthielten", entspricht nicht den Thatsachen. Die Urschriften sämmtlicher, zumeist am 17. August erstatteten Gefechtsberichte befinden sich in den Akten des Generalkommandos und enthalten durchaus nicht mehr Widersprüche als andere." Also Widersprüche enthalten sie doch. Heft 25 hat überdies nicht richtig gelesen. Die „Behauptung" der „Deutschen Heereszeitung" rührt von mir her. Ich spreche darin von „Niederschriften beim Generalkommando 10. Korps" und nicht von „Gefechtsberichten" (der Truppen). Das sind zwei völlig verschiedene Dinge. Die Niederschriften beim Generalkommando

---

*) Siehe S 73.

waren von Caprivi angeordnet, um die Ursache des Mißverständnisses mit dem General v. Kraatz festzustellen. Die Ergebnisse dieser Enquête habe ich deutlich im Auge gehabt und das, was ich darüber geschrieben habe, ist richtig. Meine Quellen sind der Reichskanzler v. Caprivi und Generaloberst Graf Waldersee.

Was die Ermittelungen über die Vorgänge auf französischer Seite angeht, so sind sie fast ausschließlich aus Dick de Lonlay und den Truppengeschichten geschöpft. Eine amtliche Darstellung ist bisher nicht erschienen. Nun kann aus den benutzten Quellen zwar Einzelnes festgestellt werden, aber im Allgemeinen ist man doch auf Kombinationen angewiesen. Das ist ein unsicherer Boden, und in wie geringem Ansehen die Truppengeschichten bei den Franzosen stehen, hat Lehautcourt in folgenden Worten ausgesprochen: „Les historiques des corps existant actuellement sont parfois muets . . . Parfois aussi, ils sont faits avec une grande légèreté, pour ne pas dire de plus, et ne peuvent en rien être considérés comme des documents de quelque valeur." (Revue de Cavalerie, Juni 1896, S. 331/332.) Trotzdem erkenne ich an, daß Heft 25 auch hier die Darstellung im Generalstabswerk in wesentlichen Punkten dementirt hat; doch es schwebt noch viel Dunkel über den Geschehnissen auf französischer Seite, das erst noch aufzuhellen ist. *Quellenwerth auf französischer Seite.*

Es ist in der Wissenschaft Brauch, frühere Darstellungen zu „zitiren". Heft 25 hat das auch in verschiedenen Fällen gethan. Die „Untersuchungen" erfreuen sich aber seiner Beachtung auch bei den Geschehnissen nicht, wo zwischen den „Untersuchungen" und Heft 25 eine auffallende Aehnlichkeit besteht. Der Leser möge urtheilen: *Quellenbenutzung.*

Untersuchungen, S. 140-142.

„Uebrigens will ich noch über die Mannschaft anführen, daß ich nicht einen Fall beobachtete, daß ein Mann sein Gewehr oder sonst etwas fortgeworfen hätte; kaum hörte ich einen Verwundeten wimmern oder wehklagen, der guterzogene Soldat bewahrt, wie es scheint, sogar eine gewisse seelische Größe im furchtbarsten Unglück"......

„Die Ueberspannung hatte den höchsten Grad erreicht .... Einige flinke Schwadronen und kein Mensch wäre entkommen!" .... „Diese Truppe hat ihre Aufgabe als brave Soldaten ausgeführt und die Kriegs-

Heft 25, S. 53.

„Trotz der Eindrücke des vorausgegangenen mörderischen Kampfes bewahrte die Truppe noch jetzt unter den auflösenden Einflüssen des Rückzugs eine bewunderungswürdige Haltung, aber das Gefühl war allgemein: wenn jetzt Kavallerie kommt, so sind wir Alle verloren! Die übrig gebliebenen Offiziere schaarten die Reste an der großen Straße zusammen und richteten den gesunkenen Muth der Mannschaft durch Zuspruch und Beispiel wieder auf."

geschichte dürfte kaum ein Beispiel enthalten, welches diesem an die Seite zu setzen wäre, Alles in Allem betrachtet." .... „Ein anderer junger Offizier vom F.|57, Lieutenant de Rège, war im Kampfe unversehrt geblieben. Auf dem weiten Schlachtfelde irrrten die Leute einzeln umher; da greift er beherzt ein vorbeieilendes, herrenloses Pferd auf und schnell sitzt er im Sattel. Dann hebt er den Degen hoch und sammelt an der Straße von Mars la Tour nach Vionville die verwaiste Mannschaft." (Hier folgt der „Zuspruch" de Règes.)

S. 164-166.

„Die Franzosen mochten vielleicht bis 150 m nördlich der Höhenlinie 780 gelangt sein, als die 1. Garde-Dragoner angriffen und nun entwickelte sich ein unbeschreibliches Durcheinander. Beide Schützenlinien stürzten zurück, Gewehr und Gepäck wurden weggeworfen, andere Schützen legten sich neben und zwischen uns auf die Erde, oder suchten kleine Trupps zu bilden; die Mannschaft schoß nach allen Seiten; dazwischen erfolgte unregelmäßiges Feuer aus den geschlossenen Bataillonen .... Hätte die französische Infanterie das besessen, was eine tüchtige Truppe haben muß, taktische Ordnung und Kriegszucht, dann konnte keine Kavallerie auch nur den geringsten Erfolg ... haben. Dennoch überraschte sie vollkommen .... Wie konnte sie aber überraschen? Weil die gegnerische Infanterie den größten Theil ihrer Gewehre dadurch lahm legte, daß die

S. 55.

„Die den beiden Flügeln der Brigade Goldberg angehängten Abtheilungen stießen entsprechend ihrem Vorgehen einige hundert Schritte südlich der Schlucht konzentrisch zusammen. So waren die französischen Truppen auf engem Raum zusammengedrängt und bunt durcheinander gewürfelt. Die taktische Ordnung hatte sich gelöst. Nur Wenige schienen sich um die Verfolgung des Sieges zu kümmern. Die Offiziere traten in Gruppen zusammen (?), um unter lebhaftem Geberdenspiel ihre Ansichten auszutauschen. Ein Theil der Mannschaft zerstreute sich über das Gefechtsfeld, um eine Trophäe zu erhaschen, einen Helm, einen Säbel oder einen Revolver. Andere beschäftigten sich damit, an den Weidenbäumen in der Schlucht den Zündnadelgewehren den Kolben abzuschlagen."

Regimenter . . . . . vom linken Flügel . . . . . in scharf westlicher Richtung auf Mars la Tour losgingen. Dadurch verhinderten sie die französische Front, welche im spitzen Winkel geschnitten wurde, zu feuern . . . . Als sich die Schützen . . . . mit denen der Infanterie der Front trafen — über all' unseren Todten und Verwundeten — da war es, als ob man unter fröhlichem Wiedersehen den Sieg feierte; dazu mag Veranlassung gewesen sein, aber man war noch nicht Herr des Schlachtfeldes. Man schrie, rief und trank sich zu, man schwenkte die Käppis und befaßte sich unter allen möglichen Spöttereien nur mit den unglücklichen Opfern des Kampfes . . . Das war es, man fühlte sich Herrscher des Schlachtfeldes, man befaßte sich mit Dingen, mit denen man sich nicht beschäftigen durfte, darunter löste sich die Ordnung und in diese Sorglosigkeit preschte unsere Kavallerie; der Erfolg war ihr und mußte ihr sein . . . . . „Also neben taktischen Fehlern trägt der schlechte Geist und die mangelnde Kriegszucht Schuld, daß die Franzosen über die erschossenen Erfolge nicht hinausgelangten."

§. 57.

„Theils fanden sie (1. Garde-Dragoner, Verf.) Deckung in der Mulde, theils beschäftigten sich die Franzosen mit den Gefallenen und Verwundeten der Brigade Bedell. Als nun die Garde-Dragoner aus dem Staub und Pulverdampf des Schlachtfeldes in naher Entfernung vor dem Gegner auftauchten, da entstand eine heillose Verwirrung in den Truppen, die durch den vorausgegangenen Angriff der Hand der Führer entglitten waren. Die vordersten Schützen warfen sich auf die Erde oder drängten nach rückwärts, wurden aber von den dahinter stehenden aufgehalten. Andere ballten sich in kleine und größere Knäuel zusammen und versuchten Salven abzugeben. Die hinteren Linien schossen rücksichtslos in die vorderen hinein."

§. 59.

„Noch schwerer wogen die moralischen Erfolge der Attacke: sie bewies den Franzosen, daß sie noch nicht Herren des Schlachtfeldes seien, um sich ungestraft der Freude des Sieges hinzugeben. Sie trug wesentlich dazu bei, daß der Feind die Vorbewegung einstellte und sich allmählich über die Schlucht zurückzog, um die sehr durcheinander gekommenen Verbände in größerer Sicherheit wieder zu ordnen. Die Attacke gelang, weil durch geschickte Geländebenutzung und Schnelligkeit der Gegner überrascht wurde, der Stoß seine Flanke traf und in einem Augenblick erfolgte, in dem sich der in Unordnung gerathene Feind in ungünstiger Verfassung für die Abwehr befand!"

An anderen ähnlichen Stellen fehlt es nicht. Der Stoß der Garde-Dragoner traf übrigens nur von links die feindliche Flanke, von rechts dagegen die feindliche Front.

Ergebniß. Nach Alledem wird man nicht sagen können, daß das Verfahren des Hefts 25 die wissenschaftlichen Anforderungen befriedigt. Freilich ist der Einzelne ebenso wie eine Behörde von dem jedesmaligen Stande der Quellenerschließung abhängig. Heft 25 erweckt jedoch den Eindruck, als ob es mit Vorliebe Scherff folge: Scherff im Generalstabswerk, Scherffs Bericht von 1882, Scherffs „Kriegslehren" von 1894. Selbst Quellen wie Schaumann, Leßing (Cardinal v. Widdern) — von meiner Wenigkeit zu schweigen — werden in einer Weise abgethan, die gegen die wissenschaftlichen Gepflogenheiten verstößt. Wer selbst gelten will, soll Andere gelten lassen. Unfehlbarkeit giebt es in der Kriegsgeschichte nicht. Und schließlich ist derselbe Scherff im „Militär-Wochen-Blatt," S. 99—101 auch noch der öffentliche Kritiker seiner eigenen Sache! Ich erhielt von der Verlagsbuchhandlung Heft 25 als Rezensionsexemplar mit der Morgenpost am 8. November, am nächsten Tage erschien bereits die Kritik Scherffs im „Militär-Wochen-Blatt." Das könnte schon den Eindruck einer gewissen Planmäßigkeit erwecken. Mag die Planmäßigkeit nur der Ausfluß buchhändlerischer Gepflogenheiten gewesen sein, so kommt doch eine auffallende Thatsache hinzu. Heft 25 enthält außer dem Angriff der 38. Brigade Manches, was einer Kritik werth ist. Allein Scherff befaßt sich nur mit Hoenig, immer mit Hoenig und dabei steht der Name nur ganz verstohlen in einer Fußnote des Heftes 25.

Die Kritik im „Militär-Wochen-Blatt" hatte wegen mehrerer Spezialfälle den Zorn eines klugen und gerechten Kriegsministers erregt. Er entschloß sich deshalb, den Charakter des „Militär-Wochen-Blatts" zu verändern, und er hätte ihn gründlich verändert, wenn, ja wenn . . . . . . Es sollte nicht mehr nur bestimmten Anschauungen und Kreisen dienen; es sollte nicht mehr ein buchhändlerisches Unternehmen sein, das eine Mal mit der Flagge des Kriegsministeriums, das andere Mal mit der Flagge des Generalstabes im Großtopp: es sollte parteilos und taktvoll den wissenschaftlichen Bedürfnissen und Bestrebungen der Armee dienen. Jetzt ist die Stellung des Leiters sehr schwierig; er ist nicht allein vom Kriegsministerium abhängig, sondern auch vom Generalstabe. Abgesehen von anderen Rücksichten und Erfordernissen, kann es Niemand zwei Herren recht machen, wenn diese unter sich nicht einig sind.

Charakteristisches. Nun ein paar charakteristische Fälle. Als ich den Aufsatz „Zur Geschichte des 25. August 1870" in der „Heereszeitung" vom 7. 9. 87 veröffentlicht hatte, entstand im Generalstabe eine große Bewegung. Ein hoher Offizier desselben ließ mir durch den Major z. D. J. Scheibert schriftlich drohen, er werde die „Heereszeitung" verbieten. Man brachte meinen Aufsatz zur Kenntniß Moltkes, um mich mit einer amtlichen Entgegnung todt zu schlagen. Ein Offizier wurde zu Moltke befohlen; dieser empfing ihn mit den Worten, da hat der Hoenig eine sonderbare Darstellung über die Operation gegen Mac Mahon veröffentlicht. Ihr zufolge soll Podbielski Mac Mahons Umgehungsmarsch zuerst als wahrscheinlich bezeichnet und Gegenmaßnahmen vertreten haben. Das ist ja eine merkwürdige Sache. Der Offizier hatte vorher die betreffende Stelle des Generalstabswerkes II, 971 bereit gelegt und antwortete, Hoenig hat ganz Recht, hier steht es ausdrücklich im Generalstabswerk. Moltke las die Stelle und sagte, das ist wahr, nach dem Generalstabswerke hat Hoenig recht, die Sache war aber doch anders. Allein da es nun mal im offiziellen Generalstabswerk steht, so dürfen wir es nicht dementiren. Das Dementi unterblieb natürlich. — Neuerdings scheint eine andere Auffassung zu bestehen, soweit man nach den zahlreichen Dementis schließen kann, die sich an amtlicher Stelle folgen.

Als ich den zweiten Band des „Volkskrieges an der Loire" vollendet hatte und in die üble Lage kam, eine sonderbare Schrift der Abtheilung für Kriegsgeschichte tadeln zu müssen, ließ mich ein Eingeweihter um meinen Besuch bitten. Er führte aus, es wäre unmöglich, mich in der Gunst des Generalstabes zu erhalten, an der mir doch viel gelegen sein müsse, falls ich seine Arbeiten öffentlich tadele. „Eine solche Gunst fordere die Gegenseitigkeit einer Ordensgemeinschaft" Ich antwortete, die Archivbenutzung mache mir eine gerechte Beurtheilung schon deshalb zum Gebote, weil viele Andere dieselben Mängel erkennten. Wenn ich sie nicht berührte, würden Mißgünstige wahrscheinlich sagen, man hat Hoenig für Archivstücke gekauft und er hat sich kaufen lassen, für beide Theile doch wenig schmeichelhaft.

Auch Andere haben ihre Erfahrungen gemacht. Das bekundet folgende Stelle aus einem Briefe des Generalobersten v. Pape vom 20. September 1891 . . . . „Als das Generalstabswerk erscheinen sollte, schickte man mir z. B. die Correkturbogen über St. Privat zur Kritik zu. Ich berichtigte namentlich eine ganz wesentliche Behauptung, aber es half nichts; 4 Mal schickte man mir die Sache und 4 Mal bemühte ich mich, die Sache klar zu stellen, indem ich zuletzt meinen letzten Trumpf ausspielte, den Namen eines Offiziers nennend, den ich fallen lassen mußte, was ich gerne vermieden hätte — es half Alles nichts, im Generalstabswerke steht heute die gegentheilige Behauptung aufrecht.

Das Alles hat mir die Militär-Literatur verleidet, und ich lese nichts mehr."*)

Wenn wenig Interesse für Kriegsgeschichte vorhanden ist, sollte man bedenken, daß der Grund zum Theil in der mit verschiedenen Rücksichten behafteten Forschungsmethode liegen kann.

---

*) Mit genauer Wiedergabe der Ausdrucksweise abgedruckt.

Noch während des Erscheinens des Generalstabswerkes erhob sich gegen viele Einzelheiten im Großen und Kleinen Widerspruch. Allein laut Cabinets-Ordre vom 7. November 1871 war jeder Offizier, der neue Thatsachen über den Krieg 1870/71 veröffentlichen wollte, angehalten worden, auf dem Dienstwege die Genehmigung des Generalstabes einzuholen. Auf Grund vorstehender Cabinets-Ordre werden sogar sämmtliche Regimentsgeschichten dem Generalstabe vor der Veröffentlichung eingesandt. Wer im „M. W.-Bl." etwas über den Krieg von 1870/71 veröffentlichen wollte, konnte die Erfahrung machen, daß ihm dieser Weg auf Anweisung des Generalstabes verschlossen wurde, aus „persönlichen Gründen". Man wollte an dieser Stelle keine Stimme hervortreten lassen, die sich über das Generalstabswerk nicht anerkennend ausgesprochen habe, weil dies als eine Billigung der Angriffe gegen jene Behörde aufgefaßt werden könnte.

Der Prinz Friedrich Karl schreibt am 2. August 1876: . . . . . „Wenn ich die Feder ergreife, um einige Zeilen an Sie zu richten, so geschieht dies insbesondere um Ihnen meine Freude über Ihre Arbeit auszudrücken, welche ebenso geistreich wie treffend und zugleich doch sehr schonend das Seciermesser an die Arbeit des Generalstabes ansetzt. Leider ist sie ja auch von sehr verschiedenen Personen und von solchen geschrieben, die nicht die Sache allein im Auge hatten." Das Schreiben ist von hohem Werth für die Beurtheilung des ernsten Charakters des Prinzen Friedrich Karl. Wilhelm I. wollte öffentliche Polemiken möglichst vermieden sehen, aber er wies durch seine Willensmeinung dem Generalstabe eine kaum erfüllbare und verantwortungsvolle Aufgabe zu. Und schließlich mußte doch die Zeit kommen, da der Generalstab selbst an die Revision seines Hauptwerkes Hand legte. Moltke hat erklärt, die „Kriegsgeschichte wird nach dem Erfolg appretirt", „Prestigen müssen erhalten werden", und, „was man sagt, muß wahr sein, aber man braucht nicht Alles zu sagen, was wahr ist". Man darf annehmen, daß diese Sentenzen unter seiner Leitung beobachtet worden sind, doch haben sich wegen derselben zwei Parteien gebildet, die eine ebenso dafür, wie die andere dawider. Die Erstere war ein Menschenalter hindurch die alleinherrschende und wird auch in Zukunft Anhänger und Vertreter haben.

Noch kurz vor Abschluß dieser Korrekturen las ich den II. Band der „Geschichte des Krieges von 1866" von v. Lettow-Vorbeck. Darin heißt es S. 55:

„Kriegsgeschichte wird vorzugsweise geschrieben, um aus ihr für die Zukunft zu lernen." Und II, 420/21 schreibt derselbe Autor:

„Bei den obigen Urtheilen der amtlichen Darstellung (nämlich der österrischen) . . . . . kann man sich des Eindrucks nicht erwehren, daß die Schuld . . . . . . im Besonderen dem Feldzeugmeister zugeschoben wird. Und in der That, der verdienstvolle Verfasser von „Oesterreichs

Kämpfe", Oberst v. Fischer, hat es als eine patriotische Pflicht empfunden, bei der nach dem Kriege allgemein herrschenden Niedergeschlagenheit die Armee selbst möglichst zu entlasten und ihr das verlorene Selbstvertrauen wiederzugeben. Bei einer unter diesen Umständen erstaunlichen Offenheit bei Wiedergabe der Thatsachen ist diese Absicht doch durch Gruppirung des Stoffes und Art der Beurtheilung für die große Masse der Leser wohl gelungen . . . . . Die Berechtigung einer solchen Darstellung zu jener Zeit ist anzuerkennen. Aehnliches ist auf preußischer Seite geschehen, indem man begangene Fehler und unerfreuliche Thatsachen unerwähnt ließ. Abgesehen von Rücksichten auf Personen lag es hier ebenfalls im patriotischen Interesse, das Selbstgefühl der Armee nicht abzuschwächen, die man wahrscheinlich gegen einen neuen Feind führen mußte, um das soeben Erstrittene zu behaupten.

Wenn heute der Schleier gehoben wird, der diese vor mehr als einem Menschenalter geschehenen Vorgänge bisher deckte, so darf dies andererseits auch als eine Pflicht gegen das heranwachsende Geschlecht von Führern angesehen werden, welchem eigene Erfahrungen nicht zur Seite stehen, das aber nur aus dem wirklichen Hergang der Begebenheiten lernen kann."

Ich habe dieses Bekenntniß mit schmerzlichen Empfindungen gelesen. Es ließe sich darüber vieles sagen, ich will es hier nicht thun. Was für 1866 gilt, hat aber erst recht für 1870/71 Gültigkeit.

Wenn Heft 25 schreibt, „Der Angriff der Brigade Wedell sei weder schlecht geführt noch ein tollkühner Versuch gewesen", so kann doch darin im Zusammenhange mit seinen sonstigen Darlegungen nur eine Billigung der Maßnahmen Schwartkoppens erblickt werden, und da wir nur aus dem wirklichen Hergang lernen können, so gäbe es nach Heft 25 keine andere Lehre als die, es in Zukunft ebenso zu machen, wie Schwartkoppen es gethan hat. d. h.: Es ist nicht nöthig, die Kavallerie rechtzeitig zur Aufklärung zu verwenden; nicht nöthig, daß der Führer möglichst frühzeitig auf dem Schlachtfelde erscheint und die persönliche Verständigung mit dem kommandirenden General aufsucht; nicht nöthig, die Ausdehnung der feindlichen Stellung festzustellen, bevor die Stellung angegriffen wird; nicht nöthig, eine Reserve zurückzuhalten u. s. w. Alles das ist aber nur Sache der Führung!

XII. Schlußworte.

Zweckmäßigkeit des Angriffs der 38. Brigade. Ueber die Zweckmäßigkeit des Angriffs der 38. Brigade habe ich mich in den „Untersuchungen" ausgesprochen. Ich halte den Angriff heute noch für unzweckmäßig. Wenn Scherff im „M.-W.-Bl." 99—101, 1898 entgegnet, alsdann hätte ich auch den General v. Alvensleben tadeln müssen, weil er, trotzdem er inzwischen die große Ueberlegenheit des Feindes festgestellt, sich zum Angriff entschlossen habe, so muß ich zunächst bemerken, daß ich mich mit diesem General am 16. August noch nicht öffentlich beschäftigt habe. Ueberdies war aber doch die Lage des 3. und 10. Korps wesentlich verschieden. Was Alvensleben beschloß und that, billige ich übrigens fast in jedem Punkt. Es war die Handlungsweise eines großen Generals, der bereit war, sich mit seinem Korps für ein großes Ziel zu opfern und die Ausführung seiner Absichten, das, was man Leitung nennt, ist fast immer mustergültig Das kann man aber gewiß nicht vom 10. Korps, am wenigsten vom General v. Schwartzkoppen sagen. Und deshalb verzeichnet die Kriegsgeschichte den Namen Alvensleben mit Ehrfurcht. Er faßte seinen großen Entschluß in der Hoffnung auf die Unterstützung des 10. Korps. Mit der Einnahme von Vionville und Flavigny war jedoch die Offensivaufgabe der Deutschen gelöst, die Schlacht gewonnen; und es durfte sich meines Erachtens von jetzt ab nur noch darum handeln, das Gewonnene zu behaupten. Wie das anzufangen war, darüber können die Ansichten getheilt sein. Ich bin der Meinung, es wäre auf defensivem Wege besser geschehen als auf offensivem. Moltke sagt darüber S. 45 seiner Geschichte des deutschfranzösischen Krieges: „Dank der werthvollen Hilfe des 10. Korps konnte dann Nachmittags die Schlacht defensiv zu Ende geführt werden, aber eben nur durch die kräftigsten Gegenstöße der Kavallerie und die unermüdliche Ausdauer der Artillerie. Jetzt aber war es angezeigt, den weit überlegenen Feind nicht durch erneute Angriffe herauszufordern und, wo keine Unterstützung mehr zu hoffen, den schwer erkauften Erfolg in Frage zu stellen." Nun meine ich, daß gerade das geschehen ist, was Moltke verworfen hat. Der Feind wurde durch erneute Angriffe herausgefordert, nachdem keine Unterstützung mehr zu erwarten war und dadurch nach meinem Ermessen der Erfolg thatsächlich wieder gefährdet, weil die 38. Brigade taktisch völlig vernichtet wurde. Da wäre es doch zweckmäßiger gewesen, die frischen Kräfte des 10. Korps aufzusparen, um einer feindlichen Offensive begegnen zu können.

Heft 25 schreibt dagegen S. 77: „Aus dem Stocken des französischen Angriffs ließ sich auf einen Abmarsch des Feindes schließen, und wenn zu der Zeit, als die Brigade Wedell vorging, eine Gefahr dem preußischen linken Flügel nicht zu drohen schien, so mußte die Führung jetzt befürchten, daß „Theile" des Gegners ihren Rückzug ausführen und sich der bevorstehenden Abdrängung von den Maas-Uebergängen noch gerade rechtzeitig entziehen würden. . . . . Augenscheinlich wurde er (Voigts) dabei von der Ueberzeugung geleitet, daß nur durch den rücksichtslosen Einsatz der Brigade zum Angriffe der neue Gefechtszweck: Die Festhaltung des Feindes, zu erreichen sei. Ein Bericht des Generalkommandos vom 29. August 1870 sagt: „Der kommandirende General wurde von der Ansicht geleitet, daß der Feind auf Verdun zurückgehen wolle, ... die Brigaden wären vereinzelt ins Feuer geschickt, um dem Feind keine Zeit zum Abmarsche zu lassen, und möglichst viele feindliche Kräfte festzuhalten."

Diese Begründung erscheint doch wenig stichhaltig. Theile einer Armee, die in einem blutigen Kampfe steht, marschiren nicht ab, wenn die Gegner sich auf Gewehrschußweite gegenüber stehen. Die taktische Spannung untersagt es. Selbst Colombey, am 14. August 1870, spricht insofern dagegen, als der Abmarsch (Abbruch) erst nach der Beendigung der Schlacht mit Metz im Rücken erfolgte. Ueberdies hat man doch Kavallerie zum Melden und Nachrichtenoffiziere zum Beobachten; sie müssen am Feinde bleiben. Und weshalb hätte die vereinigte Rhein-Armee in dieser Lage durchaus nach der Maas abmarschiren müssen! Konnte sie sich nicht für eine große Offensive bereit machen? u. s. w. Ein neuer Gefechtszweck lag gar nicht vor. Alvensleben hatte die Schlacht, soweit es taktisch möglich war, gewonnen; dadurch war der Feind festgehalten und es kam nur darauf an, das Gewonnene zu behaupten. Andererseits konnte der Gegner nur durch eine siegreiche Offensive wieder Herr der Lage (für Operationen) werden. Daß der Gegner das beabsichtige, konnte deutscherseits am Nachmittage unter allen Erwägungen als das Wahrscheinlichste gelten. Alsdann aber empfahl sich erst recht, den Feind nicht herauszufordern und den schwer erkauften Erfolg nicht wieder in Frage zu stellen.

Scherffs Darlegungen in den Nummern 99—101 des „M.-W.-Bl." 1898 könnten den Eindruck erwecken, ich hätte in den „Untersuchungen" gegen die braven Truppen einen Vorwurf erhoben. Fast sämmtliche Aeußerungen der Kritiker, sowie zahlreiche Briefe von Theilnehmern erblicken in meiner Darstellung aber eine glänzende Apotheose der Truppen. Ich kann diese vielen Aeußerungen nicht mittheilen. Uebrigens hat es daran auch von französischer Seite nicht gefehlt. Bei der 25jährigen Wiederkehr des Tages sandte mir ein aktiver französischer Offizier unter schmeichelhaften Worten sogar Blumen von den Gräbern unserer Gefallenen. Und die Briefe der Theilnehmer bestätigen bis auf Kleinigkeiten die Zuverlässigkeit meiner Darstellung. Das, was man aus Scherffs Darlegungen entnehmen könnte, hat die „Kreuzzeitung" vom 6. Dezember 1898 Nr. 569 in verleumderischer Weise ausgestreut. Da heißt es, ich hätte „die That verlästert", ich hätte unsere „großen Siege mit grauer Farbe übertüncht", die „Thaten der Armee verkleinert."

Verleumdungen der „Kreuzzeitung".

Ich muß deshalb einige Stellen der „Untersuchungen" für diejenigen wiedergeben, die das Buch nicht kennen. Von dem Kritiker der „Kreuzzeitung" durfte aber angenommen werden, daß er diese Stellen nicht übersehen haben konnte. Aus den sonstigen Dingen, die er seinen Lesern auftischt, habe ich freilich den Eindruck gewonnen, daß er entweder absichtlich die Unwahrheit schreibt oder daß er die „Untersuchungen" nicht gelesen haben kann. Ersteres kann ich nicht annehmen, es bleibt also nur das Zweite. Damit spricht sich dieser Kritiker aber auch selbst das Urtheil. Und wer so willkürlich mit der Wahrheit umspringt wie er, wer so leichtfertig mit Verdächtigungen und Verleumdungen bei der Hand ist, der paßt wahrlich nicht zum Anwalt der Geschichte, gleichgültig, für wen er dabei die Geschäfte besorgt.

In den „Untersuchungen" heißt es:

S. 141: „Diese Truppe hat ihre Aufgabe als brave Soldaten ausgeführt und die Kriegsgeschichte dürfte kaum ein Beispiel enthalten, welches diesem an die Seite zu setzen wäre, Alles in Allem betrachtet."

S. 202: „Nun wandte die Brigade damals zum Theile die gefährlichsten, taktischen Formen an; dennoch drang sie unaufhaltsam bis zur Vermengung mit dem Feinde vorwärts.

Kein Vorfall der letzten Kriege kann dem todesmuthigen Stoß der 38. Brigade an die Seite gestellt werden. Die Brigade Kottwitz bei Loigny und Stobelews Angriff in der dritten Plewnaschlacht kommen dem Beispiel nahe, erreichen es aber nicht, weil die allgemeinen Verhältnisse beide Male für die Angreifer günstiger lagen. Die Waffenthat endigte mit einer schrecklichen Niederlage, aber sie ist insofern lehrreich, als sie zeigt, was beherzte Regimenter leisten können.

Und zur materiellen Seite übergehend: Wenn der größte Kriegsruhm in der Einbuße bestände, so hätte die 38. Brigade auf ihn Anspruch. Sie erlitt die größten Verluste im Feuer von allen Deutschen in der absolut kürzesten Zeit, im Vergleich mit anderen Verbänden. Vom psychischen (moralischen), wie materiellen und taktischen Standpunkt ist diese Begebenheit daher gleich eigenthümlich und merkwürdig."

Diese Sätze erregten den Widerspruch eines Kriegshelden, nämlich des Generaloberften v. Pape. Da ich selbst der 38. Brigade angehörte, so sind sie vielleicht von Anderen als Prahlerei ausgelegt worden, dafür ist die Kriegsgeschichte aber doch zu ernst. Ich habe überdies in den „Untersuchungen" geschrieben, daß ich nichts gethan habe. Der vorhin genannte Held hat dagegen persönlich viel vollbracht und deshalb hat mir sein Widerspruch ordentlich weh gethan. Auch Boguslawski erhob gegen obige Sätze bei der Beurtheilung der „Untersuchungen" im „Militär-Wochen-Blatt" 1894, Einspruch. Jedenfalls beweist das aber doch, daß ich die Thaten der 38. Brigade nicht „verkleinert" und „verlästert", nicht mit „grauer Farbe übertüncht", sondern eher über Verdienst gewürdigt habe.

Die „Kreuzzeitung" schreibt ferner:

Heft 25 beweist, ..., „daß seine abweichenden Angaben auf Irrthümern beruhen, abgesehen davon, daß ein Bataillons-Adjutant, welches Amt Hoenig damals bekleidete, der im Gefechte seine Pflicht thut, gar nicht im Stande ist, einen Kampf in der Weise eines Berichterstatters zu verfolgen." Das kommt auf die Umstände an und darauf, wer der Bataillonsadjutant ist. Im Uebrigen giebt es auch darüber Stimmen, denen ich Gewicht beilege. Ich lasse deshalb hier ein Schreiben meines Kommandeurs folgen. Dasselbe lautet:

„Baden-Baden, 13./1. 91.

Wehrens Urtheil.

Mein lieber Hoenig.

Herzlichen Dank für die Uebersendung der Gefechte von La Garonnière und Villechauve. Mit großer Pünktlichkeit ist das Buch zur versprochenen Zeit eingetroffen.

„Wahr und treu" — haben Sie mich in jene Tage zurückversetzt die ich nun, dank Ihrer Beschreibung, in der Erinnerung neu durchlebt habe. Ich bewundere Ihr Gedächtniß dem ein sorgfältig geführtes Tagebuch zu Hülfe gekommen sein muß. Ich spreche Ihnen meine größte Anerkennung für das klare und richtige Bild aus, welches Sie vom Gefechte 2c. am 7. Januar geben.

Bei voller Würdigung der Hingabe und Bravour unserer Leute, bei dem großen Vertrauen welches wir Alle in dieselben setzten und welches die 57er nie getäuscht haben, durchlebten wir doch an diesem Tage schwere Stunden bei dem gänzlichen Ausfallen der Cavallerie.

Jedes Wort Ihrer Critique und Schlußfolgerung über das Gefecht 2c. selbst, so wie jedes Wort Ihres Urtheils über das Verhalten der Cavallerie unterschreibe ich. Erstere Beiden sind überzeugend, letzteres ist zwar scharf doch erinnere ich mich genau daß wir Beide an Ort und Stelle noch schärfer in unserem Urtheile waren. —

Ich glaube mit vollem Rechte.

Die anerkennenden Worte die Sie mir am Schlusse widmen haben für mich um so größeren Werth als Sie ja vom 4. Januar bis 5. Februar stets an meiner Seite waren. Seien Sie überzeugt daß ich mit gleicher Verehrung und Liebe Ihrer gedenke und daß die Tage die wir zusammen verlebt eine bleibende schöne Erinnerung in mir zurückgelassen haben.

Sollten Sie Sich entschließen die vorhergehenden Tage (5. und 6.) so wie die Nachfolgenden bis zum Einrücken in Tours noch zu bearbeiten so möge es mit demselben Geschick, Glück und Klarheit geschehen.

Hoffentlich geht es Ihnen gut.

Ich habe jetzt definitiv meinen Wohnsitz von Berlin hierher verlegt, weil Berlin mit seinem Treiben, Gehaste und Scandal meinen Nerven nicht mehr zusagte.

Ich muß daher verzichten Sie persönlich hier und da zu begegnen und verbleibe aber mit vorzüglicher Hochachtung und alter Anhänglichkeit Ihr aufrichtiger, alter zeitweiliger Kommandeur und Kamerad

von Wehren." *)

Auch dies Gefecht habe ich hauptsächlich aus eigener Anschauung beschrieben. Am 7. Januar 1871 war ich freilich nicht Bataillons- sondern Regimentsadjutant. Der Leser wird sich da doch wohl sagen, weshalb soll Hoenig ein Mal „wahr und treu", „klar und richtig" darstellen, das andere Mal nicht?

Ueber die „Zwei Brigaden" möge der Auszug eines Schreibens des Generals v. Cranach folgen:

„Cöln, 14. März 1882.

Schreiben Cranachs.

Mein lieber Hoenig.

. . . .

. . . . Damit verbinde ich meinen verspäteten Dank für Ihr Opus „Zwei Brigaden", was ich mit Interesse und unter Anerkennung Ihrer Befähigung als Militär-Schriftsteller und Kritiker gelesen habe. Erhalten Sie mir ferner Ihre Anhänglichkeit, auf die ich Werth lege und von der Sie mir wiederholte Beweise gaben. Mit herzlichen Wünschen auch für die Zukunft

Ihr

treuer ergebener

von Cranach."

Unter den damaligen Umständen, wo sich alle — wenigstens die amtliche — Welt gegen mich wandte, war das wirklich viel. Das Schreiben ist auch insofern für die damalige Stimmung bezeichnend, als es die einzige Antwort geblieben ist, der ich von den höheren Führern gewürdigt wurde, obwohl ich die „Zwei Brigaden" außer an Moltke, an Wedell und Sannow einsenden ließ.

Meine Feldzugs- konduite.

Da die „Kreuzzeitung" überdies die Dreistigkeit hat, meine Pflicht im Gefecht zu verdächtigen, so lasse ich hierüber meine Feldzugs- konduite folgen. Sie lautet:

„Ein frischer, aufgeweckter, strebsamer Offizier, der zwar klein an Körper, aber äußerst gewandt und ein vorzüglicher Turner, Fechter und Reiter ist.

Von lebhaftem Temperament ist er sehr ehrgeizig, empfindlich und leicht reizbar, doch bemüht sich zu beherrschen.

---

*) In der ursprünglichen Schreibweise abgedruckt.

Im letzten Feldzuge bethätigte er Entschlossenheit und große persönliche Bravour und erwies sich überhaupt als ein tüchtiger Feldsoldat. Seine Stellung als Bataillons-Adjutant und Untersuchungsführender-Offizier hat er zur vollen Zufriedenheit ausgefüllt.

Angenehme Umgangsformen und gewählte Ausdrucksweise treten bei ihm vortheilhaft hervor. Seine finanziellen Verhältnisse waren stets geordnet."

Wenn darunter nicht der Name Cranach stünde, würde ich keinen Werth darauf legen.

Damit keine Mißdeutungen entstehen, bemerke ich, daß die Konduite mir vom Obersten Freiherrn von Forstner übergeben wurde, als die Aerzte meine Heilbarkeit für wenig wahrscheinlich, mein Ausscheiden aus dem Dienst für unumgänglich erklärten. In Folge besonderer Vorkommnisse habe ich noch die spätere Konduite erfahren. Ich mag sie nicht nach dem Gedächtniß niederschreiben, im Vergleich zu vorstehender ist sie jedenfalls glänzend.

Der österreichische damalige Oberstlieutenant Carl Regenspursky schreibt in „Meldereiter bei der Fußtruppe" Wien, 1891 (Kreisel und Gröger) unter Anderem folgendes über meine Thätigkeit. „Fritz Hoenig ist ein taktischer Schriftsteller von besonderer Bedeutung. Er ist eine stark ausgeprägte Individualität, und — ohne es zu wollen — das Haupt einer taktischen Partei, deren Anhänger in allen Heeren Europas vertreten sind. Der Hauptprogrammpunkt dieser Partei und eigentlich auch der Einzige ist — das Streben nach der Wahrheit! Die aufrichtige Mühe, die Jemand angewandt hat, hinter die Wahrheit zu kommen, macht nach Lessing den Werth des Menschen aus . . . . . Aus dieser Höhe betrachtet, wird die Grundlage der Bedeutung des taktischen Schriftstellers Hoenig sofort klar: Er will die Wahrheit sagen! Darum ist er auf dem richtigen Wege und darum wird er siegen . . . . . Ich hatte vor zwei Jahren bei meinen Touren durch Elsaß und Lothringen Gelegenheit, im Verkehre mit deutschen Offizieren die hohe Werthschätzung zu erkennen, welche dem Buche „Zwei Brigaden" dort gezollt wird. Auf dem Kampffelde von Mars la Tour ging ich später pietätvoll dem Inhalte des Buches nach). Hier befestigte sich in mir die Ueberzeugung, daß ich die wirkliche Historie jenes denkwürdigen Tages lese. Und wie steht es mit Buche in unserer Armee? Ich glaube, es wird nicht viele oesterreichische Generale, Generalstabs- und sonstige ältere Offiziere geben, welche die „Zwei Brigaden" nicht selbst besitzen, oder wenigstens dem Hauptinhalte nach aus Gesprächen oder Vorträgen kennen. Die Erklärung dieses Erfolges liegt zweifellos nicht allein in dem von dem Buche behandelten Stoffe. Denn weder der Angriff . . . . . noch . . . . . sind taktisch so hervorragend, um eine so große Zahl urtheilsfähiger Liebhaber anzulocken, wie solche das Buch thatsächlich fand. — Heute kann dasselbe von jedem Offizier der Heere

Urtheil Regenspurskys.

Europas in seiner Muttersprache gelesen werden. Die Erklärung des Erfolges Hoenigs liegt offenbar in seinem urkräftigen Drange „treu und wahr" zu sein! „Und Zwang als erste Pflicht ist ihm die Wahrheit." Das kommt in jeder Zeile des Buches zum Ausdruck; manchmal fast naiv, in oft holperigen Sätzen und manchmal wieder voll Poesie in ergreifender, rührender Schönheit. Wer kann beispielsweise ohne Ergriffenheit die drastische Schilderung des Rückzuges der 38. Brigade lesen. . . . Ich glaube, wer ein ernster Soldat ist und die „Zwei Brigaden" gelesen hat, der liest sie immer wieder. Mir ist nicht fremd, daß Fritz Hoenig viele Gegner hat; weniger bei uns als draußen im Reiche. Denn das Wort der Wahrheit klingt, trotz Boileau, selten lieblich und solcher, die im vermeintlichen Besitze eines Körnchens davon „ruhig, träge und stolz" genießen wollen, giebt es überall viele. . . .
Er hat ohne Zweifel auch seine Fehler, persönliche und die Sache betreffende. . . . Aber sein ethischer Ernst, sein unwiderstehlicher Trieb zur heiligen Flamme der Wahrheit, die ihn versengt, beschädigt und die er, fast willenlos, doch wieder sucht, erheben ihn weit über die Menge der jüngeren taktischen Schriftsteller! . . . . Auch die Alten suchten und fanden die Wahrheit. Doch die packende Gewalt in der Darstellung des Selbsterlebten, der leidenschaftliche Drang, getreu zu schildern, es koste was es wolle: das macht Fritz Hoenig zum Vorbilde der jüngeren taktischen Generation; in seinen Büchern vermag man sich zu erbauen und Begeisterung für den Beruf zu holen, trotz aller Realistik. „Die Taktik muß psychologischer werden," d. h. persönlicher, ruft Hoenig. Der Werth des Einzelnen bringt den Sieg! Das gleiche Gepräge wie „Zwei Brigaden" trägt auch der jüngst erschienene erste Band der „Gefechtsbilder" von Fritz Hoenig.*) . . . . Ich möchte die Darstellung eine geschriebene Photographie nennen, so treu sind Ton, Stimmung und Plastik der Landschaft, in welcher die kämpfenden Theile auftreten, geschildert, so scharf umrissen stehen die im Vordergrunde der Handlung befindlichen Personen vor uns. Man vergleiche die eigene Kriegserfahrung mit dem, was man da liest und gewinnt die Ueberzeugung: So, wie hier geschildert, ist das Gefecht des Ernstes. Das ist eine Photographie der Natur ohne Retouche, ohne Unterbrückung und Hinzufügung, ohne nachträglichen Glättprozeß, kurz — das ist Wahrheit!" "

Regenspursky gehört zu den Leuchten des österreichischen Heeres. Das klingt doch etwas anders als die Verleumdungen der „Kreuzzeitung". Und ich wäre nicht in Verlegenheit, einer ganzen Anzahl=ähnlicher Stimmen das Wort zu geben, wenn ich über mich statt über Kriegsgeschichte schreiben wollte.

Der Führer Schwartzkoppen durch Heft 25 vernichtet.

Das, was ich habe kommen sehen, ist eingetreten: Heft 25 hat die „Untersuchungen" nicht vernichtet, wohl aber den Führer Schwartzkoppen.

*) „Es ist dasselbe Buch gemeint, über welches der Brief Wehrens handelt.

Ich lasse die in das Gebiet der strategischen Entschlüsse fallenden Erscheinungen auf dem Marsche nach St. Hilaire und das Lager ebenda ganz außer Betracht. Ich erinnere nur an des Generals Kleben an der Marschkolonne von St. Hilaire bis zum Schlachtfelde; an die Unterlassung, mit dem General v Voigts-Rhetz möglichst schnell die persönliche Verständigung aufzusuchen; an die fehlerhafte Verwendung der Kavallerie durch Schwartzkoppen; an den Aufmarsch — gleichgültig ob er bei Suzemont oder bei Mars la Tour erfolgt ist — ohne sich des einzigen nahe gelegenen unbesetzten taktischen Punktes — Mars la Tour — zu versichern; an die unterbliebene Aufklärung seit dem Beginn des Aufmarsches bis zur Ertheilung des Angriffsbefehls; an die Absicht über Ville sur Yron vorzurücken, (3¼ Uhr nachmittags) während der Aufmarsch sich vollzog; an das nur zufällige erst nach Verlauf von 5 Stunden, seit Empfang des 11½ Uhr-Befehls des Generals v. Voigts-Rehtz, erfolgte Zusammentreffen mit diesem General; an den großen Irrthum über die Ausdehnung der französischen Front; an die Unklarheit über die wirklich ertheilte Angriffsrichtung — Richtungen" —. Während ich in den „Untersuchungen" auf Grund der Skizze S. 607 und des Planes 5 B des Generalstabswerks I noch den milderen Irrthum annahm, es hätten nur vier feindliche Bataillone bei Greyère Fe. gestanden, hat sich inzwischen herausgestellt, daß dort beim Ertheilen des Angriffsbefehls fünf Bataillone der Brigade Pradier waren; und davon hatte Schwartzkoppen keine Vorstellung. Sein Angriff führte deshalb in schräger Richtung an der feindlichen Front, die die deutsche Schlachtlinie schließlich um 1600 m nach Westen überragte, entlang. Ich erinnere daran, daß die Beschäftigung der Brigade Pradier durch 5., 6./16. nicht Schwartzkoppen, sondern dem selbständigen Entschluß des Obersten v. Brixen zu verdanken ist; daß Schwartzkoppen neben seinem Irrthum über die französische Frontausdehnung nichts zur Deckung seiner linken Flanke während des Angriffs vorgesehen hat; an den Rückzugsbefehl auf Thiaucourt; an seine jähen Wechsel in der Befehlsertheilung; daran, daß, als er Schaumann befahl, nordöstlich von Mars la Tour aufzufahren, er nicht einmal wußte, ob Mars la Tour von der eigenen Infanterie besetzt war; u. s. w. Dies alles auf dem Flügel, wo die taktische und strategische Entscheidung zusummenfallen konnten.

Ich bestreite nicht, daß die Brigade Belleconrt geworfen war, seit den „Untersuchungen" sind aber bis zu Heft 25 fünf Jahre Quellenerschließung verflossen. Im Generalstabswerk ist über das Weichen der Brigade Bellecourt übrigens ebenfalls kein Wort zu finden. Ich bestreite dagegen entschieden, daß der Angriff der 38. Brigade vor Allem die Offensivkraft des Feindes völlig gelähmt habe. Dieser Angriff hat ihn „eingeschüchtert", solange derselbe im Entwickelungsstadium und im Fortschreiten war, aber seitdem Ladmirault die vernichtete 38. Bri-

Der Erfolg des Angriffs der 38. Brigade.

gabe vor seinen Füßen sah, konnte sie ihm nicht mehr schaden; ein erschlagener Feind ist doch kein Feind mehr. Seitdem hätte Ladmirault das Gefühl des Sieges erfüllen sollen. Daß er trotzdem in der Defensive verharrte, beruhte in der Auffassung des französischen Generals, nach welcher er aus der Richtung, aus der die 38. Brigade gekommen war — über Suzemont — das Eintreffen weiterer Streitkräfte des Gegners besorgte. Er konnte nicht annehmen, daß von dort nur eine isolirte Brigade hergekommen sei und er bereitete sich deshalb im Geiste der damaligen Feuer (Defensiv-)Taktik der Franzosen darauf vor, die vorausgesetzten neuen deutschen Streitkräfte in der behaupteten vortrefflichen Stellung zu empfangen. Die in Folge seines taktischen Sieges von den deutschen Gefangenen, namentlich den Garde-Dragonern, erzielten Auskünfte bestärkten den französischen General in dem Glauben, von Suzemont marschirten neue Streitkräfte heran und dadurch in seinem Defensiv-Gedanken. Endlich ist es hauptsächlich dem Ausgang des großen Reiterkampfes bei Ville sur Yron zuzuschreiben, daß Ladmirault von der Furcht „vor dem Westen" und der Besorgniß um seine rechte Flanke faszinirt blieb. Der materielle und seelische Eindruck des Angriffs der 38. Brigade hat dazu beigetragen, aber er hat nicht „vor Allem die Offensivkraft des Feindes gelähmt." Dies haben vielmehr die verschiedenen Offensiven der Deutschen zusammen bewirkt, aus deren Kühnheit der General Ladmirault schloß, daß die deutschen Truppen stärkere Massen hinter sich hätten. An diesem Irrthum Ladmiraults ist die Schlacht für die Franzosen verloren gegangen.

Uebrigens möchte ich hierbei an folgende Worte des Prinzen Friedrich Karl erinnern: „Es ist eine greuliche Unsitte, den Erfolg nach dem Verluste zu bemessen. Wer im Verhältniß bedeutend verliert, hat meist ebensoviel Ungeschick als Unglück." (Instruktion des Prinzen Friedrich Karl vom 24. Mai 1866).

Der Erfolg der „Zwei Brigaden" und „Untersuchungen." Gewiß: Vionville—Mars la Tour sind das hohe Lied des Offensivgeistes. Das entbindet aber die Führung nicht von der Aufgabe, alles zu thun, was den Erfolg der Offensive möglichst sicher stellen kann. Daran aber hat der General v. Schwartzkoppen es fehlen lassen. Ich kann davon kein Wort streichen.

Die „Zwei Brigaden" und späteren „Untersuchungen" sind meine kriegsgeschichtlich-taktische Erstlingsarbeit gewesen und gewiß nicht frei von den Mängeln, die solchen Arbeiten anzuhaften pflegen. Meinen Ruf als Militärschriftsteller verdanke ich aber den „Zwei Brigaden" nicht. Ruf erwirbt sich nur das Genie durch eine Arbeit. Wir anderen Sterblichen müssen uns den Ruf durch unaufhörliches Arbeiten erringen. Und das ist mir wahrlich sauer genug gemacht worden! Die „Zwei Brigaden" sollten in dem damals heftig tobenden Streit über die zukünftige Taktik mit dazu beitragen, daß der richtige Weg nicht verfehlt werde und in diesem Sinne sind sie auch allgemein, wenigstens in den fremden Heeren, aufgefaßt worden. (Siehe Vorwort zur zweiten Auflage, 1890.) Sie haben seitdem in vier Auflagen und in Uebersetzungen die Runde durch die Welt gemacht und sind in den bürgerlichen Kreisen nicht mit geringerer Begeisterung gelesen worden, wie in den verschiedenen Armeen. Der Eindruck, den sie hinterlassen haben, ist durch keine Gewalt mehr zu beseitigen. Mag durch spätere anderweitige und eigene Untersuchungen hier ein falscher Farbenton, dort eine Unrichtigkeit im Aufbau ermittelt worden sein, das hat nur für genaue Kenner der Kriegsgeschichte Werth, für die Allgemeinheit ist es bedeutungslos.

Ohne die „Zwei Brigaden" hätte der Angriff der = 38. Brigade niemals seine Weltberühmtheit erlangt; ohne sie erfreute sich die Kriegsgeschichte nicht der werthvollen Arbeiten, zu denen sie Ursache oder Veranlassung gewesen sind; ohne sie wäre auch Heft 25 wahrscheinlich nicht entstanden. Die „Zwei Brigaden" haben aber namentlich Unterlagen für die Klärung der Frage geschaffen, wie in Zukunft Angriffe über freies Feld, die unter Umständen doch unvermeidbar sind, anangelegt und durchgeführt werden müssen; wie man es anstellt, wenn Opfer gebracht werden müssen, dies mit möglichster Aussicht auf Gelingen zu thun. Diese Thatsachen kann Niemand bestreiten. Im Uebrigen hat fast jedes geschichtliche Buch seine Zeit und sein Geschick. Mit dem Leben und dem Erfolge der „Zwei Brigaden" bin ich vollständig zufrieden.

Ich habe wiederholt ausgesprochen, ich bedauerte es, mit dem Buch so frühzeitig hervorgetreten zu sein; heute bedauere ich es nicht mehr. Als der verstorbene Chef des 57. Regiments, General der Infanterie v. Cranach, unter dem 4. April 1890 die Widmung der „Untersuchungen" annahm, da war mir das eine moralische und sachliche Genugthuung. Denn er war Augenzeuge und einer der höheren Führer am 16. August 1870 und er bekräftigte mit der schriftlichen Annahme der Widmung das, was er mir mündlich wiederholt ausgesprochen hatte, daß die Vorgänge, soweit er sie zu beurtheilen vermöge, völlig richtig dargestellt worden seien. Ich trug ihm vor, der Oberstlieutenant v. Leszczynski sei wiederholt an mich mit der Bitte herangetreten, in einer Neuauflage schon aus menschlichen Rücksichten den General v. Schwartzkoppen, wo es anginge, zu entlasten. Der damalige Hauptmann v. Schwartzkoppen — jetziger Flügeladjutant — sei über meine Darstellung sehr betrübt. Deshalb bat ich Cranach, mir Näheres über Schwartzkoppens Befehle anzugeben, weil ich glaubte, denselben dadurch am leichtesten vertheidigen zu können. „Befehle", antwortete Cranach, „habe ich nicht erhalten. Es war die höhere....."

Man täusche sich übrigens auch nicht über die Wirkung der „Untersuchungen" in der eigenen Armee und im Volke. Von den verschiedensten Seiten — von Gelehrten, Offizieren, ehemaligen Angehörigen der 38. Brigade, Kriegsschülern und Touristen, besitze ich eine Sammlung von Briefen, Grüßen, getrockneten Blumen vom Schlachtfelde u. s. w., zu denen das Buch Veranlassung geboten hat. Die „Untersuchungen" haben den Weg in die breiteren Schichten gefunden und das ist der Grund, weshalb ich an der Urstimmung in den späteren Auflagen möglichst wenig geändert habe.

Soweit es die Verhältnisse gestatteten, bin ich der Herausforderung Scherffs nachgekommen und habe meine Quellen aufgedeckt. Ob die in bestimmten Grenzen gehaltene Veröffentlichung meiner Quellen Scherff besonders angenehm sein wird, erscheint mir aber doch zweifelhaft. Jedenfalls wird der von ihm hartnäckig bestrittene Rückzugsbefehl auf Thiaucourt mit dem Namen Schwartzkoppen verknüpft bleiben. Das aber ist alsdann auch das endgültige Urtheil der Geschichte über den Führer! Noch schlummern übrigens Quellen, von denen man, wie es scheint, an verschiedenen Stellen keine Ahnung hat; ihre Zeit wird auch kommen. Ob ich das erleben werde, steht freilich nicht in meiner Hand.

Anhang.

I. Der Fall Draeger.

„Die 3. und 4./57. erreichten den Abfall zur Schlucht, als ihnen die durch flankirendes Feuer zum Rückzuge gezwungene Schützenlinie des I. Bataillons entgegenkam" heißt es S. 49 Heft 25. Ich habe schon dargelegt, daß 3., 4./57. nicht an den Südrand der Schlucht gelangt sind.*) Alsdann berichtet Schimmelmann ebenda: „Wir mochten etwa 400 Schritte von den Franzosen entfernt sein, ... da sprang der Fahnenträger des Bataillons, Sergeant Draeger, auf, schwenkte die Fahne und lief mit Hurrah vorwärts . . . . ."

Der Leser wird sich der Auskunft des Herrn v. d. Mülbe erinnern. Schimmelmann war bei 4./57., die Fahne bei 3./57. Schimmelmann konnte also das Hurrah Draegers nicht hören, und der ganze Hergang hat sich nach Mülbe nicht zugetragen.**) Hauptmann v. Bernewitz und Lieutenant Soencke waren verwundet, den Befehl über 3./57. führte seitdem Lieutenant v. d. Mülbe.

Der so rühmlich genannte Sergeant Draeger war im Frieden ein rechter Leuteschinder und nach oben ein ekelhafter Augendiener. Er galt aber als ein besonders tüchtiger Unteroffizier und war deshalb Fahnenträger geworden. Bei außergewöhnlichen Begebenheiten war er völlig kopflos: Als in der Nacht zum 15. August alarmirt wurde, stürzte er fast unbekleidet aber ohne Fahne auf die Straße. Oberstlieutenant v. Roell hatte bereits beschlossen, ihm die Fahne zu entziehen; der 16. August setzte seiner Absicht ein Ziel. Thatsache ist, daß Bernewitz sich bei mir über Draeger bitter beklagte; es wäre ihm nicht geglückt, Draeger auf den Beinen zu halten. Sobald er den Blick abgewandt, habe Draeger mit der Fahne platt auf der Erde gelegen und schließlich habe er — völlig konfus — die Fahne liegen lassen! Ich habe das S. 123/124 in den „Untersuchungen" angedeutet; wenn aber jetzt auf Grund irrthümlicher Angabe Draeger zum Helden gemacht worden ist, dann muß ich dagegen doch Einspruch erheben.

---

*) Siehe S. 07.
**) Siehe S. 66/07.

Daß Draeger die Fahne im Stiche gelassen habe, hat mir besonders Hilken wiederholt in den schärfsten Ausdrücken erzählt; er wird darüber Näheres angeben können. Nach allem, was ich in Erfahrung gebracht, haben Mannschaften des Regiments die liegengebliebene Fahne aufgenommen. Später erst hat Draeger sie diesen Leuten wieder abgenommen und ist darauf eine Zeit lang an die Seite des Lieutenants v. Streit gekommen. Oberst v. Cranach nahm die Fahne Draeger wieder ab, weil er der Meinung war, Draeger könne sie nicht mehr tragen. Von Cranach übernahm Lieutenant Hilken die Fahne.*)

Der General v. Cranach wollte an diesen Punkt nie erinnert werden, weil es ihm die Freude an seinem braven Regiment trübe. Einmal übermannte ihn aber doch die Empörung; er sagte, ich habe die Dinge erst zu spät erfahren und ich werde es mir nie vergeben, daß ich dem ..... das Kreuz gelassen habe.**)

II. Bericht Oyderbecks vom 20. Juni 1895.

"Anknüpfend an unsere Unterredung über den Inhalt des Buches „Zwei Brigaden" theile ich die auf Seite 55 Abs. 2 aufgestellte Ansicht, daß es unverständlich gewesen, wie der General Ladmirault vor den Trümmern der 38. Brigade kurz nach Ueberschreiten der Schlucht Halt gemacht und dadurch das Schicksal der französischen Waffen aus der Hand gegeben, vollkommen. Es läßt sich dies nur dadurch erklären, daß die französische Heeresleitung durch unsern Vormarsch auf der Straße von Verdun thatsächlich zu der Annahme gelangt ist, es würden weitere Kräfte aus dieser Richtung folgen und sie ihre Truppen nicht der Gefahr aussetzen wollte, zwischen 2 Feuer zu gerathen. Als Beweis für meine Ansicht möchte ich eine kleine Episode anführen, die ich selbst erlebt und sich am Abend der Schlacht abgespielt hat.

Ich stand bei der 12. Kompagnie 57. Regts. als Kriegsfreiwilliger. Im Begriff, den südlichen Rand der Schlucht zu überschreiten, wurde ich durch 2 Schüsse, davon einen durch die Schulter, den anderen durch den linken Unterschenkel, verwundet und fiel den kurz darauf nachbringenden Franzosen in die Hände. Es war merkwürdigerweise das französische 57. Linien-Regiment, welches mit fliegendem Adler über mich weg ging. Dies geschah ungefähr dort, wo der Weg von Mars la Tour kommend westlich der Tronviller Büsche die Schlucht durchschneidet. Nachdem die Franzosen den Südrand der Schlucht erreicht, machten sie halt, lösten ihre Reihen auf und verbreiteten sich auf dem Schlachtfelde, um, wie die Elstern, Alles aufzuraffen, was glänzte, wobei sie besonders ihr Augenmerk auf die gefallenen Offiziere richteten." Ich wurde bald darauf aufgenommen und auf 2 französische Soldaten

---
*) Siehe S. 85.
**) Diese Darstellung beruht auf Angaben, die mir unmittelbar nach dem Kriege von Bernewitz, Streit und namentlich Hilken gemacht worden sind.

gestützt, in die Schlucht hinab transportirt, wo die Verwundeten gesammelt wurden. Hier angelangt, sah ich zu meinem tiefsten Schmerz, daß die Franzosen eine Fahne von uns genommen hatten. Dieselbe lag auf einem Wagen der die Aufschrift trug „Général Montaudon" die Spitze nach hinten herausragend, so daß die Fahnenbänder herabhingen. Ich konnte natürlich nicht feststellen von welchem Regiment die Fahne war und stand zuerst in dem Glauben, es sei die unseres Bataillons, da ich ihren Träger hatte fallen sehen. Wie sich später herausgestellt, war es der abgeschossene obere Theil der Fahne des 11. Bataillons 16. Regts. — Die Fahnen des 2. und Füsilier-Bataillons sollen bei St. Hilaire verwechselt sein, sodaß das Füsilier-Bataillon die Fahne des 11. Bataillons in der Schlacht führte.*) Nach kurzer Rast wurde ich mit den übrigen Verwundeten nach Bruville weiter transportirt, wobei wir an einem größeren Stabe vorbei kamen, an dessen Spitze, wie mir einer meiner Begleiter sagte, der General Ladmirault hielt.

Bruville war voll von Verwundeten beider Armeen. Nothdürftig verbunden schleppte ich mich in ein nahe gelegenes Wirthshaus, dessen Schankstube mit französischen Soldaten und Verwundeten beider Theile angefüllt war. Im Hintergrund saßen an einem großen runden Tisch mehrere französische Offiziere, die sich lebhaft über den kurz voraufgegangenen Kampf unterhielten und im Gefühl des Sieges schwelgten. Zu haben war nichts, weder Brod noch Wein. Unaufhörlich hörte man draußen Truppen vorbeiziehen, von denen hin und wieder ein Soldat hereingestürzt kam, um vergeblich eine Erfrischung zu fordern. Nur „tabac" in Gestalt von Cigarren war noch vorhanden. Um mir etwas meine Schmerzen zu vertreiben, forderte ich von der Wirthin für 1 Franc Cigarren. Sie legte 4 Stück vor mich auf den Tisch und ich reichte ihr dafür einen Thaler in Silber. O monsieur, ce n'est pas d'argent erwiderte sie und alle meine Bitten, mir doch die Cigarren zu lassen und dafür meinetwegen den ganzen Thaler zu behalten, halfen nichts, sie legte mir das Geldstück wieder hin und schickte sich an, die Cigarren wieder an sich zu nehmen. Da erschien mir unerwartet ein Retter in der Noth. Ein gewöhnlicher Soldat des 13. franz. Linien-Regiments hatte unser Gespräch gehört und nahm meine Partei. Er versuchte der Madame begreiflich zu machen, daß der Thaler unter allen Umständen einen Werth habe, der größer sei wie der ihrer Cigarren, aber vergebens. Als der Soldat sah, daß er nichts ausrichten konnte, vermochte er seinen Unwillen über dies Benehmen nicht zu unterdrücken und trat dann sehr höflich an mich heran mit den Worten: „Gestatten Sie, daß ich Ihnen eine Cigarre kaufe". Ich nahm das liebenswürdige Anerbieten mit herzlichem Dank an und habe

---

*) Irrthum. V. Siehe III.

nicht verfehlt, als Chef der 7. Gefangenen-Kompagnie auf der Insel bei Wesel später den Zoll der Dankbarkeit an seine Regiments-Cameraden abzutragen, da ich ihn leider nicht selbst auffinden konnte. Vielleicht ist er bei St. Privat gefallen; aber nie wird meine Dankbarkeit ihm gegenüber erlöschen, der mir in schwerer Stunde als Mensch hülfreich und gut gegenüber getreten ist.

Das Gespräch zwischen uns fand in der Nähe des Offiziertisches statt und wurde auch von mir so gut ich konnte in französischer Sprache geführt. Kurz darauf trat ein französischer Offizier zu mir heran und ersuchte mich, ihm zu folgen. Ich wurde von einem französischen Soldaten in ein anstoßendes Gemach geführt, in welchem ein großes Himmelbett, wahrscheinlich das meiner unliebenswürdigen Wirthin, stand und welches durch eine trübe Kerze nothdürftig erhellt war. Nach wenigen Minuten trat der oben erwähnte Offizier in Begleitung eines anderen älteren Offiziers ein. Nach dem ganzen Auftreten, dem Altersunterschied und den Rangabzeichen mußte ich annehmen, daß ich einen General mit seinem Adjutanten vor mir habe. Der ältere Offizier stellte folgende Fragen an mich:

Woher kommen Sie?
Antwort: Das weiß ich nicht.
Frage: Wie lange sind Sie heute marschirt?
Antwort: 7 bis 8 Stunden.
Frage: Wie stark waren Sie?
Antwort: Circa 5000 Mann.
Darauf der General: O nein, mindestens 50 000 Mann.
Frage: Von welchem Armeekorps sind Sie?
Antwort: Vom 5. Korps (!) (absichtlich!)

Der General trat darauf mit seinem Begleiter etwas näher an die brennende Kerze, welche nur ganz nothdürftig Licht verbreitete, und studirte einige Papiere. Es wurden nur einige Worte gewechselt, die ich nicht verstand — bis endlich der jüngere Offizier in die Worte ausbrach: Sans doute, mon général (?), ces sont les têtes du Prince royal. — Damit war das Gespräch beendigt und ich wurde wieder in das Wirthszimmer gewiesen.

Den Namen der Offiziere habe ich nicht erfahren. Mit Tagesanbruch wurden die Verwundeten, soweit sie transportfähig waren, auf Leiterwagen geladen und nach Doncourt transportirt.

Hinter dem Wagen, auf welchem ich lag, ritten die Dragoner der Kaiserin. Sie führten ca. 30 Pferde mit sich, welche sämmtlich den Brand trugen „1. G.-D.". In der Mitte zwischen Bruville und Doncourt lagerte eine größere Masse französischer Kavallerie, nach den verschiedenen Uniformen zu schließen, eine Division.

Während wir in Bruville seitens der französischen Infanterie soweit die Verhältnisse es eben mit sich brachten, anständig behandelt worden waren, wurden wir hier mit rohen Schimpfworten überschüttet, ja sogar von einem elenden Gesellen mit Pferdekoth beworfen. In Doncourt wurden wir, so gut es ging, untergebracht. Ich lag in einer Scheune mit einigen 20 Mann, darunter 6 Franzosen. Die ganze Verpflegung bestand in einem Schälchen dünner Fleischbrühe und hartem Schiffszwieback. Abends erhielten wir etwas Kaffee. Französische Aerzte habe ich dort nicht gesehen, die Behandlung erfolgte durch Lazarethgehülfen welche das Genfer Kreuz trugen. Während Vormittags viele Truppen aller Waffengattungen den Ort durchzogen, wurde es gegen Nachmittag immer leerer und gegen Abend waren wohl nur noch Verwundete darin. Die Seitengewehre der Lazarethgehülfen wurden von den letzten abziehenden Truppen mitgenommen. In der Scheune war es bald nicht mehr zum Aushalten. Ein verwundeter 16 er Dragoner und ich zogen deshalb vor, dieselbe zu verlassen und legten uns etwas abseits auf einem Felde unter einen umgestürzten französischen Proviantwagen. Es mochte gegen 5½ Uhr morgens sein, als mein Begleiter mich darauf aufmerksam machte, wie in der Ferne am Horizont Kavallerie-Patrouillen auftauchten. In bangem Zweifel ob wir Freund oder Feind vor uns hätten, warteten wir wenige Minuten. Als die Reiter näher kamen, waren wir beide der Ansicht es seien Franzosen. Zu unserer großen Freude hatten wir uns getäuscht. Es waren sächsische Reiter — der Raupenhelm hatte uns irre geführt. Wir winkten den Reitern zu und nachdem wir kurz die Lage im Ort erklärt, die Meldung nach rückwärts erfolgt war, sahen wir den Anmarsch größerer Truppenkörper. Von uns aus gesehen links näherten sich preußische Gardetruppen, speziell Gardefüsiliere.

Der Regimentskommandeur Oberst von Erkert sprach uns an, sammelte die in aller Eile geschriebenen Postkarten und versprach dieselben sogleich zu befördern. Die Gardefüsiliere zogen bald wieder ab. Eine geschlachtete Kuh, welche sie zurücklassen mußten, kam den zurückgebliebenen Verwundeten in Doncourt sehr zu statten.

Tags über wüthete vor uns die Schlacht.

Eine große Anzahl Verwundeter besonders Hessen und Gardisten trafen ein, alle meist mit wenig tröstlichen Nachrichten.

Erst am Abend gegen 9½ Uhr brachte ein Unteroffizier vom Königin Augusta-Regiment die Botschaft, daß wir gesiegt, die mit großem Jubel aufgenommen wurde.

Am anderen Morgen machte ich, daß ich fort kam, denn in Doncourt war es nicht mehr geheuer, alle Häuser lagen voll von Verwundeten.

Unsere Fahrt führte uns über das Schlachtfeld der Brigade Bredow, Gorze in das Moselthal bis Pont-à-Mousson.

Was das Vorgehen des Regiments speziell des Halbbataillons Tübben (10/12 57) anlangt, so möchte ich noch Folgendes konstatiren. Der Auf- resp. Vormarsch geschah in guter Ordnung. Die Truppe blieb geschlossen bis ungefähr 3—400 Meter vor dem südlichen Höhenrande. Schützen waren nicht vorgezogen, sonst hätte ich, da ich beim Schützenzug stand, mit dabei sein müssen. Bei weiterem Vorgehen als das feindliche Feuer heftiger wurde, kam der Befehl „niederlegen", dann gingen wir vielleicht 100 Meter vor, dann hieß es wieder „niederlegen". Als wir dann wieder vorgingen, waren wir vielleicht noch 150 Meter von dem Rande der Schlucht entfernt. Das feindliche Gewehrfeuer wurde immer dichter und verursachte enorme Verluste. Der taktische Zusammenhang hörte auf und nur ein geringer Bruchtheil kam über den südlichen Rand der Schlucht hinweg. Unter diesen auch ich. Ungefähr 50 Meter weiter bin ich gefallen. Ich erhielt, wie bereits erwähnt, einen Schuß durch die linke Schulter und durch den linken Unterschenkel und brach nach wenigen Schritten zusammen. Unmittelbar neben mir lag schwerverwundet Lieutenant Schroeder, seitwärts Hauptmann (oder Premierlieutenant) von Arnim, sowie etwas weiter nach vorn, Fähnrich Frhr. von der Borch vom 16. Regiment, letztere beiden waren todt.

Danach kann meine auf Seite 109 — Taktik der Zukunft — beschriebene Begegnung mit dem Lieutenant Hoenig nur auf einer Verwechselung beruhen. Den letzten Offizier, den ich gesehen habe, war Lieutenant de Rège. Ich habe keinen Schuß abgegeben.

Opderbeck,
Lieutenant a. D. u. Amtmann." *)

III. Der Fahnenverlust des 16. Regiments.

Die Fahne, welche im Bericht Opderbeck vorkommt, gehörte II./16. an. Sie war durch Verwechselung zum I. Bataillon gekommen und während der Schlacht bei der 4. Kompagnie gewesen. Heft 25 giebt S. 52 an, die Fahne sei „in der Schlucht unter einem Haufen von Leichen liegen geblieben" und ihr oberer Theil eine Beute des Siegers geworden. In einer Note wird auf die Geschichte der 16er S. 275/276 hingewiesen. Da ist aber nur gesagt, daß der untere Theil der Fahne auf dem „Schlachtfelde" am anderen Morgen gefunden worden sei, doch habe Niemand über die näheren Umstände des Unglücks Auskunft ertheilen können. Sollte das richtig sein? Ich kann von meinen

---

*) Wörtlicher Abdruck unter Beachtung der ursprünglichen Interpunktion.

Quellen noch keinen vollen Gebrauch machen. Deshalb gebe ich hier nur einige Zeilen daraus wieder: „Mir scheint, die Legende — sie klingt so schön! — ist hier überall zweckdienlicher als die geschichtliche Wahrheit. Zunächst ....., sodann ..... endlich ....." Thatsache ist hiernach, daß die 16er selbst, wenn auch nicht alle, die bisherige Darstellung für eine Legende ansehen. —

Daß die Fahne fehlte, wurde noch am Abend bekannt, doch erst am anderen Morgen konnte das Schlachtfeld abgesucht werden. Dabei fand man den unteren Theil. Mithin war die ganze Fahne bis dahin verloren und nur der Umstand, daß die Franzosen inzwischen das Schlachtfeld geräumt hatten, ermöglichte das Absuchen des Schlachtfeldes. Deshalb darf man im vollen Sinne des Wortes von einem Fahnenverlust sprechen. Eine Meldung über das Unglück unterblieb aber zunächst; und erst als es höheren Orts bekannt geworden war, wurde darüber Bericht erstattet. Unterdessen war an dem unteren Ende des Fahnenstocks ein anderer Stock befestigt worden, darüber wurde ein Fahnenfutteral gezogen und auf diese Weise eine Täuschung erzeugt, die vielleicht aus moralischen Rücksichten auf die Mannschaften entschuldbar erscheint. Das Verzeichniß derjenigen Truppentheile, welche an ihren Fahnen resp. Standarten durch feindliches Feuer Beschädigungen erlitten haben (Geschichte der Fahnen, II., S. 274) besagt: „Spitze, Bänder und Fahnentuch fehlen. Das untere Ende des Fahnenstocks vom Schuh bis incl. Ring ist vorhanden, außerdem ein zweifelhaftes Ende des oberen Fahnenschaftes." Nicht entschuldbar ist die Berichterstattung über das Unglück, und die Einsendung des zweifelhaften Endes des oberen Fahnenschaftes an das Kriegsministerium, weil das alles zur Kenntniß Wilhelm I. kommen mußte. Obgleich die Berichterstattung selbst in den Akten schlummert, so geht doch aus der Verleihungsurkunde der neuen Fahne vom 24. September 1872 hervor, daß in der Berichterstattung nur von einer „schwer beschädigten Fahne" oder gar nur von einer „beschädigten Fahne" die Rede gewesen sein kann. (Geschichte der 16er, S. 359). Und Wilhelm I. überzeugte sich am 23. Sept. 1872 durch Besichtigung des unteren und oberen Endes des Fahnenschaftes, daß das obere Ende unecht war, daß keine Beschädigung vorlag, sondern nur noch der untere Theil der Fahnenstange vorhanden war.

Auffallend ist nun wieder, daß Scherff im Generalstabswerk schreibt: „Von der Fahne des 2. Bataillons 16er war nur der durch Geschosse in Stücke geschlagene Schaft gerettet, die anscheinend durch ein Granatstück abgerissene Spitze mit den Bändern brachten die Franzosen nach Metz." während die 1880 also viel später erschienene Geschichte der 16er S. 275 die Frage stellt, war der fehlende Theil abgeschossen und dann von den Franzosen aufgenommen worden? Ferner ist nach derselben Geschichte der untere Fahnentheil „von Leichen umgeben" gefunden worden, nach Heft 25 wäre „die zerschossene Fahne unter einem Leichenhaufen liegen geblieben." Endlich ist „der in Stücke geschlagene Schaft" nicht gerettet und die Fahne gar nicht „zerschossen" worden.

Nach J. Lebeuil—D'Enquin „Les Drapeaux prussiens", Paris, 1891, S. 16 hat der damalige Unterlieutenant Chabal, nachdem die Franzosen über den Südrand der Schlucht hinausgestürmt waren, einen Preußen, der die Fahne seines Regiments trug, einige Meter vor sich gesehen. Der Fahnenträger bückte sich und versteckte die Fahne, wurde aber durch einen Schuß umgeworfen. Unterlieutenant Chabal habe sich darauf in zwei Sätzen auf ihn gestürzt, die Fahne seinen Händen entrissen und sich ihrer bemächtigt. Da der Preuße aber die Fahne nicht losgelassen, so habe Chabal ihm den Fuß auf den Leib gesetzt, wobei der Fahnenschaft „über dem Verwundeten" zerbrochen und das Ende in seinen Händen geblieben sei. Der Verfasser fährt fort: „La mêlée etait telle, et il y avait à ce moment de la lutte si peu d'ardeur chez ces malheureux Prussiens . . . . . qu'ils se rendaient aux nôtres en toute confiance. On voyait, spectacle incroyable, les antagonistes changer de coiffure et s'en aller ensemble. Le sous — lieutenant Chabal avait lui-même deux prisonniers dont il ne prit pas les armes, et, fait plus singulier encore, ce fut l'un d'eux, un grand Wurtembergeois, (?) qu'il chargea de porter le drapeau."

Die Erzählung macht keinen unglaubwürdigen Eindruck, höchstens könnte der Ringkampf um die Fahne ausgeschmückt sein. Aber auch der wäre unter diesen Umständen nichts Außergewöhnliches. Nur schade, daß der Fahnenträger, der doch blos hätte leicht verwundet sein können, sich nicht gemeldet hat, und daß es den Nachforschungen der 16er nicht gelungen ist, ihn zu ermitteln. Vielleicht meldet der Betreffende sich jetzt noch.

Wichtiger als die Feststellung der Persönlichkeit erscheint mir die Thatsache, daß die Fahne auf dem Rückzuge südlich der Schlucht verloren gegangen ist, nicht, wie Heft 25 schreibt, in der Schlucht, und daß die Franzosen von dem „Haufen Leichen über der Fahne" des Heftes 25 so wenig bemerkt haben, wie die 16er selbst. Endlich spricht auch der vorstehende Originalauszug nicht für die Heftigkeit des Schluchtkampfes und ebensowenig für die Vertheidigung der 38. Brigade auf dem Rückzuge.

Der silberne Ring der neuen Fahne trug bis 1887 die Inschrift: „Es starben mit dieser Fahne in der Hand am 16. August 1870 den Heldentod: Hauptmann Scholten, Sekonde-Lieutenant Heidsick und Unteroffizier Froehlich." Da diese Inschrift vom Kriegsministerium angeordnet worden ist, so wird man annehmen dürfen, daß es die irrthümliche Angabe aus der Berichterstattung der 16er bis zur Verleihungsurkunde der neuen Fahne am 24. September 1872 entnommen hat. Nun war es aber im 16. Regiment bekannt, daß die Ringinschrift falsch sei, daß Niemand von den drei Genannten die Fahne nur einen Augenblick in der Hand gehabt hatte, und dies bestätigt auch die Geschichte der 16er S. 275/276, auf die Heft 25 zum Vergleich mit seiner Darstellung besonders hinweist. Da heißt es: „Der Fahnenträger, Unteroffizier Froehlich, fiel sehr bald, der Kompagniechef, Hauptmann Scholten, ergriff sie darauf, als aber auch er erschossen wurde, nahm die Fahne der Sekonde-Lieutenant Heidsick. Das heilige Panier hochhaltend, sah man ihn vorwärts eilen, auch er starb den Heldentod und unter seiner Leiche zog der noch bei der 8. Kompagnie befindliche Premier-Lieutenant v. Haesten die Fahne hervor, um sie nicht wieder aus der Hand zu lassen." Eigenthümliche Verwechselungen müssen daher das Schicksal der Fahnen vom I. und II./16. begleitet haben: Das I. Bataillon 16er ging mit der Fahne des II. Bataillons in die Schlacht und verlor sie, während das II. Bataillon die des I. zurückbrachte. Dies ist die eine — leicht entschuldbare Verwechselung. Für die andere Verwechselung in der Berichterstattung sucht man aber doch vergebens nach einer Erklärung, denn nach dem Text der Regimentsgeschichte der 16er trug die verloren gegangene Fahne anfänglich der Sergeant Andres, nach dessen Tod der Lieutenant Schwartz und nachdem dieser gefallen, hat der Fahnenunteroffizier Rahe sie bis zu seiner Verwundung in der Hand gehabt. Dadurch wäre jedoch noch nicht bewiesen, daß der Unterlieutenant Chabal die Fahne dem Unteroffizier Rahe entrissen habe.

In Folge Allerhöchster Verfügung vom 27. Oktober 1887 ist der Austausch der Fahnenringe zwischen dem I. und II. Bataillon 16er erfolgt. (Geschichte der Fahnen und Standarten II, 359.) Trotzdem ist aber auch die jetzige Inschrift des Fahnenringes unrichtig. Denn mit dieser Fahne in der Hand sind die genannten Offiziere nicht gefallen. Diese Fahne befindet sich vielmehr im Invalidendom in Paris und nur ein Theil des Fahnenstockes ist gerettet worden. Da aber so haarsträubende Irrthümer in einem Falle Platz gegriffen haben, über den die Berichterstattung zur Kenntniß Wilhelms I. gelangen mußte, so kann man sich der Besorgniß nicht verschließen, daß in weniger wichtigen Dingen in der Berichterstattung der 16er ebenfalls Unrichtigkeiten enthalten sein werden.

Welche Gefahren übrigens in Zukunft die Fahnen bedrohen, dafür kann der Angriff der 38. Brigade als Beispiel dienen: Die Fahne vom II./16. ging verloren; die vom F./57. rettete Lieutenant v. Streit wie durch ein Wunder; die vom I./57. hätte gleichfalls verloren gehen können. Hätten die Franzosen die 38. Brigade verfolgt, so wären die 3 Fahnen in ihre Hände gefallen und wenn sie nur mit einer Schwadron attackirt hätten, wahrscheinlich sämmtlich.

IV. Der Fall Weinhagen.

Es war in Landroff, am 12. August 1870, als der Lieutenant Weinhagen mir am Nachmittag in der breiten Dorfstraße begegnete. Ich glaubte meinen Augen nicht zu trauen. Auf meine erstaunte Frage: "Aber Ernst, wo kommst Du her", erzählte er mir, er habe es in seiner Gefangenschaft in Gräfrath nicht mehr aushalten können, deshalb sei er ohne Wissen seines Bezirkskommandeurs weggelaufen. Er beabsichtige, nur ein Gefecht mit zu machen, darauf wolle er wieder zurückkehren. "Weshalb hast Du Dich denn nicht beurlauben lassen?" bemerkte ich. "Urlaub hätte ich nicht bekommen. — Nun, spiele keinen Polizisten; wo ist der Alte (Cranach), ist er guter Stimmung? Ich will mich gleich melden." Wir wanderten gemeinsam in der Absicht zum Regimentsadjutanten, daß dieser dem Obersten v. Cranach vorbereite. Der Lieutenant Hummell war jedoch nicht zu finden. Auf Drängen Weinhagens entschloß sich ein anderer Adjutant, das Geschäft zu übernehmen. Oberst v. Cranach ließ sich die Sache erzählen. Er war zuerst verdrießlich; begann aber später hell auf zu lachen und sagte: "Wie kann ein alter Offizier solchen Fähnrichstreich machen?" Der Adjutant meinte, "das sei am Ende verzeihlich, Weinhagen wäre eine heißblütige Natur." Darauf wurde Weinhagen hereinbefohlen. Oberst v. Cranach empfing ihn sehr ernst und sagte, nachdem Weinhagen alles ganz offen nicht ohne einen Hauch von Schelmerei dargelegt, sinngemäß: Ich darf nicht wissen, daß Sie hier sind, sonst müßte ich Sie zurückschicken. Deshalb kann ich Sie auch dienstlich keiner Kompagnie zutheilen. Wollen Sie unter den Umständen bleiben, so werde ich ein Auge zudrücken, doch nach dem ersten Gefecht kehren Sie zurück. Weinhagen dankte und hoffte beim Füsilierbataillon unterzukommen. Er meldete sich beim Oberstlieutenant v. Wedem, der ihn aber anfänglich nicht haben wollte und daher marschirte Weinhagen an demselben Abend die Nacht durch mit dem ersten Bataillon. Die Ruhepause in der Nacht verbrachten wir zusammen. Erst am andern Morgen — 13. August — ging er zum Füsilierbataillon, als Cranach und Wedem sich verständigt hatten und blieb bei ihm als "Wilder". Ich sah ihn erst nach dem Abmarsch von St. Hilaire wieder. Da I./57. hinter F./57. marschirte, so war er häufig an meiner Seite, und wie immer, heiter. Auf diesem Marsche bat er mich, falls ihm etwas passire, seiner Mama in Cleve Mittheilung zu machen.

Ob nun Weinhagen bei der 11. oder 12. Kompagnie in der Schlacht war, weiß ich nicht. Der Amtmann Opberbeck (12. 57.) hat mir neuerdings bestimmt erklärt, daß Weinhagen am Schlachttage nicht bei der 12. Kompagnie gewesen ist.

V. Angaben Hilkens, Frühjahr 1881.

„Ich sah ein Halbbataillon links von 9., 11./57. an einer Hecke liegen. Am andern Morgen, als ich die Gefallenen beerdigte, stellte ich aus der Lage der Todten und Verwundeten genau fest, daß 9./16. rechts, 12./16. links war. Das Halbbataillon muß dicht am südlichen Schluchtrande gewesen sein, seine Todten lagen wenigstens an dieser Stelle massenweise zusammen; das Halbbataillon war geschlossen, das erhellte aus der Lage der Todten. Bei unserem Vorgehen sah ich deutlich die Fahne in der Mitte vom 12., 9./16. und daneben einen Offizier zu Pferde, den ich nicht erkannte (Hauptmann Ohly, Verf.) Das Halbbataillon schien Soutiens von 10., 11./16. zu sein und feuerte deshalb nicht. Sonst hätte es ja 10., 11./16. von rückwärts beschossen. Wir (11., 9./57.) verlängerten beim weiteren Vorgehen die Linie von 9., 12./16. nach rechts. Unser linker Flügel muß ziemlich dicht an den rechten Flügel vom 12., 9./16. herangekommen sein. Wenigstens konnte ich zuletzt Sannow links von uns erkennen, Hövel sah ich nicht, weil ich damals nicht wissen konnte, daß er platt auf der Erde lag. Wo das 16er Halbbataillon geblieben ist, wußte ich damals nicht, weil ich, je näher die 57er den 16ern kamen, es nicht mehr im Auge behalten konnte. Dazu hätte ich auch keine Zeit mehr gehabt, denn seitdem der südliche Baum passirt war, standen wir im Feuergefecht. Da hatte ich andere Dinge zu thun. Aus der Lage der Todten vom 12., 9./16. habe ich am 17. August mit Sicherheit geschlossen, daß das Halbbataillon auf dem südlichen Schluchtrand geblieben ist. Da Sannow bis zum Ende des Angriffs aber an der Hecke war, so schließe ich daraus, daß das Halbbataillon bei ihm war. Er hätte doch nicht allein zurückbleiben können. . . . .

. . . .

Vom 11., 9./57. ist Niemand nördlich der Schlucht gewesen, ich hätte das doch wissen müssen. Wir haben auch nur wenig seit Eröffnung des Schnellfeuers — ich (Hoenig) hielt es für Salven, die in Schnellfeuer übergingen — in der Höhe des südlichen Baumes gefeuert. Weshalb wir eigentlich zurückwichen, ist mir heute noch unklar. Sehen konnte man im letzten Moment vor Pulverrauch gar nichts mehr. Wir gingen wohl zurück, weil wir die große Ueberlegenheit der Franzosen an ihrem Feuer fühlten und ihrer Nähe. Das konnte nicht dauern, Einer von Beiden mußte in diesem Stadium weichen. Im Vorgehen kamen wir (11., 9./57.) an 4./57. vorbei, die geschlossen lag oder kniete. Rechts von uns war Halbbataillon Tuebben, ebenfalls geschlossen; es griff aber wesentlich später mit Feuer ein als wir. 9., 11./57. hatte keine Schützen vorgenommen. . . . .

. . . .

Nach dem Scheitern des Angriffs waren wir so erschöpft, daß französische Kavallerie uns, wenn sie Schritt geritten wäre, hätte auflesen können. Ich habe damals nicht gewußt, wie nahe uns die Franzosen auf den Fersen waren. Wir schleppten uns nur mühsam zurück. Niemand schoß mehr in meinem Bereich, aber das feindliche Feuer begleitete uns auf dem ganzen Wege bis zur Chaussee nach Vionville. Hier erst konnten wir an Sammeln denken, hier sah ich auch Cranach wieder. Die Füsiliere zählten am Abend höchstens 120 Mann und biwakirten bei Purieux. Das kam von dem Rückzugsbefehl nach Thiaucourt. Bernuth und Eggeling haben ihn verbreitet. Die habe ich den Rückzugsbefehl selbst ausrufen hören. Eigentlich hätte unser Rückzug unausführbar werden müssen. Eine einzige Schwadron hätte uns zusammengehauen. Aber im Unglück hatten wir Glück, die Schwadron kam nicht.**)

VI. Unterredungen mit Lieutenant v. Hövel vor dem 12. 10. 70 Bonn.**)

Ich: Was ist aus Ihnen geworden, seit ich zurückgeführt war?

Hövel: Bald darauf kamen unter viel Rufen und Schreien französische Schützenschwärme, ohne jede Ordnung, bunt durcheinander, Jäger und Linien-Infanterie. Wie die Raben stürzten sie sich auf unsere Verwundeten. Vielfach richteten sie die Gewehrläufe auf die Verwundeten, rissen Todten und Verwundeten die Röcke auf und durchsuchten ihre

---

*) Niederschrift vom 31 Mai 1881. Hilten hatte mich in Cleve besucht. Die „Zwei Brigaden" waren niedergeschrieben. Ich besprach damals mit Hilten nochmals die zweifelhaften Punkte.
**) S. Untersuchungen S. 136/37.

Taschen. Es schien aber, als ob die Franzosen nur gedroht hätten, sie wollten Geld und Beute.

Ich: Und wie erging es Ihnen?

Hövel: Genau so; ich gab freiwillig Uhr und Portemonnaie ab und wurde darauf nicht mehr belästigt. Aber man packte mich auf und schleppte mich ab. Jetzt erst sah ich, daß ich dicht am Rande einer tiefen Schlucht gelegen hatte. Unten in der Schlucht wimmelte alles durcheinander, gerade wie südlich der Schlucht. Unsere zahlreichen Gefangenen wurden da geordnet und weggeführt. Wer nur einigermaßen transportabel war, galt als Gefangener, ich auch. Als Transportmittel dienten vielfach Maulthiere. Besondere Freude schien den Franzosen das erbeutete Sattel- und Zaumzeug zu machen, das von unseren Offizierpferden herrührte. Die Franzosen trugen die Sättel auf dem Kopfe oder auf der Schulter zurück. Es war ein reiner Jahrmarkt. Der Transport verursachte mir große Schmerzen. In der Nähe von Bruville wurde ich einem französischen General (Ladmirault) vorgeführt. Derselbe war ebenso höflich wie die Offiziere seines Stabes. Diese erquickten mich durch einen Trunk und richteten nicht ohne Verlegenheit verschiedene Fragen an mich, so über unsere Stärke und wer uns kommandire. Ueber unsere Stärke sagte ich nichts, ich kannte sie ja selbst nicht. Als ich aber sagte, wir seien von Nancy gekommen, und der Kronprinz kommandire uns, da machten die französischen Offiziere erstaunte Gesichter, als ob sie es nicht glaubten und sprachen lebhaft, nur der General hörte meinem holperigen Französisch schweigend zu. Er war zu Pferde, andere Offiziere seines Stabes waren abgestiegen. Auf die Frage, von wo wir heute gekommen seien, antwortete ich, von Pont à Mousson. Nun schienen sie mir zu glauben. Als die französischen Offiziere bemerkten, daß ich wegen meines Blutverlustes der Ohnmacht nahe war, wurde ich in Ruhe gelassen.

Ich: Wo blieben Sie dann?

Hövel: Inzwischen waren eine ganze Anzahl Verwundete und Unverwundete herangeführt worden, endlich kamen auch einige Garde-Dragoner. Was sie aussagten, weiß ich nicht. In unserer Nähe war ein Verbandplatz. Französische Aerzte waren in voller Thätigkeit; auf freiem Felde sah ich, wie den Verwundeten Arme und Beine amputirt wurden. Endlich wurden wir über Bruville zurückgeschafft, es hieß ins Innere Frankreichs. Die Namen der Dörfer, die ich berührte, kannte ich nicht. Ich kam nach Briey und wurde hier in einem Thurme untergebracht, bei mangelhafter Wartung und Pflege, aber ich wurde doch nicht feindselig behandelt. Es hieß allgemein, die Franzosen hätten einen glänzenden Sieg erfochten. In Briey wurde ich aus der Gefangenschaft am 20. befreit. Die Anderen aber, die besser als ich transportirt werden konnten, gingen nur mangelhaft verbunden von Briey in Gefangenschaft. Wo unsere unverwundeten Gefangenen geblieben waren, wußte ich nicht.

Ich: Sahen Sie unterwegs französische Truppen?

Hövel: Ich war erschrocken über die Stärke der Franzosen. Artillerie und Kavallerie dehnte sich in großen Reservestellungen weit nach Westen aus. Massen Infanterie waren außerdem in Reserve, beim Dunkelwerden trafen Verstärkungen aller Waffen ein, die ich für ein neues französisches Korps hielt. (Wahrscheinlich ist Division Lorenzez gemeint. Verf.)

Ich: Machten die Franzosen einen geordneten Eindruck, einen guten Eindruck und bemerkten Sie viele Verluste?

Hövel: Die Franzosen waren so geordnet, als ob sie ganz frisch gewesen wären, namentlich die Artillerie und die langen Kavallerielinien. Ich habe damals fest geglaubt, sie würden den 17. August zur Verfolgung ihres Sieges benutzen. Viele Verluste schienen die Franzosen nicht gehabt zu haben, auf dem Verbandplatz freilich ging es sehr bunt zu. Da waren hauptsächlich Franzosen, die überhaupt zuerst verbunden wurden. Zwischen der Schlucht und Bruville verdeckten die französischen Truppen die Uebersicht. Ich glaube aber nicht, daß die französischen Verluste groß waren.

Ich: Haben Sie die Besinnung verloren?

Hövel: Nein, allein seit meiner Verwundung hatte ich viel Blut verloren, ich habe deshalb von Allem einen matten Eindruck behalten.

Ich: Schade, daß Sannow Sie nicht zurückschaffen ließ. Zeit wäre gewesen.

Hövel: Das wohl, aber er hat dazu keine Anstalten gemacht. Er war auf ein Mal weg, und ich weiß nicht wohin, als er „Zurück" befahl. Ich lag übrigens hinter dem Erdaufwurf ziemlich geschützt, wie hinter einem Kugelfang und es würde doch schwierig ausführbar gewesen sein, mich in diesem Feuer zurückschaffen zu lassen.

Ich: Erinnern Sie sich, daß ich fragte, wo Sie verwundet seien?

Hövel: Genau; ich weiß jedoch nicht, was ich geantwortet habe. Ueberdies war das Getöse zu stark, um sich zu verständigen.

Ich: Sahen Sie Wolzogen an Sannow melden?

Hövel: Nein.

Ich: Er kam aber von links, da hätten Sie ihn doch sehen können!

Hövel: Davon weiß ich nichts.

Ich: Also auch nicht, daß Wolzogen die Veranlassung zum Rückzugsbefehl Sannows war?

Hövel: Nein.

. . . .
. . . .

. . . .

Ich: Hörten Sie, daß ich sagte, ich bin verwundet, und dies wiederholte.

Hövel: Ja, aber sehen konnte ich Roell nicht, er war hinter meinem Kopfende und ich lag lang ausgestreckt. Ich weiß auch nicht, wie Sie eigentlich zurückgekommen sind. . . . .

. . . .

Ich:

. . . . Roell meinte, das zunehmende Flankenfeuer käme von der Straße nach Bruville, und wir wären von dieser Seite umgangen. Das Flankenfeuer hatte schon einige Minuten gewährt. . . .

. . . . Wie lange glauben Sie, daß wir am Erdaufwurf geblieben sind?

Hövel: Ich weiß es nicht, seit meiner Verwundung hatte ich kein Schätzungsvermögen mehr.

Ich: Ich schätze 20—25 Minuten.

Hövel: Möglich.

. . . .

. Ich: Von wo kamen die ersten Franzosen?

Hövel: Von links in breiter Front, mit dem rechten Flügel weit vor. Die Front betrug gewiß 250—300 Schritte. Sie gingen in schräger Richtung nach Südosten vor und flankirten uns von Westen bedeutend. Deshalb ging die Brigade aus dieser Richtung auch in Richtung nach Südosten zurück. Das Vorgehen der Franzosen in schräger Front von Westen konnte ich gut übersehen, weil ich dahin das Gesicht hatte. Erst später kamen Massen aus der entgegengesetzten Richtung, auf mein Kopfende zu. Was dort vorgefallen, weiß ich nicht. Südlich von mir fließen die Franzosen von links und rechts zusammen, ich lag mitten zwischen Schützen und Kolonnen. Diese Episode dauerte jedoch nicht lange, wenige Minuten, doch lange genug, um mich fortzuschaffen. Hätte ich aber nur 200 Schritt südlicher gelegen, so hätten die Franzosen kaum Zeit gefunden, mich fortzuschaffen, denn sie flüchteten bald nach der Schlucht zurück.

. . . . *)

VII. Wo ist Oberst v. Brixen gefallen?

Die Geschichte der 16er schreibt S. 271: „Beim Herunterreiten in die Schlucht wurde ihm das Pferd erschossen; zu Fuß begab er sich an der Feuerlinie des 1. Bataillons entlang zum Füsilier-Bataillon, kam gleich darauf von dort zurück und ging dem linken Flügel, dem 2. Bataillon zu, ... Hier gab er dem bereits verwundeten Hornisten Westphal der 7. Kompagnie den Befehl, „avanciren" zu blasen . . . Es war die letzte Anordnung, die Oberst v. Brixen getroffen, in Kopf und Brust von mehreren Kugeln durchbohrt, sinkt er todt zu Boden." (Aehnlich S. 140.)

Hiernach wäre Oberst v. Brixen beim Vorgehen und nördlich der Schlucht gefallen. Die eingehenden Angaben über seine letzte Thätigkeit können nicht von einem Einzelnen herrühren, sondern werden das Ergebniß verschiedener Augenzeugen sein, wahrscheinlich von allen drei Bataillonen der 16er. Im anderen Falle würde doch gewiß eine weniger bestimmte Darstellung Platz gegriffen haben. Auf Grund welcher Angaben die Darstellung in der Geschichte der 16er verfaßt worden ist, läßt sich freilich nicht erkennen.

Nach Heft 25 S. 53 und Anhang S. 100 ist die vorstehende Darstellung aber nicht aufrecht zu halten. Im Letzteren werden zwei Augenzeugen (Fries und Schmieding) angeführt, die Brixen auf dem Rückzuge gesehen haben und einer von beiden (Schmieding) giebt bestimmt an, es sei südlich der Schlucht gewesen. Das stimmt mit der französischen Darstellung überein, nur ist Brixen nach ihr südlich der Schlucht noch zu Pferde gewesen. (Es heißt nämlich bei J. Ledenil—D'Enquin S. 16: „Des milliers de Français gravissent en courant la pente opposée du ravin pour apaiser les feux qui venaient de la crête. Le sous-lieutenant Chabal court dans cette direction; au sommet, un colonel prussien à cheval cherchait à rallier ses troupes, mille canons s'abaissent sur lui et l'abattent". Hiermit wäre Schmiedings Auskunft wohl zu vereinen, nur ist unwahrscheinlich, daß Brixen, nachdem Schmieding ihn südlich der Schlucht zu Fuß getroffen, „nochmals vorgegangen und hierbei gefallen sein werde". Denn Brixen könnte zunächst nur vom Pferde geschossen worden sein und darauf zu Fuß erst gefallen sein. Ganz unvereinbar mit der französischen Angabe ist

---

*) Der Abdruck ist wörtlich ohne redaktionelle Aenderungen erfolgt, bis auf die Auslassungen. Die Niederschrift rührt vom 13. Oktober 1870

dagegen die Auskunft Friegs. Ich komme zu dem Ergebniß, daß die französische Darstellung richtig ist. Hierin bestärken mich die bezüglichen, auffallend unrichtigen Ausführungen der Geschichte der 16er, über deren Entstehen ich mich schon geäußert habe, sowie die bereits im Anhang III aufgedeckten Thatsachen über die amtliche Berichterstattung der 16er.

VIII. Erinnerungen des Dr. Wolf.

Kurz vor dem Abschluß des Druckes dieser Schrift erschien in Nummer 10 des „Militär-Wochen-Blatts" 1899 vom Sanitätsrath Dr. Wolf ein Aufsatz unter der Ueberschrift: „Meine Erinnerungen an den 16. August 1870". Darin heißt es: „Am südlichen Schluchtrande und innerhalb der Schlucht lag eine große Zahl todter und verwundeter Sechzehner, dagegen nur wenige Franzosen. Als ich aber den nördlichen Schluchtrand hinaufgestiegen war, fand ich zwar auch noch die Sechzehner in großer Zahl, aber noch mehr todte und verwundete Franzosen. Die französischen Todten und Verwundeten lagen hier in solchen Massen, daß ich den Eindruck bekam, hier hat unser Zündnadelgewehr furchtbare Verheerungen angerichtet, denn von ihm allein rührten die Verwundungen her, die ich hier bei Franzosen gesehen habe."

Diese Angabe deckt sich durchaus mit meinen Darlegungen S. 81—84. Dr. Wolf sagt nicht, wie weit er nach Norden über die Schlucht hinausgekommen ist. Wie es scheint, hat er sich in dem Raume bis zu 150 Schritten nördlich der Schlucht befunden. Jedenfalls spricht auch diese Darstellung gegen die Behauptung, daß das Feuer auf unserem Rückzuge fortgesetzt worden und sehr wirksam gewesen sein soll. S. 85—86.

Druck von G. Brückmann, Berlin W. 66, Buchhändlerhaus.

I. Plan 5 B des Generalstabswerkes 1872.

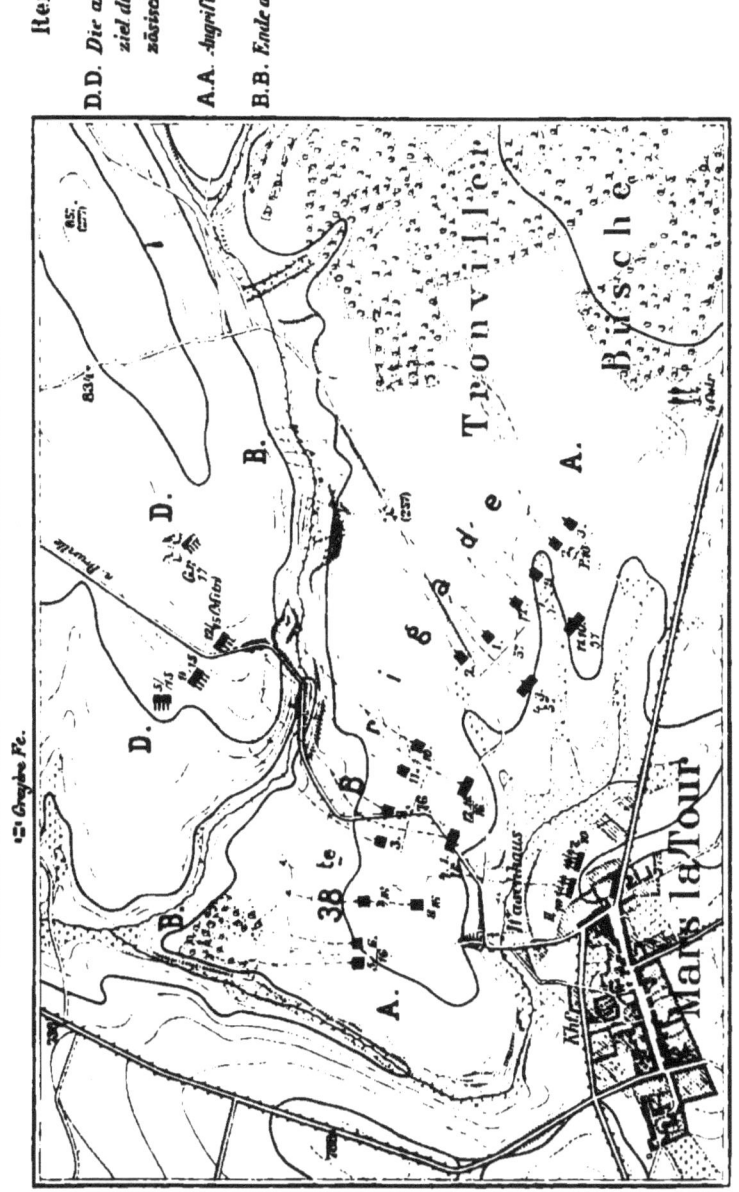

Maaßstab 1:25000.

Renvoi.

D.D. *Die als Angriffs- ziel dienenden fran- zösischen Batterien.*

A.A. *Angriffsentwickelung.*

B.B. *Ende des Angriffs.*

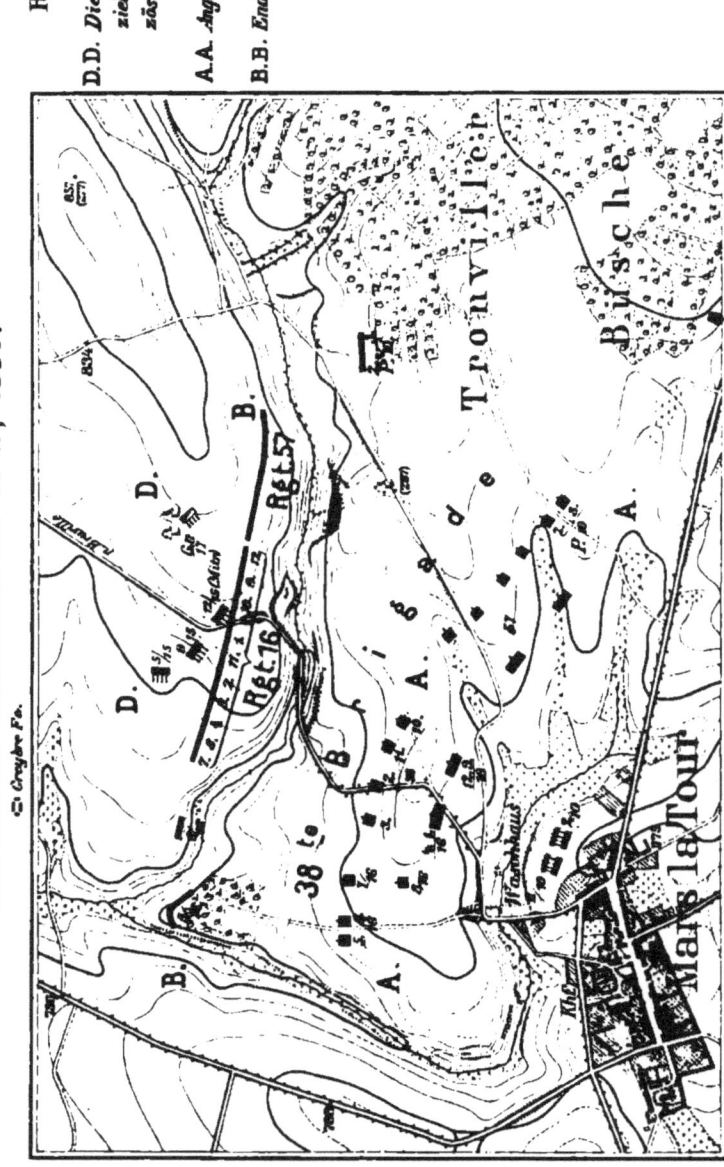

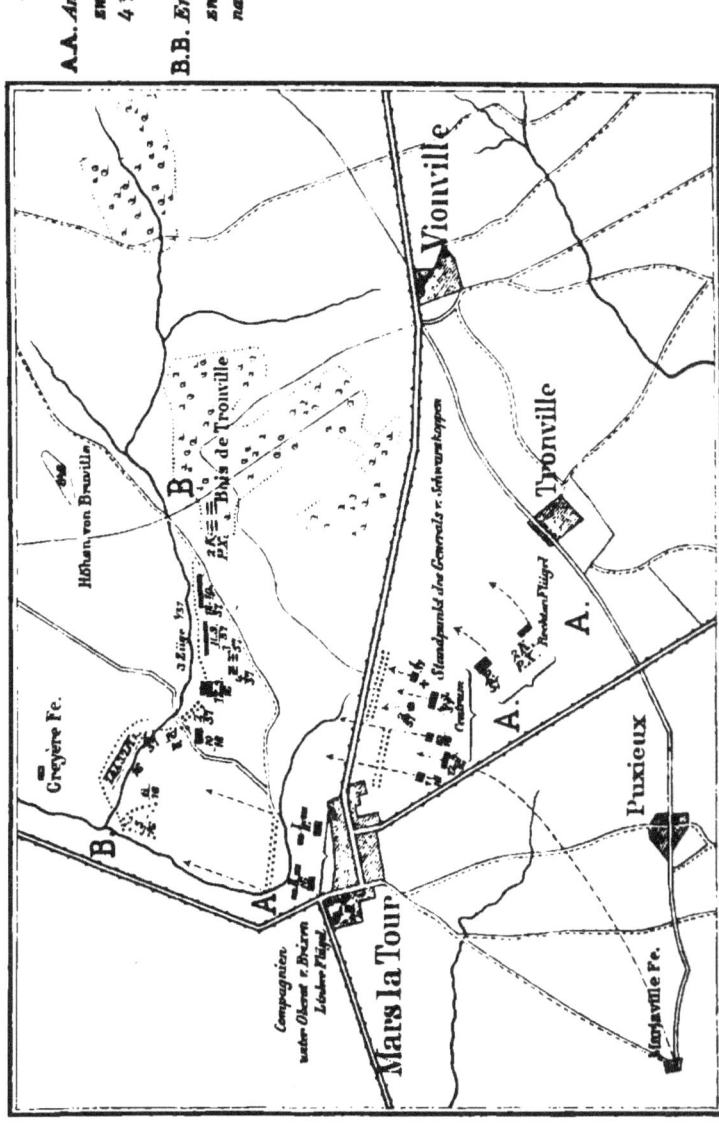

III. Angriffsskizze der „Zwei Brigaden" 1881.

Renvoi.

A.A. *Angriffsentwicklung zwischen 4¼ und 4½ Uhr.*

B.B. *Ende des Angriffs zwischen 5–5¼ Uhr nachmittags.*

Maafsstab 1:50 000.

IV. Plan der Geschichte der 57.er, 1883.

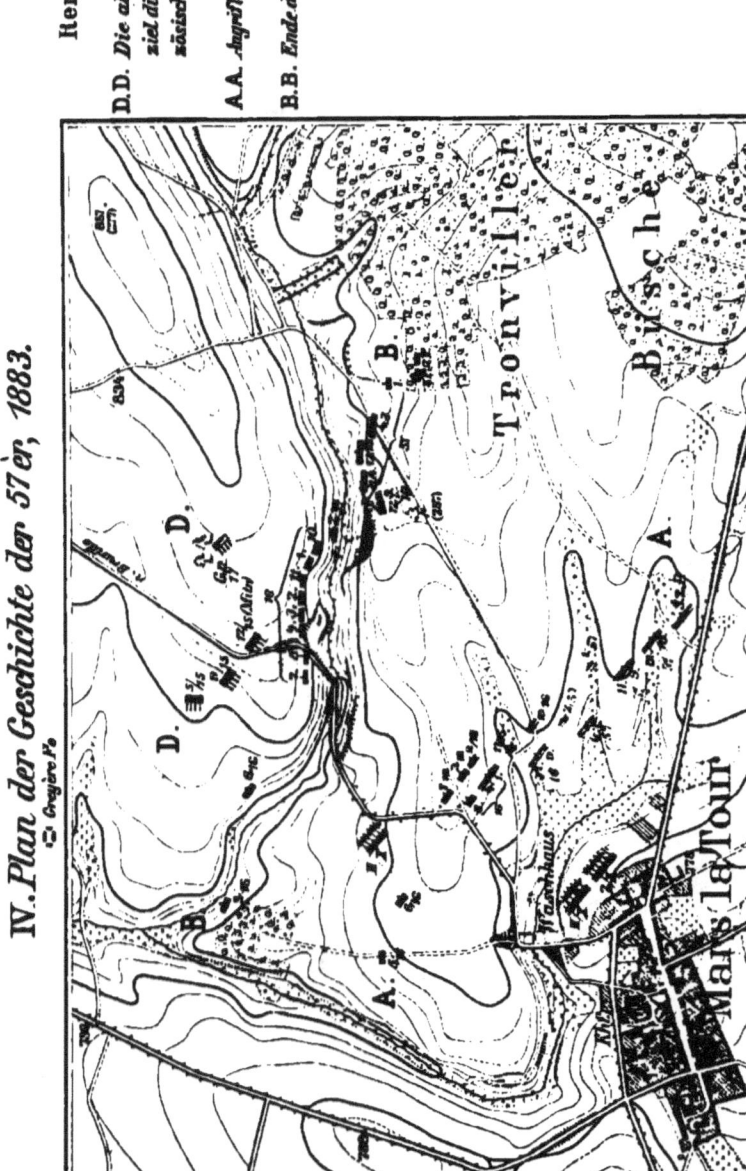

Renvoi.

D.D. *Die als Angriffs-ziel dienenden französischen Batterien.*

A.A. *Angriffsentwicklung.*

B.B. *Ende des Angriffs.*

V. Plan 3 und 4 des Heftes 25, 1898.

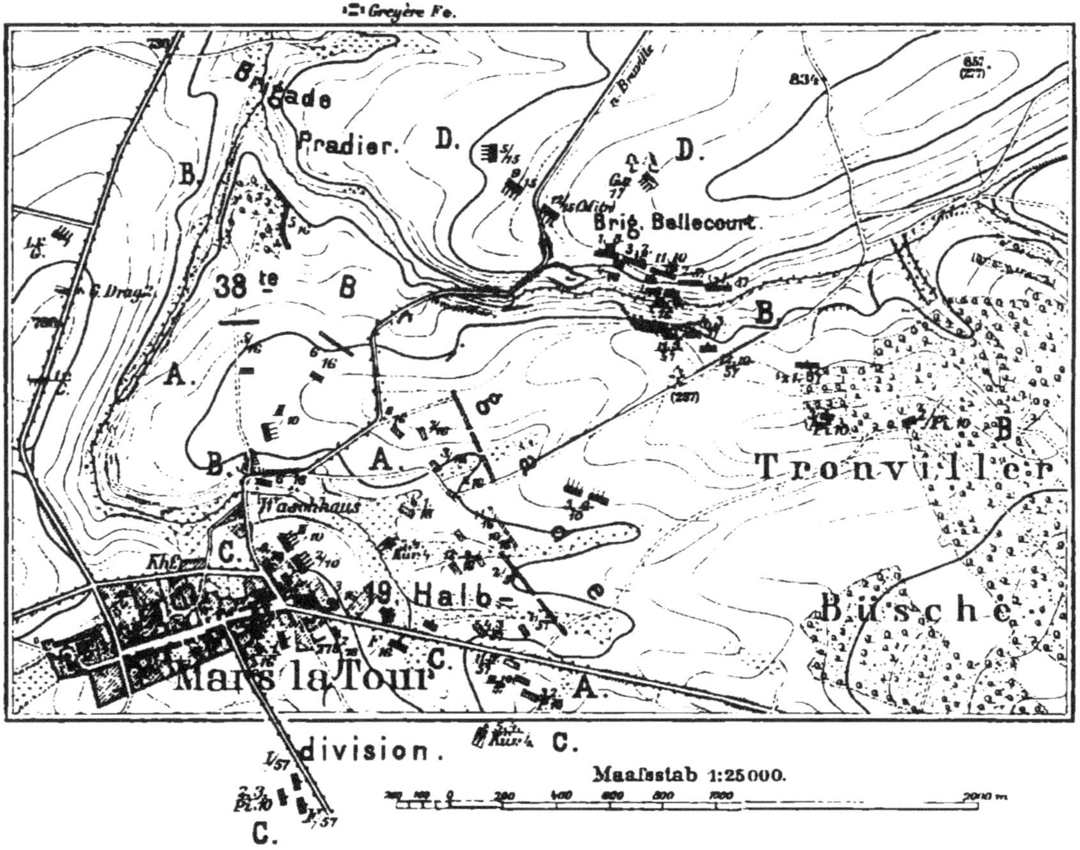

Renvoi.

D.D. *Die als Angriffs-ziel dienenden französischen Batterien.*

A.A. *Angriffsrichtung.*

B.B. *Ende der Angriffs.*

C.C. *Zeitpunkt des Angriffsbefehls.*

Maaßstab 1:25000.

igust 1870.

www.ingramcontent.com/pod-product-compliance
Lightning Source LLC
Chambersburg PA
CBHW020258170426
43202CB00008B/417